Fritz May

Apokalypse über Jerusalem

Die Heilige Stadt
im Brennpunkt dramatischer Endzeit-Ereignisse

DIE ALTSTADT

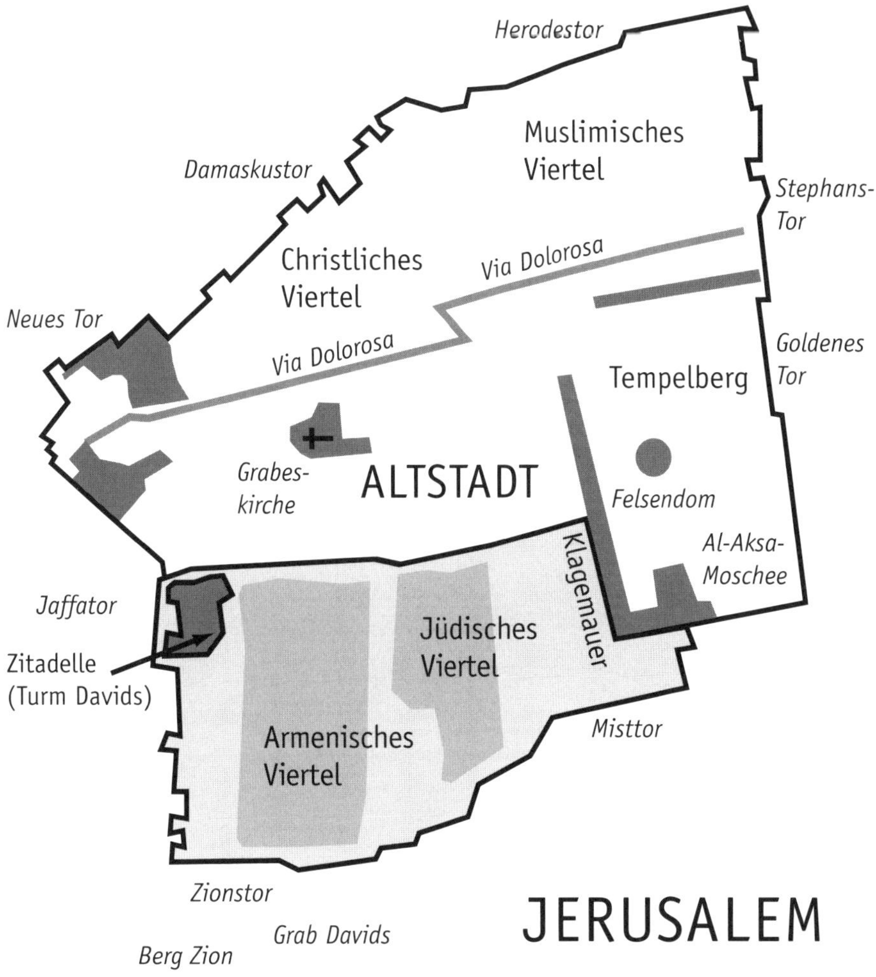

So wollte Clinton die Jerusalemer Altstadt teilen:
weiße Fläche = Palästinensische Souveränität
graue Fläche = Israelische Souveränität

200 m

Fritz May

Apokalypse über Jerusalem

Die Heilige Stadt im Brennpunkt dramatischer Endzeit-Ereignisse

Schulte & Gerth

Best.-Nr. 815 756
ISBN 3-89437-756-9
1. Auflage 2001
Umschlaggestaltung, Grafiken und
Bildtafeln (Layout): Ursula Stephan
Umschlagfotos: Fritz May, AP, dpa
Satz: Die Feder GmbH, Wetzlar
Druck und Verarbeitung: Ebner Ulm
Printed in Germany

Inhalt

Zum Geleit

Es ist längst offenkundig: Der arabisch-israelische Konflikt um das Heilige Land konzentriert sich immer mehr auf Jerusalem.

Der Kampf um die Heilige Stadt hat begonnen. Und er wird in Jerusalem entschieden werden.

Dabei geht es sowohl um die Frage, wem Jerusalem gehört als auch um den zukünftigen Status dieser Stadt. Denn wer über Jerusalem herrscht, herrscht über das Heilige Land. Wer diese Herrschaft verliert, verliert alles: Heimat, Tradition, Identität. Darum geht es wegen Jerusalem ums Ganze. Es geht um Krieg oder Frieden.

Schon seit 1948 streiten sich Israelis und Araber, Juden und Moslems, aber auch Christen um die Besitz- und Hoheitsrechte über diese „Stadt aller Städte“. Sie alle beanspruchen sie auf ihre Weise. Weil jeder in ihr seine historischen, religiösen und nationalen Wurzeln sieht.

Die Juden verteidigen Jerusalem als „ewige und unteilbare Hauptstadt Israels und des jüdischen Volkes“. Denn sie ist seit 3000 Jahren der religiöse Mittelpunkt ihres Glaubens und mit zeitweiligen Unterbrechungen infolge von Verfolgung und Deportation das Zentrum der jüdischen Nation. Ein Israel ohne Jerusalem wäre deshalb ein Zionismus ohne Zion.

Die arabischen Palästinenser fordern „Al Kuds“, wie sie Jerusalem nennen, als Hauptstadt eines zukünftigen palästinensischen Staates. Sie wollen – und sei es durch Blutvergießen – die vollen Souveränitätsrechte über Ost-Jerusalem mit der Altstadt und dem Tempelberg, ohne die es laut Original-Ton von Palästinenserpräsident *Jassir Arafat* „keinen Frieden geben wird". Denn auf dem Jerusalemer Tempelberg, über dem sich bis zum Jahre 70 n. Chr. der prächtige jüdische Tempel erhob, befinden sich heute zwei der bedeutendsten nationalen und religiösen Heiligtümer der Palästinenser und Muslime: Der mit Gold bedeckte Felsendom und die mit Silber versehene Kuppel der Al-Aksa-Moschee.

Doch damit nicht genug. Die Palästinenser wollen noch mehr. Sie wollen *ganz* Jerusalem. Was die Politiker und Massenmedien in ihrer vielfach anti-israelischen und pro-palästinensischen Haltung weithin der Weltöffentlichkeit verschweigen.

Aber auch die Christen erheben lautstark einen Anspruch auf Jerusalem mit den Heiligen Stätten der Christenheit. Allen voran der Vatikan und der Weltkirchenrat. Zwar nicht unbedingt einen territorialen, wohl aber nachdrücklich einen religiösen und geistigen. Und es ist und kann ihnen nicht gleichgültig sein, wem die Heilige Stadt gehört und wer in Zukunft die Kontrolle über sie ausübt.

Lange Zeit wurde die Frage nach den Souveränitätsrechten über Jerusalem auf dem politischen Parkett weitgehend ausgeklammert oder verdrängt. Obwohl sie schon seit langem nach einer Lösung drängt. Seit Camp David im Juli 2000 steht sie jedoch ernsthaft und zwingend auf der Tagesordnung. Und zugleich auf den Terrorplänen der palästinensischen Politführer und ihrer aufgepeitschten Intifada-Kämpfer, die mit blutiger Gewalt für sich das Jerusalem-Problem lösen wollen.

Seit dem Ausbruch der Al-Aksa-Intifada am 9. September 2000 hat sich der bewaffnete Kampf der Palästinenser gegen die israelischen Sicherheits- und Ordnungskräfte dramatisch verschärft. Er fordert Tag für Tag auf beiden Seiten immer mehr Tote und Verletzte. Doch eine für alle Seiten akzeptable Lösung der „Jerusalem-Frage" ist nicht in Sicht.

Der Grund dafür? Der Kampf um die Heilige Stadt ist nicht nur politischer, sondern vor allem religiöser Natur. Darum wird er auch von den Palästinensern und Moslems als

„Dschihad“ (Heiliger Krieg) propagiert, der nicht nur wegen nationaler Interessen geführt wird, sondern für Allah und den Islam gegen die „Ungläubigen“ (sprich: Juden und Christen!). Nach palästinensisch-islamischer Propaganda lohne es sich, dafür zu sterben, um als Märtyrer ins Paradies zu gelangen!

Inzwischen entwickelt sich die ungelöste „Jerusalem-Frage“ immer mehr zu einem „heißen Eisen“ und zu einem „gefährlichen Spiel mit dem Feuer“. Über der Heiligen Stadt tickt bereits eine Zeitbombe von apokalyptischer Zerstörungskraft. Die Lunte ist entzündet. Rauch- und Feuerzeichen infolge unversöhnlichen Hasses ziehen über Zion. Sie können sich jederzeit zu einem gewaltigen Weltenbrand entwickeln.

Alle Welt hat jedoch Angst vor einem brennenden Jerusalem. Denn was mit der heiligsten Metropole der Menschheit passiert, hat weltweite Auswirkungen. Und sie gehen uns alle an. Darum schaut die ganze Welt auch Tag für Tag wie gebannt auf Jerusalem und was die Massenmedien über den Kampf um die Heilige Stadt berichten.

Jerusalem wird außerdem gegenwärtig international zunehmend zu einem unüberwindbaren „Laststein“ für die Politiker und Militärs. Zum hässlichen „Zankapfel“ für die Vereinten Nationen (UN). Zum „Weltärgernis“ schlechthin für alle Menschen.

Viele fragen sich besorgt: Wird die „Jerusalem-Frage“ zur Schicksals-Frage für Israel, für den Nahen Osten, ja für die ganze Welt? Steht am Ende der „Große Krieg“? Der letzte Krieg der Menschheit um, wegen und gegen Jerusalem? Wird die Heilige Stadt in einem unvorstellbaren Inferno mit seinen katastrophalen Folgen erneut zerstört werden mit riesigen Verlusten an Menschenleben? Oder gibt es für Jerusalem und damit für Israel und die Araber noch eine Zukunft durch einen umfassenden, wirklichen und dauerhaften Frieden? Und wenn ja, wodurch und durch wen?

Diese und andere Fragen sind nicht nur für Israel und den Nahen Osten, sondern auch für Europa und Amerika und nicht zuletzt für die ganze Welt von elementarer Bedeutung.

Doch sie können weder von Politikern noch von Militärs, weder von Zukunftsforschern noch von Journalisten beantwortet werden. Auch nicht von Religionen. Sondern allein von Gott. Dem einzig wahren und lebendigen Gott, der sich den Juden als „Jahwe“ und den Christen als Vater Jesu Christi offenbart hat. Warum?

Die Geschichte Jerusalems und der Völker des Nahen Ostens ist nicht nur Weltgeschichte. Sie ist stets auch Heils- und Endzeitgeschichte. Und sie hat direkt mit Gott zu tun. Und mit seinem Welt- und Heilsplan (Ratschluss) für die Völker und Nationen.

Als der Herr der Welt hat Gott den Ablauf der Welt- und Heilsgeschichte und der damit verbundenen Endzeit-Ereignisse bereits vor mehr als 2000 Jahren durch die Propheten Israels ankündigen lassen. Allen voran durch Jesaja, Jeremia, Hesekiel und Daniel. Sowie durch Joel und Sacharja und andere. Vor allem aber auch durch Jesus von Nazareth selbst und seine Apostel.

Sie alle waren „Gottes Mund“ und Willenskundgeber. Gott sprach zu ihnen und durch sie zu den Menschen und Völkern vielfach im ICH-Stil und: „So spricht der HERR . . .“

Als bevollmächtigte „Sprecher Gottes“ verkündeten sie die Pläne und Ziele Gottes für die Gegenwart und Zukunft. Ihr Reden war prophetischer Natur. Es betraf sowohl Warnungen und Gerichtsworte als auch Verheißungen (Zusagen), Trost und Hoffnung für die Gegenwart, aber auch für die Zukunft.

Durch die Propheten Israels sowie durch Jesus und seine Apostel hat Gott sich auch in vielfältiger Weise direkt und unmissverständlich über die Gegenwart und Zukunft Jerusalems geäußert. So hat er durch sie u. a. für die Endzeit einen dramatischen Konflikt und blutigen Kampf der Völker und Nationen um die Heilige Stadt angekündigt. Sie werde zunächst zum Schicksal und Fluch für die Welt. Danach aber zum Segen und Heil für die ganze Menschheit.

Was die „Sprecher Gottes“ über die gegenwärtigen und zukünftigen Ereignisse mitteilten, hat Ewigkeitswert. Es wurde von ihnen selbst oder von anderen Autoren aufgeschrieben und ist in der Bibel, im Alten und Neuen Testament, nachzulesen. Seitdem ist es unter dem theologischen Terminus „Biblische Prophetie“ bekannt.

Die darin enthaltenen Aussagen über Jerusalem sind von besonderer Aktualität. Sie passen genau in unsere Zeit, als wären sie gerade geschrieben. Sie bekräftigen und vertiefen das aktuelle Zeitgeschehen und lassen den aufmerksamen und unvoreingenommenen Bibelleser heute schon die zukünftigen Ereignisse und Entwicklungen im Blick auf den Nahostkonflikt und in der „Jerusalem-Frage“ recht deutlich erkennen. Sodass der bekannte jüdische Religionswissenschaftler *Schalom Ben-Chorin* sagte: „Das aktuelle Zeitgeschehen spiegelt sich im Wort der biblischen Prophetie, die so gesehen eine neue Bedeutung erlangt.“

Nun gibt es kritische Stimmen, die sagen, man könne die biblische Prophetie des AT und NT nicht aktualisieren und auf die heutigen Ereignisse übertragen. Weit gefehlt! Man kann!

So bestechen zum Beispiel die Aussagen der biblischen Propheten im AT und die von Jesus und seinen Aposteln im NT über Jerusalem und den Nahostkonflikt heute durch eine solche Aktualität, dass sie selbst Skeptiker und Kritiker überzeugen. Man muss nur von Gott geöffnete Augen und Ohren haben, um das zu sehen, zu hören und zu lesen, wie sich heute biblische Prophetie buchstäblich und real erfüllt.

Die Biblische Prophetie ist deshalb für uns heute eine unverzichtbare Informationsquelle im Blick auf die gegenwärtigen und zukünftigen Entwicklungen im Nahen Osten. Ihre Botschaft sollten wir unbedingt lesen und ihr allergrößte Aufmerksamkeit und Glauben schenken. Die Aussagen Jesu an seine Jünger in Johannes 8,31f. sind deshalb für uns von großer Bedeutung: „Wenn ihr meinem Wort glaubt, werdet ihr die Wahrheit erkennen. Und sie wird euch freimachen.“ Dies ist heute umso wichtiger im Blick auf die Teilwahrheiten, Halbwahrheiten, Unwahrheiten und Lügen, die von vielen Politikern, Journalisten und Geistlichen über Jerusalem und den Nahostkonflikt verbreitet werden.

Allein die biblische Prophetie vermittelt uns neue Dimensionen des Verständnisses und lässt uns die wirkliche Wahrheit erkennen: Über den endzeitlichen Kampf der Völker gegen Jerusalem. Und über die großartige Zukunft der Heiligen Stadt im Messianischen Reich.

Darum steht im Mittelpunkt dieser Publikation neben der Politik auch die Prophetie, neben dem aktuellen Zeitgeschehen auch die sich bereits anbahnenden zukünftigen Ereignisse, von denen die biblische Prophetie klar und überzeugend spricht. Darum heißt es in 2. Petrus 1,19 auch: „Die Voraussagen der Propheten sind zuverlässig. Ihr tut gut daran, auf sie zu achten. Ihre Botschaft ist wie ein Licht, das in der Dunkelheit scheint, bis der Große Tag Gottes anbricht und der Messias erscheint."

Dies lässt uns Jerusalem nicht vergessen oder gleichgültig sein. Das irdische Jerusalem nicht mit seiner mehr als 3000-jährigen faszinierenden Geschichte, die heute ihre dramatische Fortsetzung findet. Und das zukünftige Jerusalem nicht, auf das Juden und Christen hoffen und warten.

Dr. h.c. Fritz May

TEIL I

„Schaut auf diese Stadt!“

Jerusalem ist keine Stadt wie jede andere.
Sie ist nicht nur anders als alle Städte der Welt.
Sie ist auch einzigartig und unvergleichlich:
In ihrer fast 4000-jährigen Geschichte.
In ihrer welt- und heilsgeschichtlichen Bedeutung.
Im gegenwärtigen Nahostkonflikt und „Friedensprozess“.
Und in ihrer zukünftigen apokalyptischen und
eschatologischen Bedeutung.
Deshalb forderte der Prophet Jesaja
schon vor 2500 Jahren die Menschheit auf:
„Schaut auf diese Stadt!“

Die Einzigartigkeit Jerusalems

Eine Stadt wie keine andere

Was macht Jerusalem weltweit so einzigartig und bedeutsam? So vielseitig und interessant? Aber auch so begehrenswert und gleichzeitig so umstritten? Für Juden und Araber. Auch für Christen und Moslems. Ja, für alle Menschen. Dass jeder es besitzen und sein Eigen nennen möchte.

Jerusalem liegt nicht im Himmel

Hugo Bergmann, vormals Professor der Philosophie an der Hebräischen Universität in Jerusalem, erzählte, dass er in einem New Yorker Hotel einmal mit einem schwarzen Liftboy ins Gespräch gekommen sei. Der Junge fragte den Gast, woher er käme. Bergmann antwortete wahrheitsgetreu: „Aus Jerusalem." Der Junge musste lachen: „Das ist ein Witz, Jerusalem liegt ja im Himmel." Erst als Bergmann beteuerte, dass Jerusalem im Land Israel liege, und er dem Jungen seinen Pass vorwies, ließ sich der Junge überzeugen, küsste dem Professor ergriffen die Hand und stammelte: „Dann sind Sie ja ein Engel, Herr!"

Die Menschen in Jerusalem sind weder Engel noch Heilige. Denn die Heilige Stadt liegt nicht im Himmel, sondern auf unserem Planeten. In der Mitte der bewohnten Erde am Schnittpunkt dreier Kontinente. Am Kreuzungspunkt alter Kulturen, monotheistischer Religionen und zahlreicher Völker. Der Prophet Hesekiel verkündet: „So spricht Gott, der Herr: Das ist Jerusalem, das ICH mitten unter die Völker gesetzt habe und unter die Länder ringsumher“ (Hesekiel 5,5).

Diese Worte des „Sprechers Gottes“ haben später in alten rabbinischen Schriften, die sich mit der Interpretation der Thora (Hebräische Bibel/Altes Testament) befassen, ihre Spezifizierung gefunden. So haben jüdische Theologen im Talmud wiederholt auf die besondere geografische Lage und Bedeutung Jerusalems hingewiesen: „Wie der Nabel in der Mitte des Menschen liegt, so liegt das Land Israel im Zentrum der Welt und Jerusalem in der Mitte des Landes ...“ (Tanh. R., Lev. 78). Eine noch weiterführende Konzentrierung findet sich in dem folgenden Zitat: „Jerusalem liegt in der Mitte (im Herzen) des Landes Israel und der Tempel in der Mitte des Tempelberges von Jerusalem. Und die heilige (Bundes-)Lade befindet sich in der Mitte des Allerheiligsten, auf dem der Grundstein liegt, von dem aus die Erde begründet wurde“ (Kedoshim 10).

Bereits in den ersten Jahrhunderten n. Chr. haben sich auch Christen Jerusalem als geografischen Mittelpunkt der Welt vorgestellt. Als sie zu Pilgerreisen ins Heilige Land aufbrachen mit dem Ziel Jerusalem, war dies für sie zugleich eine Reise zum Mittelpunkt der Welt.

Mit Beginn der Kreuzzüge erschienen im Abendland auch immer mehr Landkarten, die Jerusalem stets als Mitte der damals bekannten Welt darstellten. Die größte und bedeutendste Weltkarte dieser Art entstand zwischen 1230 und 1250 im Benediktinerkloster Ebstorf (Niedersachsen). Sie wurde als „Ebstorfer Weltkarte“ bekannt. Sie ist eine Rundkarte und hat einen Durchmesser von 3,60 m. Darauf ist die Erde als Scheibe dargestellt mit Jerusalem als „Stadt der Auferstehung Jesu Christi von den Toten“ als Mittelpunkt.

Eine weitere eindrucksvolle und bemerkenswerte Weltkarte zeichnete 1580 der Hannoveraner Kartograf *Heinrich*

Buentig in Form eines dreiblättrigen Kleeblattes. In der Mitte sieht man Jerusalem, von dem kleeblattförmig die drei Kontinente der alten Welt – Europa, Afrika und Asien – ausgehen. Eine Kopie dieser Karte hängt heute im Rathaus von Jerusalem.

Längst sind die alten Landkarten aus dem Mittelalter durch die Entdeckungen der Neuen Welt Amerika und Australien überholt.

Wenn sich auch das tatsächliche Weltbild verändert hat, bleibt Jerusalem dennoch in der biblischen Geografie Mittelpunkt der Welt. Und wenn auch auf den modernen Weltkarten von heute Jerusalem nicht mehr genau in der Mitte liegt, so liegt es doch im Zentrum der bewohnten Erde.

Jerusalem ist die heiligste Stadt der Welt

Keine andere Stadt ist so heilig wie Jerusalem. Weder Rom noch Mekka oder Medina. Denn sie hat mit Gott zu tun. Dem einzigen wahren und lebendigen Gott.

ER gab dieser Stadt eine Vielzahl von Namen. Allein der Name „Jerusalem" wird in der Bibel über 800-mal genannt. Im Alten Testament 657-mal und im Neuen Testament 154-mal. Im Koran, dem heiligen Buch des Islam, wird er jedoch nicht ein einziges Mal erwähnt.

In der Bibel werden von Jerusalem „herrliche Dinge" bezeugt (Psalm 87,3). Wir lesen davon, dass Gott die Stadt erbaut und zu seinem Wohnsitz und Thron auf Erden erwählt hat (2. Chronik 6,6; Psalm 48,2; 76,3; 87,1–4; Sacharja 8,3). Sie ist seine „liebste Stadt" auf Erden (Offenbarung 20,9).

Seitdem ist Jerusalem als „Stadt Gottes" und als „biblische Metropole" sowie als „Schauplatz der Heilsgeschichte Gottes" – so der jüdische Schriftsteller und Nobelpreisträger *S. J. Agnon* – die heiligste Stadt der Welt für Juden und Christen.

Die Schriftgelehrten des nach-biblischen Judentums schrieben später den in aller Welt lebenden Juden zum ewigen Gedächtnis ins Stammbuch:

„Mit Mauern umgebene Städte in Israel sind heilig" (Kelim 1,7). Damit erinnerten sie an Jerusalem, das noch bis ins 19. Jh. ausschließlich von Mauern umgeben war. Und was noch heute auf die Altstadt von Jerusalem zutrifft.

„Innerhalb der Mauern Jerusalems ist der Raum noch heiliger" (Kelim 1,8). Dies betrifft vor allem den Tempelplatz, der als der „heiligste Quadratkilometer der Welt" bezeichnet wird.

„Der Tempel ist noch heiliger" (Kelim 1,9). Deshalb wollen viele religiöse Juden und auch evangelikale Christen möglichst bald den Tempel auf dem Tempelberg wieder aufbauen.

„Das Allerheiligste im Tempel ist heiliger als alle genannten Stätten" (Kelim 1,9). Denn hier befand sich einst die Bundeslade mit den Zehn Geboten vom Sinai. In ihr war nach dem Glauben frommer Juden die „Schechina", die unmittelbare Gegenwart und Heiligkeit Gottes auf Erden, lebendig. Nach der Zerstörung des Tempels soll sie sich nun in der Klagemauer, der Westmauer des Tempelberges, befinden.

Jerusalem ist aber auch den Christen heilig. Denn sie ist die „Stadt des großen Königs": Jesus Christus (Matthäus 5,35; Johannes 1,49). Die Stadt seines Leidens und Todes. Seiner Auferstehung und Wiederkunft. Zugleich ist sie der Geburtsort der ersten christlichen Gemeinde, der Urgemeinde.

Darüber hinaus ist Jerusalem die Stadt des kommenden Messias. Und die Hauptstadt des zukünftigen Messianischen Reiches. Von hier aus wird sich einst der „himmlische Friede", der SCHALOM Gottes, über die ganze Welt ausbreiten.

Ein liebes Kind hat viele Namen

Entsprechend der einzigartigen Heiligkeit Jerusalems bezeichnet die Bibel die Stadt auch als

- Zion (Jes. 33,20): 180-mal!
- Ariel (Jes. 29,1–7)
- Stadt Gottes (Ps. 46,5 u. a.)
- Stadt des Herrn (Ps. 101,8; Jes. 60,14)
- Thron des Herrn (Jer. 3,17)

- Stadt des Herrn Zebaoth (Ps. 48,9)
- Stadt des großen Königs (Ps. 48,3; Mt. 5,35)
- Stadt Judas (Ps. 69,36)
- Davidsstadt (2. Sam. 5,7 u. a.)
- Heilige Stadt (Jes. 52,1; Mt. 4,5)
- Stadt der Treue (Sach. 8,3)
- Stadt der Gerechtigkeit (Jes. 1,26)
- Ewige Stadt (Psalm 48,9)
- Geliebte Stadt (Offenb. 20,9)
- Salem (Psalm 76,3)

Allein unter diesen Bezeichnungen wird Jerusalem in der Bibel insgesamt mehr als 2000-mal erwähnt.

Viele Juden und Christen haben sie noch durch weitere ergänzt, die eine besondere Eigenschaft Jerusalems ausdrücken:

- Stadt der jüdischen Könige und Propheten
- Stadt des Heils
- Stadt der Menschheit
- Stadt der Religionen
- Stadt des kommenden Messias
- Hauptstadt des messianischen Reiches
- Hochgebaute Stadt
- Goldene Stadt
- Mutter der Völker

Schließlich ist Jerusalem auch den Muslimen heilig. Sie nennen sie jedoch nicht „Jerusalem“, sondern „Al Kuds“ (Die Heilige). Für den Islam ist sie die drittheiligste Stadt nach Mekka und Medina. Der Felsendom und die Al-Aksa-Moschee auf dem Tempelberg sind allseits sichtbare Zeichen dafür.

Weil Jerusalem heilige Stadt für Juden, Christen und Moslems ist, erheben alle drei Religionen Anspruch auf sie. Er ist allerdings längst politisiert und zum offenen militanten Streit ausgebrochen. Im Zuge des so genannten „Nahostfriedensprozesses“ hat er inzwischen eine neue dramatische Dimension von unvorstellbarer Sprengkraft erreicht.

Jerusalem ist die Stadt der Menschheit

Nach alter rabbinischer Lehrmeinung und jüdischer Glaubensüberzeugung ist der Felsen Moria (Berg Moria) in Jerusalem, auf dem sich seit Jahrtausenden der Tempelberg befindet, der Grundstein der Welt. An diesem ursprünglich „heiligsten und reinsten Ort" soll Gott den Menschen erschaffen haben (Tanh. R. Lev. 78). Dadurch habe in Jerusalem die Menschheit ihren Anfang genommen.

Von den Tagen Adams bis zum Kommen des Messias ist Jerusalem ein Abbild und Spiegelbild der Menschheit. In dieser Stadt hat eine Vielzahl von Völkern, Nationen und Weltreichen tiefe, unauslöschliche Spuren hinterlassen. Die Namen einer großen Anzahl von prominenten Persönlichkeiten aus der Zeitgeschichte und Gegenwart sind mit ihr für immer verbunden.

Jerusalem ist heute weltweit bekannt. Jeder kennt es. Und sei es nur in Gedanken. Auf unzählige Menschen übt die „Stadt aller Städte" eine außergewöhnlich starke Faszination und Anziehungskraft aus. Viele verbinden mit ihr Sehnsüchte, Wünsche, Vorstellungen und Hoffnungen. Und für immer mehr Menschen wird sie zum Traumziel und Treffpunkt. Jedes Jahr besuchen sie Millionen von Touristen und Pilgern aus aller Welt.

Jede Reise ins Gelobte Land ist deshalb stets auch eine Reise nach Jerusalem. Keine andere Stadt – weder Rom noch Paris, weder Moskau noch Peking – findet gegenwärtig und wohl auch zukünftig ein solch weltweites Interesse wie diese einzigartige Stadt der Menschheit: Jerusalem.

Jerusalem ist zugleich von einzigartiger historischer Bedeutung

Diese Stadt ist eine der interessantesten Städte der Welt. Sie atmet den Geist einer vieltausendjährigen Geschichte, Kultur und Kunst. Sie ist eine archäologische Schatzkammer ersten Ranges. Weltgeschichte und Heilsgeschichte sind nirgendwo so lebendig wie hier. Politik und biblische Prophetie nirgendwo so aktuell. Antike und Moderne, Orient und Okzident nirgendwo so gegenwärtig. Kaum eine andere Stadt der Welt hat so viele und so vielseitige Highlights aus 4000 Jahren Menschheits- und Heilsgeschichte zu bieten.

Jerusalem ist heute eine Stadt von einzigartiger Schönheit

Im Talmud heißt es: „Zehn Maß Schönheit kam auf die Erde herab: Neun Maß davon bekam Jerusalem."

Zweifellos ist Jerusalem eine der schönsten Städte der Welt. Viele meinen sogar, sie sei die schönste aller Städte. Man müsse sie nur richtig anschauen und betrachten. Die Propheten Israels haben sie deshalb mit einer hübschen Frau verglichen (Sacharja 9,9 u. a.). Und die Talmudweisen sagten: „Es gibt keine Schönheit, die der Schönheit Jerusalems gleichkommt." (Avot Derabbi Nathan) In einem zeitgenössischen Bericht des jüdischen Historikers *Flavius Josephus* heißt es: „Wer Jerusalem nicht in seiner Schönheit sah, der hat nie eine schöne Stadt gesehen." Dies trifft nicht nur auf das Jerusalem der Antike zu. Dies gilt auch und besonders heute. Ein Rabbiner aus Jerusalem sagte mir: „Noch nie in seiner 3000-jährigen Geschichte ist Jerusalem so schön und faszinierend, so dynamisch gewesen wie heute."

Dichter und Sänger haben sogar Jerusalem als „goldene Stadt" bezeichnet und besungen. Besonders bekannt ist das Lied „Yerushalajim shel sahaw " (Jerusalem von Gold) von *Naomi Shemer*. Kurz nach der Wiedervereinigung Jerusalems im Juni 1967 wurde es weltweit zu einem Hit. Seitdem gehört es zu den am meisten gesungenen israelischen Liedern in und außerhalb des Gelobten Landes. In einem Refrain heißt es:

„Jerushalayim, Stadt von Gold,
von Kupfer und lichtem Schein,
ich will für deine Lieder die Harfe sein."

Dieser Ansicht sind sogar weit gereiste Globetrotter und prominente Persönlichkeiten. So sagte *Raissa Gorbatschowa*, die Frau des letzten sowjetischen Partei- und Staatschefs, als sie mit ihrem Mann 1992 Israel besuchte, voller Begeisterung: „Ich kann mit Worten nicht beschreiben, was diese Israel-Reise für uns persönlich bedeutet. Mein Mann und ich sind überwältigt von der Schönheit Jerusalems und der einmaligen Atmosphäre dieser Stadt."

Wer sich Jerusalem mit allen seinen Sinnen zuwendet, erlebt die Wahrheit der biblischen Verheißung: „Aus Zion bricht an der schöne Glanz Gottes" (Psalm 50,2).

Jerusalem ist von Ewigkeit zu Ewigkeit

Nicht Rom ist die „Ewige Stadt", sondern Jerusalem. Denn sie ist nicht nur viel älter als die Stadt am Tiber. Sie ist auch die „Mutter aller Städte".

Über Jerusalem liegt seit jeher der Geist der Ewigkeit. Sie ist die einzige Stadt, die Ur-Zeit, Jetzt-Zeit und End-Zeit miteinander verbindet.

Seit „ewigen Zeiten" steht sie im Brennpunkt der Welt- und Heilsgeschichte Gottes und der Menschheit. Sie können dies im nächsten Kapitel bei einer faszinierenden Zeitreise durch diese einzigartige Stadt miterleben.

Aber auch heute steht sie im Brennpunkt des Weltgeschehens und im Blickpunkt der Medien und der Weltöffentlichkeit. Es vergeht kaum ein Tag, an dem sie nicht weltweit Schlagzeilen macht. Denn Jerusalem ist Israel. Und Israel ist Jerusalem. Dortige Ereignisse jedweder Art sind stets nachrichtenswert. Und meist auch von weltweiter Bedeutung. Deshalb sind in Jerusalem auch alle wichtigen und namhaften Rundfunk- und Fernsehsender sowie Nachrichtenagenturen der Welt überproportional vertreten.

Jerusalem hat also nicht nur eine große Zeit hinter sich. Es hat auch eine große Zukunft vor sich.

Zurzeit durchlebt die ewige Stadt eine einzigartige, spannungsgeladene und hochexplosive Gegenwart. Zugleich wird sie für die Zukunft der Menschheit von immer größerer Bedeutung.

Jerusalem zwischen Ur-Zeit, Jetzt-Zeit und End-Zeit

Eine faszinierende Zeitreise durch die „ewige Stadt“

Die Anfänge Jerusalems reichen fast 4000 Jahre zurück. Es gibt gewiss ältere Städte als sie. Aber sie ist immerhin eine der ältesten und vor allem geschichtsträchtigsten Städte der Welt. Die „Stadtchronik“ von Jerusalem ist voller dramatischer und bedeutender Ereignisse und Höhepunkte, die allesamt spannend und erregend zugleich sind. Sie stehen in einem engen Zusammenhang mit der Geschichte Israels und der Völker des Nahen Ostens sowie des christlichen Abendlandes.

Machen Sie jetzt eine faszinierende „Zeitreise“ durch diese alte und junge „ewige Stadt“

Bedeutende Ereignisse und Höhepunkte v o r der christlichen Zeitrechnung

Um 2000: Jerusalem wird von den Jebusitern, einem Volksstamm der Kanaaniter, gegründet und bewohnt.

Um 1950: Abraham, der Vater der Juden, wird von dem Priesterkönig Melchisedek, dem Herrscher von Salem (=Jerusalem), zu einem festlichen Dinner empfangen und von ihm gesegnet.

Um 1910: Abraham reist von Beersheba aus nach Jerusalem. Auf einem Felsen des Berges Moria will er auf Geheiß Gottes seinen Sohn Isaak opfern. Es kam nicht dazu. Denn Gott wollte kein Menschenopfer, sondern seinen Glaubensgehorsam prüfen.

Um 1850: Jerusalem wird erstmals in ägyptischen Texten erwähnt.

Um 1000: König David erobert die alte Jebusiterstadt. Unmittelbar darauf verlegt er seine Residenz von Hebron nach Jerusalem und erklärt die Stadt zur neuen Hauptstadt des Vereinigten Königreiches Israel und zum neuen religiösen Mittelpunkt des jüdischen Volkes.

972: Nach dem Tod seines Vaters David wird Salomo zum König von Israel gekrönt. Er errichtet in Jerusalem zu Ehren Gottes den Ersten Tempel: ein prächtiges Bauwerk aus Kupfer, Gold und wertvollem Zedernholz, das als „Tempel Salomos“ in die Geschichte eingeht.

930: Nach dem Tod Salomos zerfällt das Vereinigte Königreich Israel. 10 israelitische Stämme schließen sich im Norden des Landes zum Königreich Israel (Nordreich) zusammen. Die übrigen beiden Stämme, Juda und Benjamin, vereinen sich zum Königreich Juda (Südreich) mit Jerusalem als Hauptstadt.

722: Die Großmacht Assyrien besetzt das Nordreich Israel. Die 10 Stämme Israels werden in die Verbannung verschleppt. Seitdem sind sie verschollen. Das Südreich Juda existiert zunächst weiter.

586: Der neue Herrscher von Babylon, *Nebukadnezar*, erobert Jerusalem. Dabei wird die Hauptstadt des Südreiches Juda und mit ihr der Tempel Salomos zerstört. Gleichzeitig lässt er die führende jüdische Bevölkerungsschicht nach Babylon deportieren (Babylonische Gefangenschaft). Zurück bleiben ein einziges Trümmerfeld und eine geschundene, ausgeraubte und gedemütigte jüdische Minderheit ohne geistige Orientierung und Führung.

538: Nachdem der Perserkönig *Kores* das große babylonische Reich besiegt hat, erlaubt er den an Tigris und Euphrat festgehaltenen Juden die Heimkehr in ihre Heimat. In mehreren Wellen vollzieht sich der zweite jüdische Exodus der Geschichte: heimwärts. Diesmal aus Babylon.

515: Unter den Heimkehrern befindet sich der Jude Serubabel. Er wird neuer Statthalter in Juda. Er beginnt sogleich mit dem Wiederaufbau des Tempels genau an der Stelle auf dem Tempelberg, wo einst der Tempel Salomos stand.

445: Mit einer weiteren Welle von Heimkehrern aus Babylon kommt auch der Prophet Nehemia zurück. Als neuer Statthalter von Juda beschließt er, Jerusalem wieder als Festung auszubauen und erneut mit einer gewaltigen Ringmauer zu umgeben. Mit Nehemia kommt auch der Prophet Esra aus dem Exil heim. Als eine überragende geistliche Persönlichkeit übernimmt er die religiöse Führung des Volkes und verpflichtet sie zur Treue auf die Thora. Jerusalem wird gleichzeitig wieder die religiöse Hauptstadt für alle Juden – auch in der Diaspora.

332: Jerusalem kapituliert kampflos vor dem Ansturm der siegreichen Armeen *Alexanders d. Gr.*

167: Der Syrer *Antiochus IV. Epiphanes* aus der Dynastie der Seleukiden verbietet den Juden die praktische Ausübung ihres Glaubens und verwandelt den Tempel in eine Kultstätte des griechischen Gottes Zeus. Er will damit die religiöse jüdische Identität zerstören und den Juden das kulturelle Erbe des Griechentums mit seinem heidnischen Götterkult aufzwingen (Hellenisierung). Unter der Führung von *Judas Makkabäus* kommt es noch im selben Jahr zum nationalen Befreiungskampf der Juden (Makkabäer-Aufstand).

165: Die Makkabäer befreien Jerusalem und reinigen den Tempel vom hellenistischen Kult. Danach weihen sie das Heiligtum erneut Gott. Seitdem feiern die Juden zur Erinnerung daran jedes Jahr im Dezember acht Tage lang das Chanukkafest.

63: Jerusalem wird von dem römischen Kaiser *Pompeius* eingenommen und seinem expandierenden Imperium Romanum einverleibt.

37: Der römische Kaiser *Julius Cäsar* setzt den „Wahljuden" *Herodes d. Gr.* zum neuen König von Judäa ein. Die Geschichtsschreibung bezeichnet ihn nicht nur als „größten Baumeister Jerusalems aller Zeiten", sondern charakterisiert ihn auch als einen der grausamsten Despoten jener Zeit.

Ereignisse und Höhepunkte n a c h
der christlichen Zeitrechnung:

33: Unmittelbar vor dem Passah-Fest, dem traditionellen Freiheitsfest der Juden, wird Jesus von Nazareth vor dem Hohen Rat in Jerusalem angeklagt und vom römischen Statthalter *Pontius Pilatus* als „König der Juden" nach römischer Gerichtsbarkeit gekreuzigt.

Am Shawuot-Fest (Pfingsten) wird in Jerusalem die Urgemeinde gegründet. Sie ist die Mutter aller christlichen Gemeinden.

48: Die Apostel Jesu Christi treffen sich in Jerusalem erstmals zu einem Apostelkonzil, um miteinander wichtige theologische Fragen zu behandeln.

66–70: Jüdische Widerstandskämpfer (Zeloten) erheben sich gegen die römische Besatzungsmacht. Dies führt zum „Jüdischen Krieg“, der fünf Jahre dauert. Dann wird der nationale Befreiungskampf der Juden von den Römern brutal in Blut und Tränen erstickt. Der römische Feldherr und spätere Kaiser *Titus* lässt Jerusalem durch seine VI. Legion in Schutt und Asche legen. Dabei wird auch der prächtige jüdische Tempel, den *Herodes d. Gr.* noch vergrößert und verschönert hatte, völlig zerstört. Erhalten bleiben nur die tonnenschweren Steinquader der westlichen Umfassungsmauer des Tempelplatzes, die aus salomonischer und herodianischer Zeit stammen. Sie werden seitdem als Westmauer oder Klagemauer von den Juden in aller Welt als die heiligste Stätte ihres Glaubens verehrt. Die wertvollen Tempelgeräte und Zehntausende der stärksten und gesündesten Männer Israels werden von Soldaten im Triumphzug nach Rom gebracht.

132–135: Erneut erheben sich jüdische Freiheitskämpfer, um die römische Besatzung abzuschütteln. Unter ihrem Führer *Bar Kochba* ist der Aufstand zunächst erfolgreich. Knapp vier Jahre später wird er jedoch von den Truppen des Kaisers *Hadrian* rigoros niedergeschlagen. Alle Juden werden aus Jerusalem vertrieben. Aus der jüdischen Stadt wird eine römische Kolonie mit dem Namen „Aelia Capitolina“. Den Juden wird unter Androhung der Todesstrafe verboten, sie zu betreten.

324: Der römische Kaiser *Konstantin d. Gr.* wird Christ. Ebenso seine Mutter *Helena*. Zwei Jahre später reist sie nach Jerusalem. Zur Erinnerung an die Ereignisse um den Tod und die Auferstehung Jesu veranlasst sie, in Jerusalem an den Stätten des Geschehens Kirchen zu bauen. So auch die Basilika zum Heiligen Grabe (Grabeskirche).

634: Über dem schmalen Landstreifen zwischen Mittelmeer und Jordan geht der rote Halbmond des Islam auf. Zwei Jahre später zieht der Kalif *Omar* siegreich in Jerusalem ein. Nun herrschen erst einmal mehr als 400 Jahre die Araber im Heiligen Land und in der Heiligen Stadt.

691: Der Kalif *Abdel Malik* lässt auf dem Tempelberg, wo einst das größte jüdische Heiligtum stand, den Felsendom errichten. Jahrhunderte später wird er mehrfach umgebaut und verschönert. Heute ist er eine der bedeutendsten Gedenkstätten des Islam und eines der umstrittensten Wahrzeichen von Jerusalem.

715: Der Kalif *El Walid* vollendet auf dem Tempelberg das zweite moslemische Heiligtum: Die Al-Aksa-Moschee. Der jüdische Tempelberg wird von den Arabern in „Harem es-Sharif" (Das Erhabene Heiligtum) umbenannt.

1099: Bei ihrem ersten Kreuzzug ins Heilige Land erobern die christlichen Kreuzfahrer auch Jerusalem. *Gottfried von Bouillon* proklamiert das „Königreich Jerusalem", erklärt die Heilige Stadt zum Zentrum der Welt und setzt sich selbst als „König von Jerusalem" ein. Der Felsendom wird in „Templum Domini" umbenannt.

1187: Der Sultan *Saladin* vertreibt nach siegreichem Kampf die Kreuzritter aus der Stadt. Nun ist sie wieder moslemisch.

1229: Beim 5. Kreuzzug erwirbt der Stauferkaiser *Friedrich II.* nach Verhandlungen mit dem ägyptischen Sultan auf friedlichem Wege noch einmal Jerusalem. Nach 15 Jahren ist jedoch die Epoche der Kreuzfahrer im Heiligen Land für immer vorbei.

1250–1516: In dieser Zeit herrschen die Mamelucken aus Ägypten über Jerusalem. Sie bereichern die Stadt mit herrlichen Bauten, Brunnen und Parks.

1517: Das Heilige Land und Jerusalem geraten unter türkische Herrschaft (Osmanen).

1538: Der türkische Sultan *Suleiman der Prächtige* erbaut die heutigen imposanten Altstadtmauern von Jerusalem.

1844: Die Mehrheit der Jerusalemer Bevölkerung ist seitdem jüdisch.

1854: In der Jerusalemer Altstadt wird das erste jüdische Krankenhaus eröffnet.

1861: Außerhalb der Altstadt entsteht das erste jüdische Wohnviertel: Mischkenot Scha'anim. Damit beginnt das Jerusalem der Neuzeit.

1898: Dr. *Theodor Herzl*, der Gründer der Zionistischen Weltorganisation, besucht zum ersten Mal Jerusalem.

1898: Kaiser *Wilhelm II.* weilt zu einem Staatsbesuch beim Sultan *Abdul Hamid* in Jerusalem. Gleichzeitig weiht er die neue deutsche protestantische Erlöserkirche in der Altstadt ein.

1917: Die 400-jährige Herrschaft der Türken über Jerusalem geht zu Ende. Am 9. Dezember kapituliert die Stadt kampflos. Der britische General *Allenby* marschiert an der Spitze seiner Truppen in Jerusalem ein.

1920: Der Völkerbund überträgt Großbritannien das Mandat über Palästina. Jerusalem wird Verwaltungssitz der britischen Behörden.

28.11.1941: Der ehemalige Großmufti von Jerusalem *Amin el Husseini*, von den Briten 1937 wegen seiner antijüdischen Hetze abgesetzt, weilt bei *Hitler* in Berlin und sichert dem Diktator zu, die „Endlösung" auch für die Juden in Palästina durchzuführen.

Bedeutende Ereignisse und Höhepunkte n a c h der Staatsgründung Israels 1948

14. 5. 1948: Gegen Abend endet das britische Mandat über Palästina. Unmittelbar danach wird von dem ersten israelischen Ministerpräsidenten *DAVID BEN GURION* in Tel Aviv der neue Staat Israel (Medinat Israel) ausgerufen.

Als Reaktion darauf greifen fünf arabische Armeen den jüdischen Staat an. Der erste Nahostkrieg beginnt (Unabhängigkeitskrieg 1948/49). Die Waffenstillstandslinien teilen ein Jahr später Jerusalem in zwei Teile: Die Altstadt sowie Bezirke in Ostjerusalem hält Jordanien besetzt, Westjerusalem verbleibt unter israelischer Hoheit.

17. 8. 1949: Die sterblichen Überreste *THEODOR HERZLS* werden auf dem Herzl-Berg, der Heldengedenkstätte des jüdischen Volkes, in Westjerusalem beigesetzt. Der Zionistenführer war am 3. Juli 1904 in Edlach (Niederösterreich) gestorben und zunächst in Wien bestattet worden.

13. 12. 1949: Jerusalem wird offiziell zur endgültigen Hauptstadt Israels erklärt und das israelische Parlament (Knesset) von Tel Aviv nach Westjerusalem verlegt. Es findet in der Innenstadt ein vorläufiges Domizil.

15. 8. 1953: Am Abhang des Herzl-Berges findet die Einweihung der Holocaust-Gedenkstätte Jad Vashem statt. Vier Tage später verleiht das israelische Parlament nachträglich den sechs Millionen jüdischen Naziopfern die Staatsbürgerschaft Israels.

8. 5. 1958: In der israelischen Hauptstadt wird als Nachfolgeinstitution des biblischen Hohen Rats (Synedrium) das Oberrabbinat (Hechal Shlomo) eingeweiht. Es ist Sitz der obersten jüdischen Rechts- und Religionsbehörde und der beiden israelischen Oberrabbiner.

1961: In Jerusalem findet der Eichmann-Prozess statt. Der ehemalige Leiter des Judenreferats im Reichssicherheitshauptamt *Adolf Eichmann*, einer der Hauptverantwortlichen für die „Endlösung der Judenfrage“, wird am 11. Dezember von einem israelischen Gericht zum Tod verurteilt und am 31. Mai 1962 durch den Strang hingerichtet.

21.4.1963: Zum ersten Mal findet in Jerusalem die Internationale Buchmesse statt.

5.1.1964: Papst *Paul VI.* besucht die Heiligen Stätten in der von Jordanien besetzten Altstadt.

2.11.1965: Der bisherige Chef des Ministerpräsidentenamtes *Teddy Kollek* wird neuer Bürgermeister von Jerusalem.

30.8.1966: In Westjerusalem wird das neue jüdische Parlamentsgebäude (ha' Knesset) feierlich eingeweiht.

7.6.1967: Am 3. Tag des Sechs-Tage-Krieges befreien israelische Fallschirmjäger die seit 19 Jahren von Jordanien besetzte Altstadt und ihre Heiligen Stätten.

14.6.1967: Am jüdischen Pilgerfest Schawuot versammeln sich rund 250.000 jüdische Menschen vor der Westmauer, die nun nach 2000 Jahren das religiöse Zentrum aller Juden und des Staates Israel ist.
Ab sofort ist allen Juden, Christen und Moslems der Zugang zu allen ihren Heiligen Stätten garantiert.

27.6.1967: Drei Wochen nach der Befreiung werden Ost- und Westjerusalem durch Beschluss des israelischen Parlaments offiziell wieder vereinigt.

12.5.1968: Zur Erinnerung an die Wiedervereinigung wird der „Jerusalem-Tag“ eingeführt.

19.–21.11.1977: Als erstes arabisches Staatsoberhaupt besucht der ägyptische Präsident *Anwar el-Sadat* Jerusalem.

30.7.1980: Das israelische Parlament verabschiedet das „Jerusalem-Gesetz“. Darin wird ganz Jerusalem zur „ewigen und unteilbaren Hauptstadt Israels“ erklärt.

4.8.1982: Im Beisein des israelischen Staatspräsidenten *Jitzhak Navon* und der beiden Oberrabbiner Israels wird unmittelbar neben dem Oberrabbinat in der King-George-Straße die neue Großsynagoge eingeweiht. Sie ist seitdem das offizielle Gotteshaus des Staates Israel.

8.–11.10.1985: *Richard von Weizsäcker* besucht als erster deutscher Bundespräsident Jerusalem und die Heiligen Stätten. Er ist Gast des israelischen Staatspräsidenten *Chaim Herzog*.

26.9.–3.10.1988: Mehr als 5000 Christen aus über 60 Ländern nehmen am Laubhüttenfest (Sukkot) in Jerusalem teil, um Israel ihre Liebe und Solidarität zu bezeugen und es zu segnen.

31.5.1992: Aus Anlass des 25. Jahrestages der Wiedervereinigung Jerusalems schließen führende israelische und jüdische Persönlichkeiten aus aller Welt in der israelischen Hauptstadt ein „Bündnis mit Jerusalem“.

13.–18.6.1992: Der ehemalige sowjetische Partei- und Staatschef *Michail Gorbatschow*, einst zweitmächtigster Mann der Welt, besucht mit seiner Frau *Raissa* die heiligen Stätten des Judentums in Jerusalem und des Christentums am See Genezaret. Sie sind Gäste von Israels Staatspräsident *Chaim Herzog*.

1992: Das neue Jerusalemer Rathaus und Verwaltungszentrum wird seiner Bestimmung übergeben.

2.11.1993: Der in der ganzen Welt bekannte und populäre Bürgermeister von Jerusalem *Teddy Kollek* verliert nach 28-jähriger Amtszeit die Stadtratswahlen. Neues Stadtoberhaupt wird der national-konservative Likud-Politiker *EHUD OLMERT*.

1994: Nach Angaben des Statistischen Amtes leben in Jerusalem 550.000 Menschen. Davon sind 395.000 Juden, 112.000 Araber und 17.500 Christen. In der Heiligen Stadt gibt es 1002 Synagogen, 65 Kirchen, 72 Klöster und 40 Moscheen.

10. 5. 1994: PLO-Führer *JASSIR ARAFAT*, Chef der Autonomiebehörde von Gaza und dem vorwiegend von Palästinensern bewohnten Westjordanland, ruft in einer Moschee in Johannesburg (Südafrika) alle Araber und Moslems auf „zum Heiligen Krieg zur Befreiung Jerusalems, der Hauptstadt Palästinas".

1995/96: Jerusalem feiert seinen 3000. Jahrestag als „Stadt Davids" und Hauptstadt Israels.

> *„Auf das Jahr genau kann niemand die Inbesitznahme Jerusalems durch König David datieren. Wir wissen nur, dass sie um das Jahr 1000 vor der christlichen Zeitrechnung erfolgte. Der Zeitpunkt der 3000-Jahr-Feiern musste deshalb ein wenig willkürlich festgelegt werden. Sie hätten genauso gut im Jahr 2000 stattfinden können. Aus wissenschaftlicher Sicht ist daher weder 1995 noch 1996 zu beanstanden."*
>
> *Prof. DAN BAKAT,*
> *von 1978–90 Bezirksarchäologe von Jerusalem*

1. 1. 2000: Das „Heilige Jahr 2000" erinnert an die Gründung des Christentums vor 2000 Jahren im Heiligen Land. Israel steht im Mittelpunkt des „Millenniums-Fiebers" von Juden und Christen aus aller Welt und wird von einer Vielzahl von religiösen Fanatikern heimgesucht, die zu einer ernsten Gefahr für den Frieden im Heiligen Land werden.

11.7.2000: Beginn der offiziellen Verhandlungen zwischen Israel und der PLO in Camp David (USA) über den endgültigen Status von Jerusalem.

28.9.2000: Nach dem Besuch des damaligen israelischen Oppositionsführers *Ariel Scharon* auf dem Tempelberg kommt es unter dem Slogan „Al-Aksa-Intifada“ zu neuen schweren blutigen Ausschreitungen von Palästinensern in Jerusalem und in den Autonomiegebieten.

24.12.2000: Wenige Wochen vor dem Ende seiner Amtszeit schlägt US-Präsident *Bill Clinton* in einem Friedensplan die (erneute) Teilung Jerusalems vor in zwei Stadtteile und die Übertragung der israelischen Souveränität über den Tempelberg auf die Palästinenser.

8.1.2001: Mehr als 350.000 Israelis und Juden aus aller Welt, darunter mehrere tausend Christen, nehmen an einer der größten Demos in der Geschichte Israels teil und protestieren gegen Clintons „Teilungsplan“ und für ein „ungeteiltes Jerusalem“ unter israelischer Souveränität.

6.2.2001: Der amtierende Premier *Ehud Barak* verliert die Wahl zum Ministerpräsidenten. Mit überwältigender Mehrheit wird der Oppositionsführer *Ariel Scharon* vom Likudblock zum neuen MP gewählt.

Die Geschichte Jerusalems und damit Israels und des Nahen Ostens nimmt inzwischen eine dramatische Fortsetzung.

Das religiöse Zentrum des jüdischen Volkes

Welche Bedeutung Jerusalem für den Glauben der Juden hat

Als König David 1000 Jahre vor unserer Zeitrechnung die alte Jebusiterfestung in den Bergen Judäas in Besitz nahm, machte er Jerusalem zum religiösen Zentrum des Judentums. Und zur nationalen Hauptstadt Israels.

Seitdem ist kein anderes Volk mit Jerusalem biblisch, historisch, national, religiös und damit existenziell so eng verbunden wie das jüdische Volk.

Wo Gott auf Erden zu Hause ist

Im Buch Josua heißt es: „Unser Gott ist oben im Himmel und unten auf der Erde" (2,11). Und in Jerusalem ist er zu Hause. Seitdem hat Jerusalem wie keine andere Stadt mit Gott zu tun. Sie ist die „Stadt Gottes". Wer aber ist dieser Gott?

Dieser Gott ist kein Allerweltsgott. Nicht Allah. Sondern Jahwe. Er ist der Gott Abrahams, Isaaks und Jakobs. Die Bibel bezeichnet ihn wiederholt als den „Gott Israels" (1. Könige 8,23 u. a.), den „Heiland Israels" (1. Samuel 14,39), den „Heiligen in Israel" (Jesaja 12,6), den „Erlöser Israels" (Jesaja 54,5) und den „Hüter Israels“ (Psalm 121,4 u. a.). Aber er ist nicht nur allein der Gott der Juden. Er ist auch der Gott der Christen. Denn er ist der Vater Jesu Christi. Und wer an Jesus glaubt, hat diesen Gott der Juden zum Vater. Juden und Christen glauben also an ein und denselben Gott.

Dieser unvergleichliche und einzig wahre und lebendige Gott hat sich in besonderer Weise in Jerusalem offenbart. Zuerst den Juden. So forderte er auf dem Berg Moria, dem späteren Tempelberg, von Abraham, dem ersten Juden, das Opfer seines Sohnes Isaak. Um seinen Glaubensgehorsam zu prüfen. Freilich wurde das Menschenopfer nicht vollzogen.

In Jerusalem hat Gott sich auch offenbart durch die Propheten Israels: Jesaja, Jeremia, Hesekiel, Joel, Sacharja u. a. Als geisterfüllte Sprecher Gottes übten sie Kritik an den Königen Israels und mahnten sie, nach Gottes Willen zu leben und für Recht und Ordnung zu sorgen. Außerdem wachten sie über den Gottesdienst und die Glaubwürdigkeit der Priester, riefen das Volk zur Buße auf und erinnerten es an seine göttliche Berufung, ein „Königreich von Priestern und ein heiliges Volk“ zu sein. Gleichzeitig waren sie Gottes Verheißungsträger. An ihren Aussagen war die Glaubwürdigkeit und Wahrheit des göttlichen Wortes zu erkennen. Ihre Mahn-, Gerichts- und Bußworte sind für Jerusalem, für Israel und alle Welt von bleibender Bedeutung.

Hochburg jüdischen Glaubens

Schon seit frühester Zeit taucht für die Stadt Gottes ein weiterer Begriff auf: „Zion“. Es ist ein Synonym für Jerusalem und das Gelobte Land (1. Könige 8,1). Darum heißt es auch zum Schluss der israelischen Nationalhymne (Hatikva): „. . . in Zion, Jerusalems Land.“

Für Juden hat Zion über die geografische Bestimmung hinaus vor allem eine religiöse und messianische Bedeutung: Zion ist die irdische Wohnung und zukünftige Residenz Gottes (Jesaja 8,10; 24,23). Es ist Schauplatz der Welt- und Heilsgeschichte Gottes mit seinem Volk. Zufluchtsort und Heimat aller Juden (Jesaja 14,32). Symbol für das Volk Israel und seinen Glauben. Und geistiger Mittelpunkt des Judentums und der kommenden messianischen Heilszeit.

Als Zentrum des jüdischen Gottesglaubens war Jerusalem jedes Jahr das Ziel Zehntausender jüdischer Pilger. Sie kamen zu den drei großen Wallfahrtsfesten in die heilige Stadt, um hier das Passafest (Pessach), das Wochenfest (Schawuot) und das Laubhüttenfest (Sukkot) zu feiern. Die Stadt und das Heiligtum, der Tempel, waren dann erfüllt von einer Vielzahl von Wallfahrtsliedern aus den Psalmen, von denen Psalm 48, 122 und 147 zu den bekanntesten zählen.

Auch in späterer Zeit war Jerusalem eine Hochburg jüdischen Glaubens. Hier war die religiöse Elite Israels anzutreffen: Der Hohe Rat (Synedrium) als höchste jüdische Rechts- und Religionsbehörde, die Schriftgelehrten der Pharisäer, Sadduzäer sowie ein Großteil des rabbinischen Judentums.

Die heiligsten Stätten des Judentums

In der Stadt der Gottesoffenbarung liegen die Jahrtausende alten heiligen Stätten des Judentums: Die alte Davidsstadt. Der Tempelberg (Moria: 2. Chronik 3,1), den König David käuflich erwarb und darauf zu Ehren Gottes einen Zeltbau mit der Bundeslade als Stätte der Anbetung und des Opfers errichtete. Später baute an seiner Stelle König Salomo den ersten jüdischen Tempel. Viele Jahre nach seiner Zerstörung durch den babylonischen König *Nebukadnezar* wurde an der gleichen Stelle der zweite jüdische Tempel errichtet, den *Herodes d. Gr.* noch vergrößern und verschönern ließ. Doch er wurde 70 n. Chr. durch die Römer ebenfalls dem Erdboden gleichgemacht. Geblieben ist nur die Westmauer des Tempelberges mit ihren mächtigen Steinquadern. Sie ist seitdem Israels heiligste Stätte. Denn in ihr ist, wie jeder fromme Jude glaubt, Gott gegenwärtig (Schechina).

Hier im Angesicht der Gegenwart Gottes wird geweint und gelacht, gebetet, getrauert und gesegnet. Als Symbol verloren gegangener jüdischer Herrlichkeit ist die einstige Klagemauer seit der Befreiung und Wiedervereinigung Jerusalems 1967 eine Chiffre der Hoffnung für ganz Israel auf die kommende und vollkommene Erlösung durch den Messias.

Darüber hinaus befindet sich in Jerusalem der Zionsberg mit dem vermeintlichen Grab König Davids. Er ist ein religiöser Weiheort für die jüdische Nation.

Jenseits der alten Davidsstadt liegen im Kidrontal die Königs- und Prophetengräber sowie der Ölberg mit dem größten jüdischen Friedhof der Welt (50.000 Gräber). Hier sind nach jüdischer Überlieferung einige der großen Glaubenshelden Israels begraben. Die letzten Propheten aus alttestamentlicher Zeit: Haggai, Maleachi und Sacharja. Der Ölberg ist zugleich der „Berg des Messias". Hier wird zu Beginn der messianischen Heilszeit der Messias erscheinen (Sacharja 14). Für viele Juden ist Jerusalem deshalb nicht nur ein Teil des Glaubens, sondern der Glaube selbst.

Sehnsucht nach Jerusalem

Wann und wo immer Juden im Exil bzw. in der Diaspora lebten, haben sie niemals die Verbindung zu Jerusalem aufgegeben. Egal, ob es in der Babylonischen Gefangenschaft war. Oder nach der Zerstörung Jerusalems und des Tempels und ihrer Vertreibung aus dem Heiligen Land. Mehr als 70 jüdische Generationen erinnerten sich täglich an die Propheten Israels: „Gedenkt des HERRN im fernen Lande und lasst euch Jerusalem im Herzen sein" (Jeremia 51,50). Und: „Der HERR wird Zion wieder trösten und Jerusalem wieder erwählen" (Sacharja 1,17).

Besonders in Zeiten der Schmach und Verfolgung gelobten sie im so genannten „Jerusalem-Schwur": „Vergesse ich dich, Jerusalem, so verdorre meine rechte Hand. Meine Zunge soll an meinem Gaumen festwachsen, wenn ich aufhöre, an dich zu denken und wenn ich irgendetwas lieber habe als Jerusalem" (Psalm 137,5f.).

Dreimal am Tag haben sie um die Rückkehr Gottes und ihres Volkes nach Zion gebetet. Sowie um den Wiederaufbau

Jerusalems und die nationale Wiedergeburt in ihrer historischen Heimat: „HERR, nach deiner Stadt Jerusalem kehre in Erbarmen zurück . . . Baue Jerusalem schnell in unseren Tagen.“ Bei jedem Tischgebet lautet die Bitte: „Erbarme dich, Ewiger, unser Gott, über dein Volk Israel, über deine Stadt Jerusalem, über Zion, die Stätte deiner Herrlichkeit, über das Reich des Hauses Davids, deines Gesalbten, und über das große und heilige Haus, über dem dein Name genannt wird.“ Und: „Erbarme dich, HERR, über Zion. Denn es ist das Haus unseres Lebens.“ An jedem Morgen wird gebetet: „Bringe uns, HERR, nach Zion in deine Stadt mit Jubel, und nach Jerusalem, deinem Heiligtum, mit ewiger Freude . . .“

„Nächstes Jahr in Jerusalem!“ wurde zum Schlussgebet aller Juden am Versöhnungsfest (Jom Kippur), am Neujahrsfest (Rosh Ha'schana) und am Sederabend des Passahfestes (Pessach), um ihre unverbrüchliche Verbundenheit mit Jerusalem zum Ausdruck zu bringen.

„Nächstes Jahr in Jerusalem!“ ist auch heute noch immer der Abschiedsgruß aller Juden, wo immer sie sich außerhalb Israels begegnen. Überall auf der Welt leben Juden in der Erwartung, eines Tages nach Jerusalem heimkehren zu können.

Wann und wo immer Juden ihr tiefes Heimweh nach Jerusalem in ihren Gebeten zum Ausdruck brachten, wandten sie sich stets in Richtung der Heiligen Stadt, die einst den Tempel beherbergte. Im Talmud ist zu lesen: „Wer sich außerhalb des Landes Israel aufhält, richte sein Herz in Richtung Jerusalem zum Tempel und zum Allerheiligsten.“ Bereits in der Babylonischen Gefangenschaft wandten sie sich beim Beten nach dem fernen Jerusalem. Wenn einer von ihnen starb, wurde er in Richtung Jerusalem begraben. Nach der Zerstörung des letzten Tempels im Jahr 70 n. Chr. wurden alle jüdischen Gotteshäuser, die Synagogen in aller Welt, ob in Worms oder Frankfurt, in Wien oder Paris, immer in Richtung Jerusalem gebaut. Eine Stelle in der Wand zeigte sie an und blieb unvollendet. Als Zeichen für die Zerstörung der Heiligen Stadt und ihres Tempels. Zugleich war es ein Ausdruck der Sehnsucht, Jerusalem und sein Heiligtum wieder aufzubauen und bald möglichst dahin zurückzukehren.

Oberrabbiner *Meir Lau* sagte in einem Interview: „Es gibt keine andere Religion, die Jerusalem als ihr absolutes religiöses Zentrum ansieht. Die Moslems zum Beispiel schauen beim Beten nach Mekka und drehen dem Tempelberg den Rücken zu. Anders die Juden. Die Juden Moskaus beten in Richtung Süden. Die Juden Australiens in Richtung Westen. Die Juden in New York nach Osten. Und die Juden Südafrikas nach Norden. Juden auf der ganzen Welt beten seit 3000 Jahren stets in Richtung Jerusalem.

Es gibt keinen historischen Vergleich für eine solche Beziehung. Jerusalem ist also keine Angelegenheit der Politik, sondern des jüdischen Glaubens. Die Heiligkeit Jerusalems und die Halacha (jüdisches Religionsgesetz), die sich darauf bezieht, sind integrale Bestandteile unseres Glaubens."

Aber nicht nur in Gebeten, Psalmliedern (besonders die Psalmen 48, 122, 126 u. a.) und Predigten haben Juden ihre Sehnsucht nach Jerusalem zum Ausdruck gebracht. Auch bei vielen anderen Anlässen. So wird noch heute bei einer jüdischen Hochzeit ein Kristallglas zerbrochen im Gedenken an Jerusalem. Wenn man isst, bleibt eine Portion zurück. Um sich an Zion zu erinnern. Und am Tisha be'Av, dem Gedenktag an die Zerstörung Jerusalems, fasten, weinen und beten noch heute viele fromme Juden.

Selbst berühmte Männer Israels haben sich ihrer Sehnsucht nach Jerusalem nicht geschämt. So bekannte bereits im 11. Jahrhundert der in Spanien lebende große jüdische Dichter und Philosoph *Jehuda Halevi:* „O höchste Freude, du Stadt des erhabenen Königs! Nach dir sehnt sich mein Herz aus dem fernsten Westen! Quälender Schmerz erfüllt mich, wenn ich deiner einstigen, erloschenen Größe gedenke, meines Hauses und meiner Heimat, die nun verwüstet sind ... Wie gern gäbe ich alle Schätze hin, nur um mit eigenen Augen den Staub des verwüsteten Tempels zu schauen."

Bei seinem Staatsbesuch in Deutschland Mitte Januar 1996 sprach Israels damaliger Staatspräsident *Ezer Weizmann* in einer poetisch-historischen Rede von biblischer Ausdruckskraft vor dem Deutschen Bundestag. Darin identifizierte er sich persönlich mit der Vergangenheit seines Volkes. Ohne die es weder die Gegenwart noch die Zukunft Israels geben würde. Er sagte u. a.: „Ich war ein Sklave in Ägypten und empfing die Thora am Berge Sinai, und zusammen mit Josua und Elia überschritt ich den Jordan. Mit König David zog ich in Jerusalem ein. Und mit König Zedekia wurde ich von dort ins Exil geführt. Ich habe Jerusalem an den Wassern zu Babel nicht vergessen. Und als der HERR Zion heimführte, war ich unter den Träumenden, die Jerusalems Mauern errichteten." Wie ein Prophet und Prediger endete der Staatsmann Weizmann mit den Worten: „Möge Jerusalem wieder erbaut werden. Möge Frieden schnell zu unseren Zeiten gestiftet und bereitet werden. Amen."

Die Juden haben Jerusalem und den Tempel nie vergessen. Ständig lebten sie in der Erwartung der Heimkehr nach Zion. Ihre Gedanken und Sehnsüchte gaben ihnen physische Kraft zum (Über-)Leben. Und geistliche Kraft für ihren Glauben. Dabei stützten sie sich auf eine Vielzahl von Zusagen Gottes für die Zukunft. Und auf den Trost der Propheten Israels: „Kann auch eine Mutter ihr Kind vergessen? Und wenn sie es vergisst, so will ICH, der HERR, dich nicht vergessen. Siehe, in meine Hände habe ICH dich gezeichnet! Deine Mauern sind immer vor mir" (Jesaja 49,15f.). „Tröstet mein Volk, spricht der Ewige. Redet mit Jerusalem freundlich und predigt ihr, dass ihre Knechtschaft ein Ende hat . . ." (Jesaja 40,1f.). „Deine Augen werden Jerusalem sehen" (Jesaja 33,20).

Ohne diese Verheißungen Gottes und dabei die Heilige Stadt vor seinen Augen und in seinem Herzen, hätte das jüdische Volk 2000 Jahre Vertreibung und Martyrium bis heute nicht überlebt.

Kein Jerusalem ohne Juden

Fast immer lebten Juden in der Heiligen Stadt

In Jerusalem, der größten Stadt des Heiligen Landes, lebten in den letzten drei Jahrtausenden Menschen aus einer Vielzahl von Völkern und Nationen. Es waren Hasmonäer und Römer, Moslems und Christen, Mamelucken und Türken, Deutsche und Briten, Juden und Araber. Aber kein anderes Volk verbindet eine so lange und fast ununterbrochene Geschichte und Tradition mit der Heiligen Stadt wie das jüdische Volk.

Von Gott allein den Juden versprochen

Die Bibel berichtet und archäologische Funde beweisen es: Jerusalem war schon immer jüdisch. So war es zur Zeit Davids und der nachfolgenden Könige Israels. So war es zur Zeit Jesu. So war es trotz allem Widerschein mit Unterbrechungen in den letzten 2000 Jahren. Und so ist es auch heute.

Zwar versuchten die Feinde Israels wiederholt, die jüdische Bevölkerung zu vertreiben und die Stadt „judenrein" zu machen. Was ihnen zeitweilig auch fast vollständig gelang. So sank die Anzahl der Juden in Jerusalem auf faktisch gleich null als der römische Kaiser *Hadrian* 135 n. Chr. aus der zerstörten Heiligen Stadt eine heidnische Kolonie mit dem römischen Namen „Aelia Capitolina" machte. Und zugleich den Juden bei Todesstrafe verbot, die Stadt überhaupt zu betreten. Aber Gott hatte Jerusalem verheißen: „Werde (wieder) bewohnt!" (Jesaja 44,26). Und dem Propheten Sacharja versicherte er: „Du kannst darauf vertrauen, dass ICH mein Volk . . . wieder in seine Heimat zurückbringen werde. So dass es sicher und geschützt in Jerusalem leben kann. Es wird mein Volk und ICH werde sein Gott sein" (Sacharja 8,7f.). Die Erfüllung dieser Verheißung Gottes begann schon 300 Jahre nach unserer Zeitrechnung!

In zahlreichen alten Reisebeschreibungen ab dem Jahr 333 n. Chr. wird berichtet, dass in Jerusalem wieder zunehmend jüdische Menschen wohnen.

361 erlaubt Kaiser *Julian* Juden aus dem Exil die Heimkehr nach Jerusalem und zu den heiligen Stätten. Wenngleich sie alle zerstört und von ihnen nur Ruinenreste zu finden waren.

614 übertragen die Perser jüdischen Rückkehrern für drei Jahre die Verwaltung über die neu aufstrebende Stadt.

Der neue muslimische Herrscher über das Heilige Land, *Abdel Malik,* der später den islamischen Felsendom errichten lässt, erlaubt jüdischen Familien, auf dem Tempelberg zu beten und überträgt ihnen sogar gewisse Erbrechte auf den heiligen Platz.

Im Jahr 1099 massakrieren die christlichen Kreuzritter die gesamte islamische und jüdische Bevölkerung in Jerusalem. Zweihundert Jahre später kommen erneut Juden in die Heilige Stadt. Als der Sultan *Saladin* sie erobert, dürfen sie dort aber weiter wohnen bleiben.

Im 14. und 15. Jahrhundert flüchten viele Juden vor der spanischen Inquisition ins Heilige Land. 1331 notiert der jüdische Immigrant *Isaak Ben Joseph Ibn Cheto* in sein Tagebuch: „Die jüdische Gemeinde lebt in Ruhe. Die Männer sind Färber, Schneider, Schuhmacher. Die meisten aber betreiben Handel und haben schöne Läden. Andere sind Ärzte oder widmen sich der Mathematik und der Astronomie. Viele gelehrte Männer studieren Tag und Nacht die heiligen Schriften. Sie bemühen sich um die wahre Weisheit. Sie werden von der Gemeinde bezahlt, denn das Studium der Schriften ist ihr einziger Beruf. Juden und Christen hatten sich allerdings in der Öffentlichkeit besonders zu kennzeichnen: Die Juden mussten gelbe Turbane tragen und die Christen blaue.“

1544 ist die jüdische Bevölkerung in Jerusalem schon wieder auf 1000 Personen angewachsen. Von Jahr zu Jahr kommen immer mehr hinzu. Zwischen 1620 und 1625 schreibt ein unbekannter Jerusalemer Jude: „In der Stadt Gottes lebten mehr Angehörige unseres Volkes seit sie aus ihrem Lande verbannt worden waren. Täglich kamen viele Juden, um in der Stadt zu leben, dazu die, die an der Westmauer beten wollten ... Außerdem brachten sie großzügige Geldgeschenke mit, um die Juden Jerusalems zu unterstützen. In allen Ländern wurde berichtet, dass wir in Frieden und Sicherheit lebten. Viele von uns kauften Häuser und Felder und bauten Ruinen wieder auf; bejahrte Männer und Frauen saßen auf den Straßen Jerusalems, und in den Durchgängen tummelten sich Jungen und Mädchen ... Die Auslegung des Heiligen Gesetzes (der Thora) blühte, und viele Häuser des Studiums standen all denen offen, die sich mit der Arbeit des Himmels befassen wollten. Die Führer der Gemeinde versorgten die Studierenden mit dem, was sie täglich brauchten.“

Ein nicht näher bekannter Christ bemerkt in seinen Aufzeichnungen aus dem Jahr 1546: „Viele Juden wohnen in Jerusalem, und es gibt dort eine besondere Judenstraße.“ Und auch *Ignatius von Rheinfelden* berichtet 1656 nach einem Besuch in der Heiligen Stadt: „In Jerusalem leben bereits wieder viele Juden, die aus aller Welt hierher kommen, um hier auf die Ankunft des Messias zu warten.“

In den nächsten zwei Jahrhunderten steigt die jüdische Bevölkerung erheblich an. *Friedrich Hasselkvisti*, ein schwedischer Arzt und Botaniker, schreibt 1751: „Zur Bevölkerung Jerusalems gehören etwa 20.000 Juden. Die meisten von ihnen sind Arme, die keinen Lebensunterhalt haben.“

1824 weiß Rabbi *David Hillel* zu berichten: „Mehr als 3000 jüdische Familien leben in Jerusalem. Sie sind dort geboren oder von anderen Teilen der Welt zugezogen.“

Ab 1844 wird in Jerusalem eine offizielle Bevölkerungsstatistik geführt. Seitdem ist die Mehrheit der Einwohner wieder jüdisch.

Zionisten kehren heim nach Zion

Ende des 19. Jahrhunderts entstand die jüdische Nationalbewegung „Hibbat Zion". Sie wurde später bekannt als Zionistische Bewegung. Zunächst war sie religiös motiviert. Ihr Hauptziel war: die gottgewollte Heimkehr der Kinder Israels aus der ganzen Welt nach „Zion, Jerusalems Land". Später kamen noch politische Akzente hinzu. Der Zionismus löste eine große Einwanderungswelle von Juden aus in das ihnen von Gott verheißene Land. Viele der jüdischen Einwanderer ließen sich in Jerusalem nieder. So lebten zu Beginn des 1. Weltkriegs bereits 45.000 von ihnen in der Heiligen Stadt, in Zion. Das war etwa die Hälfte aller Juden im Heiligen Land.

Die Zionistische Bewegung betrachtete von Anfang an Jerusalem als die Hauptstadt eines neuen jüdischen Staates und als modernes geistiges Zentrum des jüdischen Volkes. Darum wurde es schon sehr früh der Sitz der Zionistischen Exekutive, die die Vorbereitungen für den „jüdischen Staat in der Entstehung" traf.

Als 1948 der neue Staat „Medinat Israel" gegründet wurde, lebten von insgesamt 650.000 jüdischen Einwanderern bereits 100.000 in Jerusalem. Im Jahr 2000 waren es von insgesamt 6,3 Mio. Israelis über 448.000 Juden, die in Jerusalem lebten.

Bald jüdisches Groß-Jerusalem?

Der Prophet Sacharja hatte für die Zukunft angekündigt: „Jerusalem soll ohne Mauern bewohnt werden wegen der vielen Menschen" (2,8). Und auch dies ist in Erfüllung gegangen. Ja, es erfüllt sich ständig aufs Neue.

Seit fast 150 Jahren wächst die jüdische Gemeinschaft über die Altstadtmauern hinaus. Bereits 1860 entstand die erste jüdische Ansiedlung außerhalb der Altstadt: Mischkenot Scha'anim. 1868 folgte Makane Yisrael und Nahalat Shiva. Dann Mea Shearim, Yemin Moshe, Sha'rec Hessed und Mehane Yehuda.

Seitdem hat sich die Stadt infolge rasanten Baubooms zu einem Groß-Jerusalem mit einer Vielzahl von Satelliten-Städten entwickelt. Zusätzlich wurden weitere Orte im Westen und Osten eingemeindet. Überall wird weiter gebaut.

Das weckt jedoch immer mehr den Zorn sowohl der Palästinenser als auch der UNO und der EU, des Vatikans und des Weltkirchenrats. Aber sie können das nicht aufhalten. Israel kann sich bei seiner Bautätigkeit nicht nur auf die Bibel berufen (Jeremia 31,28). Sondern auch auf seine staatliche Souveränität über ganz Jerusalem. Denn allein die israelischen Behörden können entscheiden, ob, wann und wo in Jerusalem gebaut wird. So bekräftigte Jerusalems Oberbürgermeister *Ehud Olmert:* „Selbst wenn die ganze Welt gegen uns ist, wir werden in Jerusalem bauen!"

Der General-Bebauungsplan sieht vor, dass die Hauptstadt Israels in Zukunft von Ramallah im Norden bis nach Bethlehem im Süden eine Gesamtfläche von 100 qkm umfassen wird. Dies entspricht voll und ganz dem göttlichen Auftrag: „Jerusalem werde größer. Denn nach Norden und Süden wirst du dich ausdehnen" (Jesaja 54,2f.). Infolgedessen rechnet man in Israel für die nächsten Jahrzehnte mit einer weiteren Zunahme der jüdischen Bevölkerung in Jerusalem. Der israelische Reiseleiter *Menachem Imber* begrüßt dies sogar mit dem Argument: „Je mehr Juden in Jerusalem wohnen, desto schwieriger wird es, Jerusalem einzunehmen." Darum lautet weiterhin der Ruf an alle Juden in der Welt: „Zieht nach Jerusalem und wohnet darin . . .!" Und: „Nächstes Jahr im *wieder aufgebauten* Jerusalem!"

Die ständige Zunahme der jüdischen Bevölkerung in Jerusalem in den letzten 2000 Jahren ist zweifelsohne eine unmittelbare Erfüllung der biblischen Verheißung Gottes: „Das Volk Zions wird in Jerusalem wohnen . . ." (Jesaja 30,19). Darum sagte Jerusalems Stadtoberhaupt *Ehud Olmert* auch bei der 3000-Jahr-Feier der Stadt Davids 1996 voller Genugtuung: „Über Jerusalems Zukunft kann man streiten, so viel man will. Doch nicht über die jüdische Vergangenheit dieser Stadt – und die feiert das nach Zion heimgekehrte Israel!"

Jerusalem ist Israel

3000 Jahre nationale Heimstätte des jüdischen Volkes

Am 14. Mai 1948 wurde der Staat Israel der Neuzeit gegründet. Er ist die unmittelbare und legitime Fortsetzung des biblischen Staates Israel der jüdischen Könige und Propheten.

Seine Anfänge liegen im Land Kanaan. Hier lebten die Kinder Israels zunächst in einem Zwölf-Stämme-Verband. Bis sie ein Volk wurden: Das Volk Israel. Hier im geografischen Zentrum der Welt fand es seine geistige, religiöse und politische Identität. Zugleich erreichte es hier zum ersten Mal in seiner Geschichte die volle politische Freiheit und Souveränität in einem eigenen Staat.

Die älteste Hauptstadt der Welt

Als der große König Israels David den ersten vereinigten und unabhängigen Staat Israel gründete, proklamierte er sieben Jahre später (996 v. Chr.) Jerusalem zur nationalen und religiösen Hauptstadt des jüdischen Volkes.

Infolge von Zerstörung und Unterdrückung durch fremde Mächte verlor das jüdische Staatswesen im Lauf seiner Geschichte jedoch mehrfach seine Unabhängigkeit. Aber die

Hoffnung auf ein Leben in Freiheit und Frieden in einem neuen souveränen Staat mit Jerusalem als Hauptstadt hat die Juden nie verlassen.

Bis der 14. Mai 1948 kam. Der Tag, an dem das jüdische Volk nach 2000 Jahren in einem eigenen Staat in seinem historischen Heimatland auf der Weltbühne wieder in Erscheinung trat. Damit ging zugleich Gottes Verheißung in Erfüllung: „Es kommt der Tag, an dem ICH Israel in seiner alten Größe wieder herstellen lasse. So wie es einst unter König David war. Jetzt gleicht es einer halbverfallenen Ruine. Aber ICH werde die eingestürzten Teile wieder aufbauen . . . Dann werde ICH das Schicksal meines Volkes wenden" (Amos 9,11.14).

Jerusalem wird Hauptstadt des neuen Staates Israel

Als die vom jüdischen Volk bevollmächtigten Vertreter in Tel Aviv den neuen Staat Israel gründeten, stand für sie alle fest, dass nur Jerusalem als Hauptstadt infrage kommen kann. Aber Jerusalem war geteilt in einen jüdischen und einen arabischen Sektor. Der jüdische Teil, West-Jerusalem, war nur auf einer unsicheren Straße wie durch ein Nadelöhr durch arabisch besetztes Gebiet zu erreichen. Und das jüdische West-Jerusalem lag unter ständigem Beschuss jordanischer Heckenschützen. Die jüdischen Bewohner hatten also genug Sorgen, um ihr Leben zu verteidigen, als sich im Westteil der Stadt um den Aufbau einer israelischen Verwaltung zu kümmern.

Israels erster Premier *David Ben Gurion* war aber fest entschlossen, auf Jerusalem als Hauptstadt des neuen jüdischen Staates nicht zu verzichten. So richtete er unter strengen Sicherheitsvorkehrungen sogleich in einem Gebäude der Jewish Agency seinen Amtssitz ein. Und zum vorläufigen Parlamentssitz bestimmte er ein unscheinbares Gebäude in der King-George-Straße: das Froumin-House. Es bekam den hebräischen Namen „ha Knesset".

Eröffnung der ersten Knesset seit Bar Kochba

Bei der Eröffnung des ersten provisorischen Parlamentssitzes seit Zerstörung der letzten jüdischen Eigenstaatlichkeit (135 n. Chr.) sagte am 14. Februar 1949 Israels erstes Staatsoberhaupt *Chaim Weizmann:* „Mit dem Gefühl tiefer Ehrfurcht und Weihe eröffne ich die Gesetzgebende Versammlung des Staates Israel, die erste Knesset in der Neuzeit, in dieser unserer ewigen Hauptstadt Jerusalem. In diesem großen Augenblick der Geschichte lasst uns dem Gott Israels danken und ihn preisen, der uns in seiner Barmherzigkeit gewährt hat, Zeugen der Erlösung unseres Volkes zu sein nach Jahrhunderten der Unterdrückung und des Leidens."

Noch im selben Jahr, am 13. Dezember 1949, erklärte das israelische Parlament offiziell Jerusalem zur „Hauptstadt Israels, zum Sitz der israelischen Regierung und des Obersten Gerichtshofs."

Israels Souveränität erstreckte sich zunächst nur auf West-Jerusalem. Ost-Jerusalem mit der gesamten Altstadt und den Heiligen Stätten sowie dem Ölberg hatte Jordanien unmittelbar nach der Staatsgründung Israels 1948 widerrechtlich besetzt und annektiert. Zwischen West- und Ostjerusalem hatten die Jordanier eine militärische Demarkationslinie mit Niemandsland, Stacheldrahtverhauen und Minen errichtet. Sie wurde von jordanischen Scharfschützen bewacht.

Jerusalem war nun ein zweites Berlin. 19 Jahre lang blieb die Stadt geteilt.

Ein Blitzkrieg, der Jerusalem vereinte

Am 5. Juni 1967 begann der 3. Nahostkrieg der Neuzeit. Er war von Israels arabischen Nachbarn provoziert worden und veränderte den gesamten Nahen Osten. Die Sinai-Halbinsel, das West-Jordanland, die Golan-Höhen und der Gaza-Streifen wurden von israelischen Soldaten befreit und gelangten unter israelische Kontrolle. Darunter auch der Ostteil von Jerusalem und die Altstadt mit den heiligen Stätten des Judentums, des Christentums und des Islams.

Am frühen Morgen des 7. Juni gab der israelische Befehlshaber Generalleutnant *Mordechai Gur* seinen Fallschirmjägern den Befehl zum Angriff:

„An alle Bataillonskommandeure! Wir greifen an! Unser Ziel sind der Tempelberg, die Westmauer, die ganze Altstadt. 2000 Jahre hat das jüdische Volk auf diesen Augenblick gewartet und dafür gebetet. Zahllose Generationen von Juden haben davon geträumt, dass sie den Tempelberg wieder betreten können. Nun ist die Stunde der Befreiung gekommen. Auf zum Sieg!"

Eine halbe Stunde später trafen die ersten israelischen Soldaten auf dem Tempelberg ein. Unmittelbar danach konnte Gur dem Generalstabschef melden: „Der Tempelberg gehört uns wieder!"

Eine andere Fallschirmjägereinheit suchte sich den Weg zur Westmauer (Klagemauer), dem größten jüdischen Heiligtum, zu bahnen. Der Zugang war damals nur durch eine enge Gasse möglich. Vor dem Eingang standen arabische Legionäre. Sie kapitulierten sogleich mit erhobenen Händen. Der erste Soldat, der hindurch war, schrie erregt: „Die Mauer! Die Mauer! Ich sehe die Mauer!" Plötzlich war die ganze Gasse voll von Fallschirmjägern. Sie berührten ehrfurchtsvoll die alte Westmauer des Tempelberges. Sie küssten sie. Sie weinten vor Freude und Glück und benahmen sich fast wie kleine Kinder. Sie fielen sich in die Arme und tanzten. Und nicht wenige glaubten sogar zu träumen. Die Gewissheit, die heiligste Stätte ihres Volkes zurückgewonnen zu haben, gab ihnen das erhebende Gefühl, Auserwählte der Geschichte zu sein.

Der erste ranghohe Offizier, der an der Westmauer eintraf, war der Oberrabbiner der Armee, *Schlomo Goren*. Erregt hielt er in der einen Hand eine Thorarolle und in der anderen das Schofarhorn. Mit lauter und bewegter Stimme sprach er den Segen: „Gelobt seist du, Ewiger, der du uns dies erleben lässt!" Dann blies er den Schofar.

Später sagte er: „Bis heute weiß ich nicht, wo ich die Kraft hernahm, drei Tage und drei Nächte unentwegt auf den Beinen zu sein bis zu diesem einzigartigen Augenblick. Ich fing an, den Schofar, unser heiliges Horn, zu blasen. Ich erwartete, dass die Soldaten auf dem Tempelberg zuerst die Hatikva (israelische Nationalhymne) singen würden. Stattdessen sangen sie als Erstes ein Lied, das ich noch gar nicht kannte: ‚Yerushalayim schel sahav' (Jerusalem von Gold). Wir nahmen damals die Geschichte des jüdischen Volkes wieder auf. Nach 2000 Jahren waren wir wieder im Lande Israel. Es war, als ob der Messias gekommen wäre. Wir hatten das Gefühl, als wenn die Prophezeiungen der Bibel vor unseren Augen in Erfüllung gehen würden. Die jungen Fallschirmjäger, die da vom Tempelberg herunterkamen, weinten wie kleine Kinder."

Kurz danach kamen der Verteidigungsminister General *Moshe Dajan* und andere hohe Offiziere. Dajan erklärte: „Die israelische Armee hat heute früh Jerusalem befreit. Wir haben das geteilte Jerusalem, die Hauptstadt Israels, wieder vereinigt. Wir sind zurückgekehrt zu den heiligsten unserer Stätten, um sie nie wieder zu verlassen." Unmittelbar danach erschienen auch der betagte Staatspräsident *Salman Schazar*, Ministerpräsident *Levy Eschkol* und Mitglieder seines Kabinetts an der Westmauer. Der Regierungschef sagte: „Ich betrachte mich als Sendboten vieler Generationen unseres Volkes, die sich nach Jerusalem sehnten!" Selbst *David Ben Gurion*, der sich längst aus der aktiven Politik zurückgezogen hatte, ließ es sich nicht nehmen, an der Westmauer zu erscheinen, von der er jahrelang geträumt hatte. Nachdem ein Soldat ihm eine Kippa auf den Kopf und eine brennende Kerze in die Hand gedrückt hatte, sagte er: „Wir sollten nie wieder zulassen, dass diese Stadt geteilt wird."

Am Montag, dem 12. Juni, traten Soldaten der Kampfverbände, die Jerusalem befreit und den Tempelberg besetzt hatten, auf dem Plateau beim Felsendom in Paradeuniform an. *Mordechai Gur*, der „Befreier Jerusalems", sprach zu ihnen von einem „historischen Ereignis und einem gewaltigen geschichtlichen Prozess, der nie mehr rückgängig gemacht wird." Er sagte zu den Soldaten: „Eroberer von Jerusalem, ihr habt der jüdischen Nation die Hauptstadt und den Mittelpunkt des Glaubens wieder in die Hand gegeben. Jerusalem gehört euch – für immer!"

Für viele Israelis war dies ein göttlicher Akt der Erlösung. Doch der Preis dafür war hoch: Um die Stadt mit ihren heiligen Stätten und jahrtausendealten Mauern vor der Zerstörung zu schützen, fielen in dem zweieinhalbtägigen Kampf um Jerusalem 183 israelische Soldaten.

Eine Woche nach der Befreiung Ostjerusalems – es war der 14. Juni und ganz Israel feierte gerade das Schawuotfest – brachen rund 250.000 Juden aus Israel und dem Ausland auf zu einer Massenpilgerfahrt nach Jerusalem. Es war die größte Wallfahrt zu den Überresten des Zweiten Tempels seit seiner Zerstörung vor 2000 Jahren. Das Ereignis erinnerte an die biblische Verheißung in Psalm 122: „Jerusalem ist gebaut, damit es eine Stadt ist, in der Israel zusammenkommen soll und die Stämme hinaufziehen, die Stämme des HERRN." Die Menschen zogen in die Altstadt und zur Klagemauer. Sie beteten. Sie sangen. Sie tanzten. Die Freude und der Jubel kannten keine Grenzen. Aus der „Klagemauer" wurde nun plötzlich eine „Mauer der Freude". Über ganz Jerusalem lag geradezu eine messianische Hochstimmung. Ein Beteiligter war der Rabbiner und Chefkorrespondent des „Israelitischen Wochenblattes" in der Schweiz, *Roland Gradwohl*. Sein Kommentar: „Als Augenzeugen eines überwältigenden Geschehens werden wir zu Zeugen für die Wahrheit der prophetischen Verheißungen der Bibel."

Kurze Zeit später entdeckten israelische Archäologen auf einem der mächtigen Steinquader an der einstigen „Klagemauer" eine Inschrift aus Jesaja 66,14, die jüdische Pilger etwa 300 Jahre nach der Zerstörung des Tempels im Jahre 70 n. Chr. dort eingeritzt hatten: „Uritem wesas libchem, weazmotechem kadesche tifrachna" („Ihr werdet es sehen, und euer Herz wird jubeln und eure Gebeine sollen wie Gras aufblühen.") Der Satz davor lautet: „ICH will euch trösten, wie einen seine Mutter tröstet, ja, ihr sollt an Jerusalem getröstet werden." Gleichzeitig ging für alle Juden in jenen Tagen das Wort der alten Rabbiner aus dem Talmud in Erfüllung: „Wer um Jerusalem trauert, wird auch seine Freude sehen" (b. Taanit 3 b).

Das „Jerusalem-Gesetz“

Am 27. Juni 1967 verabschiedete das israelische Parlament ein Gesetz, in dem offiziell die Wiedervereinigung von West- und Ostjerusalem beschlossen wurde. Am Tag darauf wurden alle Grenzbefestigungen beseitigt. Ganz Jerusalem war nun wieder vereinigt. Zur Erinnerung an dieses einzigartige Ereignis findet jedes Jahr der „Jerusalem-Tag“ (Yom Yerushalayim) statt mit einer Vielzahl von Veranstaltungen. Besonders beliebt und beeindruckend ist der Sternmarsch durch die Hauptstadt Israels, an dem sich jedes Jahr Zehntausende von Israelis und Christen aus mehr als 50 Ländern beteiligen. Ganz Jerusalem ist dann happy und bewegt sich in einem Freudentaumel. Seitdem ist der Tag der Wiedervereinigung Jerusalems ein fester Bestandteil im jüdischen Kalender.

13 Jahre später, am 10. Juli 1980, ließ die israelische Regierung unter *Menachem Begin* durch das Parlament das „Jerusalem-Gesetz“ verabschieden. Es erklärte „ganz Jerusalem zur ewigen und unteilbaren Hauptstadt Israels, zum Sitz der Regierung, des Staatspräsidenten, der Ministerien und des Obersten Gerichtshofes“. Das „Jerusalem-Gesetz“ bekräftigte außerdem, dass die Heiligen Stätten aller Religionen vor Entweihung geschützt und der freie Zugang zu ihnen garantiert würde. Gleichzeitig richtete Begin demonstrativ für sich einen zweiten Amtssitz in Ost-Jerusalem ein. Damit wurde ein Zustand juristisch legalisiert, der de facto seit 1967 bestand.

Mit dem „Jerusalem-Gesetz“ traf Israel nicht nur eine kluge politische Entscheidung, sondern auch eine theologische von großer endzeitlicher und eschatologischer Tragweite. Denn nach dem erklärten Willen Gottes soll Jerusalem wie in früheren Zeiten „eine (ungeteilte) Stadt sein“ (Psalm 122,3f.). Die Zukunft wird dies erweisen.

Weltweiter Protest und Boykott

Als Israel das „Jerusalem-Gesetz" beschloss, schrie die gesamte nichtjüdische Welt auf. Sowohl die arabischen und moslemischen Staaten als auch die Vereinten Nationen mit über 150 Staaten, der Weltkirchenrat mit seinen 342 orthodoxen, anglikanischen, altkatholischen und protestantischen Kirchen, eine Art kirchliche UNO, und der Vatikan, der weltweit mehr als 700 Mio. Katholiken repräsentiert, verurteilten das Gesetz aufs Schärfste. Sie bezeichneten es als „Annexion arabischer Gebiete" und forderten Israel auf, alle „besetzten Gebiete" unverzüglich wieder zu räumen. Außerdem brachen die meisten Regierungen aus Protest ihre diplomatischen Beziehungen zum jüdischen Staat ab. Einige verlegten ihre Botschaften nach Tel Aviv.

Bis heute ist Jerusalem von den allermeisten Staaten immer noch nicht als Hauptstadt Israels anerkannt.

Da aber Jerusalem nach menschlichem Ermessen bis zur Ankunft des Messias Israels Hauptstadt bleiben wird, hat die Jerusalemer Stadtverwaltung schon seit langem vorsorglich nahe des Stadtteils Ramot ein Botschaftsviertel bereitgestellt für bis zu 80 ausländische diplomatische Vertretungen.

Ein Israel ohne Jerusalem ist auch in Zukunft nicht denkbar. Denn Jerusalem ist Israel. Und Israel ist Jerusalem.

„Happy Birthday Jerusalem!“

3000 Jahre „Stadt Davids“

1996 feierte Jerusalem einen runden Geburtstag. Die einzigartige Stadt wurde 3000 Jahre alt, seitdem sie nach übereinstimmender Ansicht von Historikern und Archäologen um 996 v. Chr. von König David zur Hauptstadt Israels proklamiert wurde.

Jerusalems Bürgermeister EHUD OLMERT *hatte die ganze Welt zu diesem besonderen Jubiläum eingeladen: „Bitte kommen Sie und feiern Sie mit uns diesen einzigartigen Meilenstein in unserer Geschichte! Ich freue mich, Sie in Jerusalem willkommen zu heißen!“ Und sie kamen. Juden, Christen und viele andere Menschen aus vielen Nationen und Ländern.*

Die Welt grüßt Jerusalem

Das 3000-jährige Jubiläum der „Stadt Davids“ war ein besonderer Grund zum Feiern. Das zentrale Thema der Festlichkeiten war – wie konnte es anders sein: Das Leben und die Heldentaten Davids. „Denn die heutigen Juden und Christen sind im geistigen Sinn Davids Enkel.“ So der israelische Journalist *WLADIMIR STRUMINSKI*.

19 Monate, vom 4. September 1995 bis zum Frühjahr 1997, fand eine Vielzahl von besonderen nationalen und internationalen Veranstaltungen statt: Historische Umzüge, Pilgermärsche, Ausstellungen, Kongresse, Festivals, Theater- und Musikaufführungen. Es waren die größten und umfangreichsten Festivitäten, die jemals in Jerusalem und Israel durchgeführt wurden. Jerusalem wurde zum Anziehungspunkt für Besucher aus der ganzen Welt.

Bei allen Feierlichkeiten versuchten sie nachzuvollziehen, wie die alte historische Davidsstadt sich zur modernen, blühenden und faszinierenden Hauptstadt Israels entwickelt hat. Jerusalem als Symbol für die Urzeit und Endzeit, als Mittelpunkt der Welt, als Brennpunkt des Weltgeschehens und als eschatologischer Hoffnungsträger für den kommenden SCHALOM Gottes beflügelte nämlich schon viele vorher in ihren Heimatländern, sich mit dieser „Stadt aller Städte" zu befassen. Um dann dem Aufruf der Bibel zu folgen: „Schaut auf Zion, die Stadt unserer Feiern – und freut euch mit Jerusalem" (Jesaja 33,20; 66,10).

Von der Weltpolitik und den Weltmedien boykottiert

Die große Weltpolitik aber zeigte sich wieder einmal mehr als Spielverderber. Da jeder Stein in der Stadt Davids ein Politikum ist, versuchte sie die längste, aufwendigste, attraktivste und fröhlichste Geburtstagsparty aller Zeiten zu boykottieren. „Weil Israel der Welt mit allen Mitteln als vollendete Tatsache darstellen will, dass Jerusalem eine israelische Stadt ist." So lautete die offizielle Begründung der Vereinten Nationen, der EU – und der Weltmedien. Doch Jerusalems OB, *Ehud Olmert* reagierte gelassen, aber selbstbewusst: „Jerusalem war Israels Hauptstadt, lange bevor es euch gab. Und sie wird noch lange Israels ungeteilte Hauptstadt sein, nachdem eure Proteste längst aus den Geschichtsbüchern verschwunden sind."

Muss der Friede in Nahost wegen Jerusalem nun bis zur 4000-Jahr-Feier warten?

Trotz internationalem Boykott internationale Parade

Im Rahmen der 3000-Jahr-Feiern ehrten am Laubhüttenfest 1996 mehr als 80.000 Menschen aus 67 Ländern die „Stadt Davids“ und heutige Hauptstadt Israels mit einer glanzvollen Parade und einem farbenprächtigen Festumzug. Über 250.000 Menschen säumten die acht Kilometer lange Strecke vom Teddy-Stadion zur Knesset. Darunter Israels Staatspräsident *Chaim Herzog*, Premierminister *Jitzhak Rabin*, der inzwischen bei einem Attentat ums Leben kam, und Jerusalems Bürgermeister *Ehud Olmert*.

Neben zahlreichen israelischen Organisationen und Gruppen, die im Festzug mitmarschierten, befanden sich Teilnehmer von Australien bis Norwegen, von den Fidschi-Inseln bis Russland und von Japan bis Brasilien. Menschen aus allen Erdteilen waren vertreten. Darunter auch Musik- und Tanzgruppen aus Frankreich, Holland, Polen und anderen europäischen Staaten. Sowie die berühmte Graf-Zeppelin-Band aus Deutschland mit 50 Trompetern, Trommlern und Fahnenträgern.

Unter den Teilnehmern befanden sich auch 4000 bekennende Christen aus aller Welt. Auch sie trugen jeweils ihre Landestrachten und führten Fahnen und Transparente mit sich, um damit ihre Liebe zu Israel und ihre Verbundenheit mit Jerusalem zum Ausdruck zu bringen. Auf vielen Bannern waren Bibelsprüche zu lesen über die Treue Gottes zu seinem Volk und seiner Hauptstadt, die die israelischen und ausländischen Zuschauer zutiefst beeindruckten.

Zwischen den einzelnen Gruppen zogen zahlreiche Festwagen mit originellen Designs und prächtigen Farben vorüber, die von weltbekannten Künstlern aus Viareggio (Italien) gebaut und Jerusalem zum Geschenk gemacht worden waren.

Die große Parade mit dem Festumzug war bisher die größte, die jemals stattfand. Sie stellte eine moderne Version der antiken Wallfahrten nach Jerusalem dar und erinnerte an die Verheißung Gottes, dass in der messianischen Heilszeit Menschen aus allen Völkern jedes Jahr zum Laubhüttenfest nach Jerusalem ziehen werden, um den König, den HERRN Zebaoth, anzubeten (Sacharja 14,16f.).

Jerusalems OB spricht vor über 1300 Israel-Freunden in Deutschland

Aus Anlass des 3000. Geburtstages der „Stadt Davids" kam als oberster Repräsentant der Heiligen Stadt zum ersten Mal seit seinem Amtsantritt *EHUD OLMERT* extra nach Deutschland. Er wurde von der Arbeitsgemeinschaft CHRISTEN FÜR ISRAEL e.V. (CFI) eigens zu einem „Jerusalem-Fest" am 12. Mai 1996 in die Goethestadt Wetzlar eingeladen. Obwohl er am selben Tag in New York bei einer großen Parade zu Ehren Jerusalems hätte teilnehmen sollen. Aber er sagte dort ab und kam in die mittelhessische Stadt. Vor mehr als 1300 Besuchern hielt er in der überfüllten Stadthalle die folgende zu Herzen gehende Rede.

„Es ist mir eine Freude, Euch Grüße zu bringen von der ewigen, unteilbaren und vereinten Hauptstadt des Staates Israels – Jerusalem.

Vor 3000 Jahren lebte in Jerusalem auf denselben Hügeln und Steinen, die das heutige Jerusalem ausmachen, ein Mann. Er war eine der außergewöhnlichsten Gestalten, die jemals gelebt haben in der ganzen Geschichte der Menschheit. Er war ein Mann Gottes, ein Dichter und Autor, ein Führer und Kämpfer, der König Israels: David. Ich weiß, dass einige Leute meinen, König David existiere nur in den Märchen. Aber es gab diesen König David wirklich. Und er lebte in Jerusalem.

Jerusalem mit dem Tempelberg aus der himmlischen Perspektive (Luftbild).

König David proklamierte um 1000 v. Chr. Jerusalem zur Hauptstadt Israels und zum religiösen Zentrum des jüdischen Volkes (Medaille mit Chagall-Motiv).

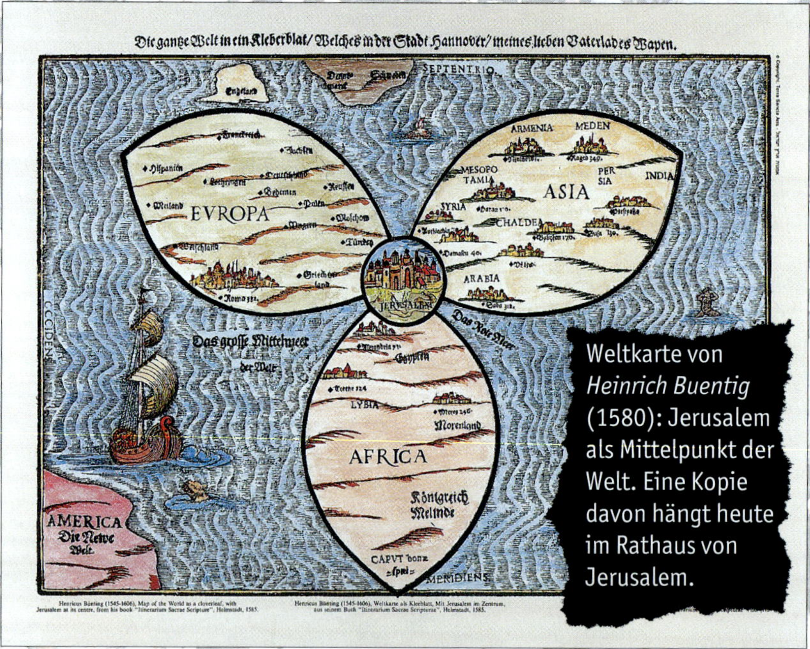

Weltkarte von *Heinrich Buentig* (1580): Jerusalem als Mittelpunkt der Welt. Eine Kopie davon hängt heute im Rathaus von Jerusalem.

Foto: Fritz May

Der letzte jüdische Tempel in Jerusalem. Er wurde 70 n. Chr. von den Römern zerstört (Modell im Holyland-Museum).

Foto: Fritz May

Heiligste Stätte des Judentums heute: Die Westmauer („Klagemauer") des Tempelberges.

Das israelische Parlament in West-Jerusalem: Die Knesset bei Nacht.

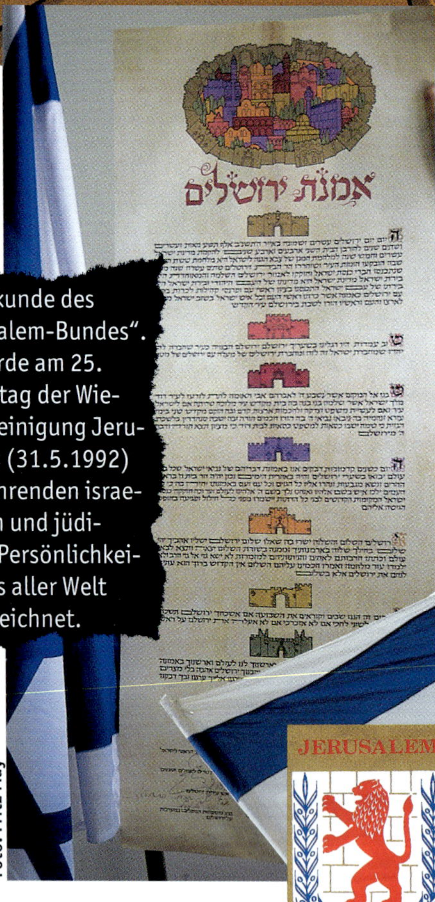

Die Urkunde des „Jerusalem-Bundes“. Sie wurde am 25. Jahrestag der Wiedervereinigung Jerusalems (31.5.1992) von führenden israelischen und jüdischen Persönlichkeiten aus aller Welt unterzeichnet.

Flagge und Stadtwappen von Jerusalem mit messianischen Motiven.

Foto: Fritz May

Israel feierte Jerusalem mit einem glanzvollen Feuerwerk.

1996 feierte Jerusalem seinen 3000. Geburtstag als „Stadt Davids“.

Jerusalems Bürgermeister *Ehud Olmert*: Jerusalem ist Israel und Israel ist Jerusalem.

Foto: Fritz May

Der Felsendom auf dem Tempelberg – Symbol für den Rechtsanspruch der Moslems auf Jerusalem. Für viele Menschen ein prächtiges Wahrzeichen und für Juden und nicht wenige Christen ein heidnischer Schandfleck in der Heiligen Stadt.

Foto: Fritz May

Ein Meister der Doppelzüngigkeit: Palästinenser-Präsident *Jassir Arafat,* ein Ex-Terrorist, dem man den Friedensnobelpreis (!) verlieh.

Foto: Israel

PLO-Präsenz in Ost-Jerusalem: Das Orient-Haus, Arafats Lieblingsobjekt, symbolisiert den palästinensischen Anspruch auf Jerusalem als Hauptstadt.

Foto: dpa

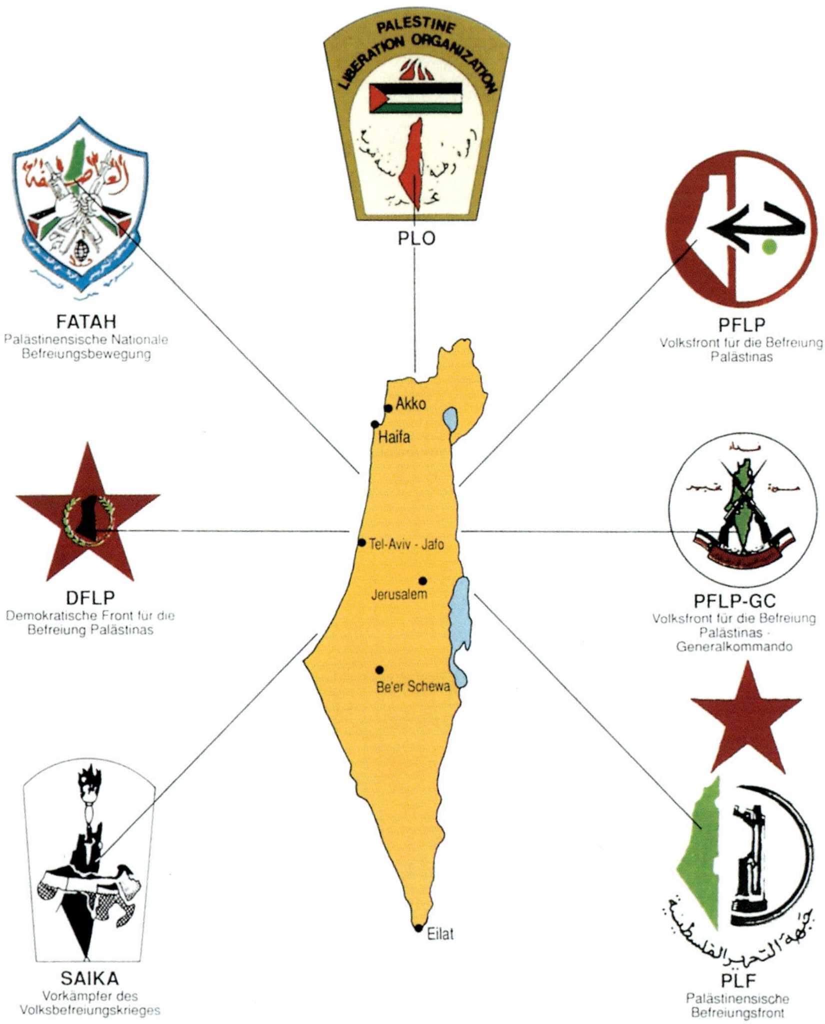

Der Namen sind viel –
doch eins ist das Ziel:

Sie wollen Israel vernichten!

Er war zugleich der größte Dichter aller Zeiten. Vor 3000 Jahren schrieb er die schönste Dichtung, die jemals von einem Menschen geschaffen wurde, die Psalmen. Sie wurden niedergeschrieben vor 3000 Jahren in Jerusalem, und zwar in Hebräisch, in derselben Sprache, die die Leute von Jerusalem auch heute sprechen. Wenn jemand die Verbindung verstehen möchte zwischen dem jüdischen Volk und Jerusalem, können wir dies vielleicht als Beispiel nehmen: Vor 3000 Jahren hat David in genau der gleichen Weise geträumt, geweint und gebetet wie heute unsere Kinder in Jerusalem träumen, weinen und beten.

Es gibt da eine Kontinuität, die nie aufgehört hat und nie aufhören wird. Jerusalem ist nicht die größte Stadt der Welt, nicht die reichste Stadt der Welt, nicht einmal die älteste Stadt der Welt, aber es gab niemals so eine Stadt wie Jerusalem. Es gab nie eine Stadt, die so zutiefst verbunden war und ist mit dem Leben eines Volkes, wie es Jerusalem ist für das Leben der jüdischen Nation. Das jüdische Volk betet täglich ohne Unterbrechung seit zwei Jahrtausenden, dass Gott uns mit großem Erbarmen zurückbringen möge nach Jerusalem und Zion. Und über Jahrhunderte hinweg beteten jüdische Menschen zweimal jährlich das vielleicht berühmteste Gebet im jüdischen Gebetbuch: ‚Nächstes Jahr in Jerusalem.'

Wenn Juden vor 500 Jahren, vor 1000 Jahren das sagten, an den entferntesten Stellen der Welt, weit entfernt von Jerusalem, was meinten sie damit? Sie wussten doch genau, dass sie nie in der Lage sein würden, im nächsten Jahr nach Jerusalem zu kommen. Es war unmöglich. Es war eine andere Zeit. Es gab keine Flugzeuge, keine Autos, keine Satelliten und kein Fernsehen. Wie konnte jemand überhaupt annehmen, dass er im nächsten Jahr in Jerusalem sein werde?

Es war eine Wiederholung, eine Wiederbestätigung der tiefen Hingabe, die das jüdische Volk hatte für die Zukunft, für die Fortsetzung des jüdischen Lebens. Und das Symbol dafür war und ist Jerusalem.

Jerusalem ist das Symbol aller Erinnerungen, aller

Schmerzen, aller Leiden, die Juden in dieser langen Zeit durchgemacht haben. Jerusalem ist auch das Symbol aller Gebete, aller Träume, aller Hoffnungen, die wir hatten in der ganzen Geschichte des jüdischen Volkes. Und deswegen, wenn Juden beten ‚Nächstes Jahr in Jerusalem', dann bringen sie damit tatsächlich zum Ausdruck: Wir werden überwinden, wir als jüdisches Volk, als auserwähltes Volk, wir, die wir so eine große Geschichte haben, wir werden alle Schwierigkeiten überwinden, alle Lasten. Wir werden weitermachen und wir werden weiterleben und eines Tages werden wir zurückkommen zum Verheißenen Land, zu der Stadt Gottes, zu dem Ort, wo alles für das jüdische Volk begann, nach Jerusalem. Deshalb erhält dieser Gebetswunsch auch eine Bedeutung in diesen Tagen, auch wenn wir bereits in Jerusalem sind.

Einige Leute kommen auf mich zu und fragen mich: Beten Sie auch, ‚Nächstes Jahr in Jerusalem'? Sind Sie nicht heute schon der Bürgermeister von Jerusalem? Ja, so lautet dann meine Antwort. Denn wenn ich bete ‚Nächstes Jahr in Jerusalem', dann trage ich diese große Verpflichtung weiter, die mit der Offenbarung Gottes an die Juden begann und die weitergereicht wurde von einer jüdischen Generation zur nächsten.

Denn Gott hat den Juden und ihren Nachkommen von Generation zu Generation diese Verheißung gegeben, dass wir in Jerusalem sein werden und dass wir dort sind, um dort zu bleiben in einer Stadt, vereint, unteilbar, die die Hauptstadt des jüdischen Volkes war und ist.

Freier Zugang auch für Christen

Wir wissen und sind uns der Tatsache bewusst, dass Jerusalem nicht nur für uns von Bedeutung ist. Sie ist auch eine wichtige Stadt für Christen. Eine große Geschichte und Tradition der Christen ist Teil der Geschichte Jerusalems. Und ich kann mir vorstellen, wie alle die, die Jerusalem lieb haben, nach Jerusalem kommen und durch die Straßen der Altstadt gehen, wie sie dann zu der Via Dolorosa kommen und die Grabeskirche betreten und fühlen, wie sie ebenfalls ein Teil Jerusalems sind.

Ich bin heute hierher gekommen, um Euch zu sagen, dass wir für alle Zeiten Jerusalem frei und offen halten wollen für jedermann. Für alle Anbeter und Gläubigen. Dass sie nach Jerusalem kommen, in den Straßen Jerusalems einhergehen, die Steine Jerusalems berühren und den besonderen Geruch dieser Stadt Jerusalem wahrnehmen, wie man ihn sonst nirgendwo auf der Welt findet. Und dass sie ohne Behinderung oder Einschränkung oder Störung zu Gott beten.

Denn die Botschaft des modernen Jerusalem unter der Souveränität des Staates Israel ist eine Botschaft der Toleranz, eine Botschaft der Solidarität, eine Botschaft des Zusammenlebens, eine Botschaft der Liebe und Hoffnung für die ganze Menschheit.

Dank für Solidarität mit Jerusalem

Und deswegen, in diesem Geist der Freundschaft und der Solidarität, bin ich heute von Jerusalem gekommen, um Euch zu danken für Eure Freundschaft und für Eure Unterstützung.

Eigentlich hätte ich heute in New York sein sollen als Ehrengast einer besonderen Parade, die zu Ehren Jerusalems stattfindet. Ich weiß, dass New York bedeutend größer ist als Wetzlar. Aber ich habe dem Bürgermeister von New York gesagt: ‚Entschuldigen Sie bitte, an diesem Sonntag werde ich Gast einer kleineren Stadt sein: Wetzlar.‘ Warum? Weil dort Christen für Israel sind, die eine Parade für Jerusalem abhalten. Und nicht nur einmal im Jahr, sondern jeden Tag in ihrem Herzen.

Ich bin zu Euch gekommen, um Euch zu sagen, dass wir

Euch lieb haben. Dass wir Eure Teilnahme, Eure Unterstützung und Eure Hilfe für das Leben Jerusalems ganz besonders schätzen!

Zugleich bin ich hierher gekommen, um Euch zu versprechen, dass wir Jerusalem beschützen werden. Wir werden niemals irgendjemandem gestatten, die Einheit der Stadt Jerusalem in Frage zu stellen, denn wir haben eine große historische Verantwortung. Gott selber hat beschlossen, dass Jerusalem unsere Hauptstadt sein soll. Er hat bewirkt, dass König David als sein Bote die Stadt vor 3000 Jahren eingenommen hat und sie zur vereinigten Hauptstadt des Königreiches Israel machte. Und er sandte uns alle die großen Propheten, Jeremia, Jesaja und all die anderen, die auf den Straßen Jerusalems gingen und im Namen Gottes predigten. Sie teilten uns die ewigen Werte mit von Gerechtigkeit, Liebe, Gleichheit, Toleranz und friedlichem Zusammenleben. Und das wird für alle Zeiten die Botschaft der Stadt Jerusalem bleiben.

Wir sind treu gegenüber unserem Gott, treu gegenüber der Bibel, treu gegenüber unserer Tradition und treu gegenüber der Geschichte. Wir werden die Stadt Jerusalem für immer behalten, wie es von Gott bestimmt wurde. Wir werden die Stadt behalten, damit alle Menschen von überall her, von allen Enden der Erde, nach Jerusalem kommen können, um Gott in Jerusalem anzubeten, um zu fühlen, dass auch sie Teil Jerusalems sind und dass Jerusalem auch ein Teil von ihnen ist.

Vielen Dank und Gott segne Euch!“

Die Besucher dieser einzigartigen Jubiläumsfeier zu Ehren des 3000. Geburtstages der Heiligen Stadt dankten dem Stadtoberhaupt mit minutenlangen „standing ovations“ (Beifallskundgebungen).

Herz und Seele des jüdischen Volkes

Warum Jerusalem nie wieder geteilt werden darf

Jerusalem ist das Herz und die Seele des jüdischen Volkes. Und wie kein Mensch ohne Herz und Seele leben kann, so kann auch Israel ohne Jerusalem nicht leben. Würde man diese Stadt wieder teilen, wie sie 19 Jahre lang geteilt war, in ein jüdisches und arabisches Jerusalem, würde dies bald den Tod Israels bedeuten.

Kein Volk Israel ohne Jerusalem

Bereits 1892 schrieb der russisch-jüdische Schriftsteller *Elhanan Levinski:* „Das Land Israel ist ohne Jerusalem wie ein Körper ohne Seele. Allein schon in dem Namen ‚Jerusalem' steckt eine gewaltige und geheimnisvolle Kraft, die das jüdische Herz anzieht."

Ähnlich äußerten sich viele israelische Politiker. Israels Staatsgründer *David Ben Gurion* sagte, als Jerusalem noch geteilt war: „Ein Volk, das in 2500 Jahren an seinem Versprechen festgehalten hat, Jerusalem nicht zu vergessen, kann niemals freiwillig diese Stadt räumen. Jerusalems Bewohner können nicht von neuem ein Leben unter fremdem Joch hinnehmen, seit ihre Söhne zum dritten Mal in der Geschichte ihre Stadt befreit haben. Ein Versuch, die Stadt Jerusalem vom Staat Israel zu trennen, wird gewiss nicht zum Frieden im Nahen Osten beitragen und am allerwenigsten in Jerusalem selbst. Die Juden wären ohne Zweifel genauso bereit, ihr Leben für Jerusalems Freiheit zu geben wie die Engländer das ihre für London, die Amerikaner für Washington und die Russen für Moskau. Jerusalem ist ein untrennbarer Teil vom Staat Israel, wie auch die jüdische Geschichte, ihr Glaubensbekenntnis und Geistesgut niemals von Jerusalem getrennt werden kann. Wahrhaftig, Jerusalem ist das Herz Israels."

Israels früherer Premier *Menachem Begin:* „Jerusalem ist das Herz unseres Volkes. Und weil es das ist, konnte ich nicht einen oder zwei oder drei Tage überlegen, Jerusalem aufzugeben. Das wäre Verrat an unserem ewigen Glauben. Und deshalb antworte ich ohne Zögern: Jerusalem – der Osten, Westen, Norden und Süden, alles zusammen – steht unter einer einzigen Souveränität: Israel. Jerusalem ist das Herz unseres Volkes, unserer Geschichte, unserer Kultur, unserer Träume und unserer Gebete, und so wird es bleiben für alle kommenden Generationen bis in Ewigkeit, so Gott uns hilft."

Was Israels Premier *Jitzhak Rabin* einst sagte, klingt nach seiner Ermordung wie ein Vermächtnis für alle Juden: „Alles was wir sind, alles wofür das Judentum eingetreten ist, fließt in einem Namen zusammen. Es ist der Name, der zugleich eine materielle Wirklichkeit und ein moralischer Begriff ist. Er heißt Jerusalem. Jerusalem ist Zion, und das war immer ein Inbegriff all dessen, was dem Judentum teuer und kostbar ist. Es symbolisiert unser geistiges Erbe ebenso wie unseren Charakter als Volk. Es ist das geistige Herz unserer Existenz als Juden."

Der langjährige und populäre jüdische Bürgermeister von Jerusalem, *Teddy Kollek*, nimmt jede Gelegenheit wahr, den Anspruch Israels auf ganz Jerusalem zu bekräftigen: „Kein Körper kann leben, wenn er das Herz und die Seele verliert. Und Jerusalem ist Herz und Seele Israels. Jerusalem darf nie wieder geteilt werden ... Jerusalem liegt den Juden außerordentlich am Herzen. Die Christen haben Rom und

Canterbury. Die Moslems haben Mekka und Medina, wenngleich auch Jerusalem für sie von großer Bedeutung ist. Die Juden hingegen haben nur Jerusalem und es ist ihre Hauptstadt. Darum bedeutet Jerusalem für die Juden unvergleichlich mehr als für alle anderen ... Suchte man nach einem Wort, das die gesamte jüdische Geschichte symbolisiert, dann wäre dies Wort ‚Jerusalem'!"

In einem Exklusiv-Interview mit dem Autor sagte der Bürgermeister von Jerusalem, *Ehud Olmert*: „Jerusalem ist für mich das Symbol jüdischer Existenz. Und die Ganzheit Jerusalems ist für mich das Symbol jüdischer Ganzheit. Es gibt keine andere Stadt auf der Welt, die so mit dem Leben einer Nation verbunden ist, wie Jerusalem verbunden ist mit dem jüdischen Volk. Und dies seit 3000 Jahren. Alles, was in Verbindung steht mit jüdischer Geschichte, jüdischer Tradition, jüdischer Erinnerung und Leiden, steht in Verbindung mit Jerusalem. Auch unsere messianischen Hoffnungen für die Zukunft sind mit der Stadt verbunden. Darum beten wir für den Frieden Jerusalems."

Weil Jerusalem für Israel Herz und Seele ist, können die Juden ohne ihre ungeteilte Hauptstadt auch nicht leben. Bei einer Umfrage der Arbeitsgemeinschaft CHRISTEN FÜR ISRAEL unter jüdischen Bürgern in Jerusalem wurde dies besonders deutlich:

- „Es ist unsere heilige Stadt, wo Gott gegenwärtig war und ist und wohin der Messias kommen wird." *Angestellter (56), orthodox*
- „Jerusalem ist das Zentrum des Judentums." *Rentnerin (69), säkular*
- „Jerusalem bedeutet für mich Heimat, Geschichte, Wärme, Liebe." *Geschäftsführerin (38), säkular*
- „Israel ist nicht vorstellbar ohne Jerusalem. Alles ist auf diese Stadt konzentriert und Gott hat einen Plan mit ihr. Die Menschen aus aller Welt kommen nicht nach Israel, sondern sie kommen nach Jerusalem und besuchen von dort aus das Land Israel." *Lehrer (46), messianischer Jude*
- „Alles was meine Vorfahren tagtäglich gebetet haben, die

Rückkehr nach Zion, ist ihnen nicht gelungen. Mir jedoch ist es gelungen. Dies ist mein Gefühl für Jerusalem. Ich bin stolz und glücklich darüber. Die Stadt lebt und ich liebe sie wegen ihrer Atmosphäre." *Geschäftsinhaber (69), religiös*

- „Als wir in das Land eingewandert sind, war es klar, dass wir nach Jerusalem gehen. Wir haben uns nach keinem anderen Ort umgeschaut. Jerusalem ist das Zentrum der jüdischen Geschichte. Alles Bedeutende, was uns in der Bibel berichtet wird, geschah hier. Einen Teil davon aufzugeben wäre eine Sünde. Gott würde uns dafür zur Rechenschaft ziehen, was wir mit seinem Eigentum getan haben." *Handwerker (38), messianischer Jude*
- „Gott ist hier in Jerusalem gegenwärtig. Er wohnt hier. So beten wir es jeden Tag in Psalm 135. Daneben ist es etwas Besonderes, viele Menschen aus der ganzen Welt hier zu treffen." *Leiter eines Informationszentrums in der Altstadt (60), orthodox*
- „Jerusalem ist eine sehr heilige und religiöse Stadt. Jerusalem ist schön, hat eine gute Luft und eine herrliche Aussicht." *Student (21), säkular*
- „Jerusalem ist für mich eine sehr bedeutende Stadt, das Zentrum der Zivilisation und von drei Religionen. Ich fühle mich sehr wohl hier, es ist eine schöne Stadt. Ich liebe Jerusalem und fühle mich hier nahe bei Gott." *Lehrerin (38), religiös*
- „Ich bin aus Russland nach Israel eingewandert. Meine Eltern und meine Großmutter erzählten mir früher, dass es nur einen Platz in Israel gibt, wo ich wohnen soll, und dies ist Jerusalem. Ich möchte, dass die Stadt noch größer und schöner wird." *Techniker (35), religiös*
- „Jerusalem ist der zentrale Punkt in unserem Leben, in unserer Geschichte. Es ist seit 3000 Jahren die Hauptstadt Israels. Jeder kann dies in der Bibel nachlesen. Während der vergangenen 2000 Jahre haben die Juden in aller Welt für die Rückkehr nach Jerusalem gebetet und Gott hat diese Gebete erhört. Die Stadt ist uns heilig. Aber am heiligsten Ort in der Stadt, dort, wo früher der Tempel stand, haben die Moslems den Felsendom und die Al-Aksa-Moschee er-

richtet. Dies ist eine Frechheit. Stellen Sie sich vor, die Juden würden Mekka erobern und an der Stelle der Kaaba einen Tempel oder eine Synagoge errichten.“ *Lehrerin (54), religiös*

- „Jerusalem ist für mich ein heiliger Platz. Es ist der heiligste Ort im Heiligen Land.“ *Studentin (24), religiös*
- „Jerusalem ist das Herz von Israel.“ *Frau (35), religiös*
- „Ich bin vor 60 Jahren hier geboren, und ich reise in viele Länder der Welt. Aber wenn ich nur eine Woche von Jerusalem weg bin, möchte ich zurück. Ich weiß nicht, warum. Es ist eine perfekte Stadt.“ *Elektriker (60), konservativ religiös*
- „Unsere Vorfahren haben 2000 Jahre lang in aller Welt zueinander gesagt: ‚Nächstes Jahr in Jerusalem‘. Nun sind wir hier. Die Stadt ist die Hoffnung des jüdischen Volkes.“ *Ingenieur (29), säkular*

Warum Juden ohne Jerusalem nicht leben können

Wo immer auch Juden auf der Welt leben: Jerusalem ist für sie die gemeinsame Identitätskarte. Jeder Jude ist und bleibt ein Teil Jerusalems, ein „Yerushalmi“ (Bürger Jerusalems), der immer wieder von der Sehnsucht nach „Yerushalayim“, wie er liebevoll seine Hauptstadt nennt, überfallen wird.

Der amerikanisch-jüdische Friedensnobelpreisträger *Elie Wiesel* bekannte: „Ich liebe Israel und vor allem Jerusalem. Ich muss zumindest einmal jedes Jahr dorthin. Die Zentralität Jerusalems in meinem Leben zeigt sich täglich. Ich will zur ‚Kotel‘ (Westmauer) gehen. Ich liebe es, in Jerusalem zu sein. An anderen Orten habe ich Probleme mit mir.“

Ähnlich äußerte sich der jüdische Schriftsteller *S. J. Agnon:* „Das Herz tut einem weh beim Verlassen von Jerusalem. Es ist, als würde man in die Gehenna (Hölle) hinabgestürzt werden.“ Darum bekräftigte auch der Jerusalemer Religionswissenschaftler Prof. *Schalom Ben Chorin:* „Wo immer ich auch bin: Der Kompass meines Herzens zeigt stets nach Jerusalem!“

Der bekannte jüdische Schriftsteller *Hans Habe* brachte seine tiefe innere Verbundenheit zu Jerusalem mit den Worten zum Ausdruck: „Jerusalem ist eine unteilbare Stadt, wie alle Städte unteilbar sind. Man kann ihr Herz nicht herausschneiden, ihre Gliedmaßen nicht amputieren. Städte wachsen von selbst und in alle Richtungen. Der Vater wohnt im Süden, der Sohn im Osten. Wenn Staatsmänner und Militärs Drahtverhaue ziehen und Mauern errichten, dann sind es nicht Staatsmänner und Militärs – es sind Mörder! Und wer eine Stadt mordet, der mordet seinen Bruder.“

Der jüdische Ex-Bürgermeister von New York, *Edward Koch*, sagte: „Schon lange vor meiner Amtszeit als Bürgermeister von New York wusste ich, dass unsere Gebete seit Jahrtausenden nach Jerusalem gerichtet waren, der geistigen und weltlichen Hauptstadt des jüdischen Volkes. Heute ist und bleibt ein vereintes Jerusalem die Hauptstadt des Staates Israel. Das Flehen unserer Vorfahren ist erhört worden. Jerusalem wird niemals wieder aufgegeben.“

Noch einmal sei *Elie Wiesel* zitiert. Auf einer Groß-Veranstaltung in New York im Millenniumsjahr 2000 für die Einheit und Souveränität Israels über Jerusalems sagte er in einer leidenschaftlich vorgetragenen Rede folgende zu Herzen gehenden Worte:

„Unter israelischer Souveränität können Christen, Juden und Muslime gleichermaßen ohne Furcht ihre Gebete in Jerusalem verrichten, unserer Hauptstadt, die den Mittelpunkt der jüdischen Geschichte bildet. Auch weit von Jerusalem bleibt ein Jude noch immer ein Jude, aber nicht ohne Jerusalem. Auch wenn ein Jude nicht dort wohnt, lebt Jerusalem in seinem Herzen. Keine andere Nation ist so eng verbunden mit ihren Erinnerungen wie die unsere. Kein anderes Volk ist seinem Namen so treu geblieben oder hat seine Vergangenheit mit einem solchen Eifer gefeiert wie das unsere. Keines unserer Gebete ist so voller Leidenschaft wie unsere Gebete über Jerusalem. Jerusalem ist der Traum unserer Träume, das Licht, das unsere dunkelsten Momente erhellt. Seine Legitimität liegt in seiner Souveränität. Wenn man das eine ablehnt, leugnet man das andere, und Israel wird keines von beiden aufgeben."

Für einen Juden gibt es deshalb keine Alternative zu Jerusalem. Denn noch immer gilt Gottes Verheißung aus Jesaja 66,13: „Ihr sollt an Jerusalem getröstet werden."

Der „Jerusalem-Bund"

Am 25. Jahrestag der Wiedervereinigung Jerusalems (31. Mai 1992) trafen sich im Park der Residenz des israelischen Staatspräsidenten führende israelische und jüdische Persönlichkeiten aus aller Welt. Unter ihnen waren der damalige Staatspräsident *Chaim Herzog*, Premierminister *Jitzhak Schamir* und Jerusalems OB *Teddy Kollek*. In einer feierlichen Zeremonie schlossen sie ein „Bündnis mit Jerusalem". Darin bekräftigten sie u. a.:

„Wir führenden nationalen Persönlichkeiten und Leiter der jüdischen Gemeinden aus aller Welt sind hier zusammengekommen, um einen Bund mit Jerusalem zu schließen, wie es einst durch die Führer unseres Volkes bei der Rückkehr Israels aus dem Babylonischen Exil geschah, in dem sie gelobten, wieder in Jerusalem, der Heiligen Stadt, zu wohnen . . .

Wir sind zurückgekehrt nach Jerusalem, das der HERR geschworen hat, den Nachkommen Abrahams, des Vaters unseres Volkes, zu geben . . .

Deshalb geloben wir von diesem Platz aus erneut: Vergesse ich dich, Jerusalem, so verdorre meine Rechte. Meine Zunge soll an meinem Gaumen kleben, wenn ich deiner nicht gedenke, wenn ich nicht Jerusalem meine höchste Freude sein lasse (Psalm 137,5f.).

In diesem Wissen schließen wir diesen Bund mit Jerusalem: Wir werden dich für immer an uns binden in Treue, Rechtschaffenheit und Gerechtigkeit, in unerschütterlicher Liebe und Teilnahme. Wir lieben dich, Jerusalem, mit ewiger Liebe, mit grenzenloser Liebe, in Bedrängnis und Freiheit. Wir wurden zu Märtyrern für dich. Wir haben uns nach dir gesehnt.

Wir haben uns an dich geklammert. Unsere Treue zu dir werden wir unseren Kindern weitergeben. Für alle Zeiten soll in dir unsere Heimat sein.

In Bekräftigung dieses Bundes unterzeichnen wir: . . ."

Es folgen die Namen der Anwesenden.

Weil letztlich kein Jude ohne Jerusalem leben kann und auch der Staat und das Land Israel nicht, muss ganz Jerusalem jüdisch bleiben und Israels ewige und unteilbare Hauptstadt sein. Dies bekräftigte auch erneut Israels derzeitiger Staatspräsident *MOSHE KATZAV* in einem Interview mit der „Bild"-Zeitung: „Jerusalem ist seit 3000 Jahren die Hauptstadt des jüdischen Volkes. Sie soll weiter ungeteilt die Hauptstadt Israels bleiben."

Doch damit haben sich bis heute weder die Palästinenser noch die arabischen Nationalstaaten, weder die UNO noch die EU, weder der Vatikan noch der Weltkirchenrat abgefunden. So bleibt Jerusalem für sie ein ständiges Ärgernis.

Die Araber wollen Jerusalem

Wird aus Jerusalem bald „Al Kuds"?

In Jerusalem leben heute über 400.000 Juden. Und etwa 115.000 Araber. Sie bezeichnen sich als „Palästinenser" und wohnen vorwiegend im Ostteil der Stadt. Ihr politischer Führer ist „Palästinenserpräsident" JASSIR ARAFAT. Ein Ex-Terrorist, dem man den Friedensnobelpreis verlieh. Er will unbedingt Jerusalem zur Hauptstadt eines palästinensischen Staates machen. Wird dann aus Jerusalem „Al Kuds"?

Die Lügen-Propaganda der Palästinenser

Im Streit um die Heilige Stadt verfolgen die arabische Welt und die Palästinenser schon seit langem eine besondere Taktik. Ihre geschichtsverfälschende These lautet: Jerusalem ist arabisch-palästinensisch, aber nicht jüdisch-israelisch. Die Heilige Stadt gehöre den arabischen Palästinensern und nicht den Juden.

So behauptet einer der wichtigsten Funktionäre der Palästinensischen Befreiungsorganisation (PLO), *WALID AWARD*, es gäbe in der Geschichte dieser Stadt „keinen David, keinen Salomo und keinen Herodes . . . Jerusalem ist keine jüdische

Stadt, trotz des biblischen Mythos, der sich bei einigen festgesetzt hat." In den letzten 30 Jahren hätten die Ausgrabungen in Jerusalem auch nichts Jüdisches offen gelegt. Darum müsse nun auch die Geschichte Jerusalems umgeschrieben werden.

Auf ähnliche Weise äußerte sich auch der Groß-Mufti von Jerusalem, der islamische Gelehrte Scheich *Akrima Sabri*: „Jerusalem ist nicht jüdisch, sondern arabisch, und die heiligen Stätten in Jerusalem sind palästinensisch." Und in einem Interview mit dem „Welt"-Korrespondenten *Paul Badde* behauptete er wider alle historische Wahrheit: „Es gibt nicht das geringste Anzeichen für die frühere Existenz des jüdischen Tempels an diesem Platz. In der gesamten Stadt gibt es keinen einzigen Stein, der auf die jüdische Geschichte verweist ... Die Juden wissen nicht einmal, wo ihr Tempel genau stand. Deshalb erkennen wir hier auch kein einziges Recht von ihnen an. Weder unter der Erde noch darüber ... Es ist die Kunst der Juden, die Welt zu betrügen. Uns können sie damit nicht reinlegen. Es gibt keinen einzigen Stein in der Klagemauer, der etwas mit der jüdischen Geschichte zu tun hat. Weder in religiöser noch historischer Hinsicht haben die Juden irgendeinen berechtigten Anspruch auf diese Mauer."

Die palästinensische und moslemische Propaganda leugnet also jede jüdische Vergangenheit und Verbundenheit mit Jerusalem und dem Tempelberg mit der Klagemauer. Und sie betont beständig den arabischen Charakter der Heiligen Stadt und des Heiligen Landes, dessen Grenzen der Scheich so definiert: „Es reicht vom Mittelmeer bis zum Jordan ... Es ist das ganze Palästina." *Jassir Arafat* pflichtete ihm sogleich bei: „Palästina ist unser Land und Jerusalem unsere Hauptstadt." Diese Haltung ist Teil einer systematischen Kampagne, die dem jüdischen Volk das Recht auf jeglichen Teil des Heiligen Landes und der Heiligen Stadt abspricht.

1300 Jahre unter arabischer Herrschaft

Keineswegs wird die jahrhundertelange arabische Herrschaft über den schmalen Landstreifen am Schnittpunkt dreier Kontinente und über Jerusalem auf den Höhen der Judäischen Berge bestritten. 500 Jahre nach der Zerstörung des letzten jüdischen Staates Judäa durch Kaiser *Hadrian* wurde nämlich die ganze Region mit Jerusalem von dem Kalifen *Omar Ibn Kattah* für den Roten Halbmond des Islam erobert.

Nun herrschten erst einmal die Araber mehr als 400 Jahre über die Heilige Stadt. Bis 1099 die Kreuzritter kamen und das Christliche Königreich Jerusalem gründeten. 1187 wurden sie von dem Sultan *Saladin* vertrieben. Die Stadt wurde wieder moslemisch und blieb es – mit einer kurzen Unterbrechung – bis 1917. Von 1920–48 war Jerusalem Verwaltungssitz der Briten. Nach dem israelischen Unabhängigkeitskrieg 1948/49 annektierte Jordanien völkerrechtswidrig den Ostteil der Stadt. Westjerusalem kam unter israelische Verwaltung.

Während der mehr als 1200-jährigen moslemisch-arabischen Herrschaft über Jerusalem und seiner Besiedlung durch eine vorwiegend arabische Bevölkerung, trug die Heilige Stadt verschiedene Namen: Bait al Maqadis (Stadt des heiligen Tempels), Al-Kuds (die Heilige) und Masdschud al Haram (Stadt in der sich der heilige Tempel befindet). Sie war jedoch nie die Hauptstadt eines arabischen oder moslemischen Staates. Sie war noch nicht einmal eine untergeordnete arabische Provinzstadt. Die Herrscher der verschiedenen arabischen Dynastien regierten jeweils von Damaskus, Bagdad, Ramla, Kairo oder Konstantinopel, die Briten von London und die Jordanier von Amman aus. Keiner der fremden Machthaber dachte jemals daran, Jerusalem zur Hauptstadt seines Reiches zu machen.

Am 2. Juni 1964 wurde die „Palestine Liberation Organization" (PLO) im Hotel Intercontinental auf dem Ölberg in Jerusalem gegründet. Damals stand das Herz Jerusalems, die

Altstadt mit allen heiligen Stätten, noch nicht unter israelischer, sondern unter arabischer Herrschaft. Niemand dachte jedoch daran, Jerusalem als Hauptstadt eines Palästinenserstaates zu fordern. Im Grundlagendokument der PLO, der so genannten „Palästinensischen National-Charta", wird Jerusalem kein einziges Mal erwähnt.

In den vielen Jahrhunderten ihrer Herrschaft haben also die Araber und später die arabischen Palästinenser Jerusalem nie offiziell zur politischen oder religiösen Hauptstadt erhoben. Sie haben ihren Anspruch auf Jerusalem erst proklamiert, nachdem die Juden seit 1967 aus der Stadt wieder etwas gemacht haben: ihre ewige und unteilbare nationale und religiöse Hauptstadt.

„Jerusalem für Frieden!"

Im Zuge der palästinensischen Autonomie bekommt Jerusalem für die arabischen Palästinenser nun erstmals eine politische Bedeutung. Jerusalem soll die Hauptstadt eines palästinensischen Staates werden! Der PLO-Führer und Vorsitzende der Autonomiebehörde *Jassir Arafat* hat wiederholt öffentlich bekräftigt: „Die Errichtung eines palästinensischen Staates mit Jerusalem als Hauptstadt bleibt das eigentliche Ziel aller unserer Anstrengungen."

Die ersten Schritte zu diesem Ziel wurden bereits erfolgreich zurückgelegt. Unmittelbar nach dem israelischen Abzug aus Nablus sagte er: „Erst Gaza, dann Jericho, dann Jenin, dann Nablus, dann Hebron, dann Jerusalem!"

Nachdem die Israelis Ramallah (nördlich von Jerusalem) geräumt hatten, rief der PLO-Chef den jubelnden Palästinensern zu: „Heute beginnen wir unseren Weg zu einem unabhängigen palästinensischen Staat mit Jerusalem als Hauptstadt." Hieß erst Arafats Parole „Land für Frieden!", so heißt sie jetzt: „Jerusalem für Frieden!"

Arafat, der sich als historische Gestalt nicht nur des palästinensischen Volkes, sondern auch der gesamten arabischen Nation, wenn nicht sogar des Islam sieht, kann sich bei seinem Anspruch der Unterstützung aller arabischen Politiker und Moslemführer sicher sein. Noch kurz vor seinem Tod sagte der König Marokkos *Hassan II.* ermutigend zu ihm: „Jerusalem ist die palästinensische Hauptstadt für immer und etwas anderes werden wir nicht akzeptieren." Ägyptens Außenminister *Amir Mussa* steht ebenfalls ganz auf der Seite Arafats: „Jerusalem muss die Hauptstadt der Palästinenser sein." Unterstützung in der „Jerusalem-Frage" findet der Palästinenserpräsident auch bei Irans Präsident *Mohammed Chatami:* „Die Frage von Al-Kuds ist sehr ernst, denn die Stadt gehört der gesamten islamischen Welt. Und das palästinensische Volk als Vertreter der Moslems in aller Welt muss diese Stadt heilig halten."

Die „fromme Masche" des PLO-Führers

Arafat lässt keine Gelegenheit aus, den politischen Anspruch auf Jerusalem auch religiös zu begründen. Er tut dies mit dem Hinweis auf die heiligen Stätten der Moslems in der Heiligen Stadt. Es sind dies vor allem der Felsendom mit der goldenen Kuppel und die Al-Aksa-Moschee mit der silbergrauen Kuppel. Beide stehen auf dem Tempelberg, der als der „heiligste Quadratkilometer der Welt" bezeichnet wird und den die Moslems „Haram asch-Scharif" (das Erhabene Heiligtum) nennen.

Der Felsendom wurde im Jahre 691 durch den Kalifen *Abdel Malik* an der Stelle errichtet, wo einst der Salomonische und Herodianische Tempel stand. Nach islamischer Überlieferung soll von dem Fels, auf dem der Felsendom erbaut wurde, eines Nachts der Prophet *Mohammed* mit seinem Pferd Buraq in den Himmel geritten sein. Dies wurde als seine „Entrückung" gedeutet. Seitdem ist der Felsendom eine islamische Gedenkstätte.

Einige Jahre später (715) ließ der Kalif *El Walid* auf dem südlichen Teil des Tempelberges die Al-Aksa-Moschee bauen. Sie ist die bedeutendste außerhalb der arabischen Welt.

Arafats Ziel ist nun, möglichst bald Jerusalem zu besuchen und in der Al-Aksa-Moschee niederzuknien und zu beten. Ähnlich wie es vor ihm viele arabische Herrscher beabsichtigten, ohne es jedoch in die Tat umzusetzen. Doch dem ansonsten nicht besonders frommen Moslem Arafat geht es gar nicht so sehr ums Beten an heiliger Stätte, sondern ums politische Demonstrieren. Er will über Jerusalem und die heiligen Stätten die palästinensische Nationalflagge hissen: „Es ist mein Recht, die palästinensische Flagge zu hissen über den Mauern Jerusalems, über den Minaretten Jerusalems und über den Kirchen (!) Jerusalems."

Der Präsident des neuen Palästinenserrates beansprucht also die gesamte Altstadt mit den heiligen Stätten des Islam, des Christentums und des Judentums. Letztere verschweigt er allerdings absichtlich. Dabei missachtet er die Tatsache, dass es in der Altstadt neben zwei christlichen Wohnbezirken auch ein großes jüdisches Viertel gibt mit Tausenden von Juden und Christen, die er für sich vereinnahmen will.

Ungeachtet dessen will er der palästinensischen Oberhoheit die heiligen Stätten des Judentums unterstellen. Also nicht nur den Tempelberg, sondern auch die Klagemauer. Dabei findet er willkommene Unterstützung durch den Groß-Mufti *Akrima Sabri*, der dem besonders lautstark beipflichtet: „Die Klagemauer ist kein jüdisches Eigentum. Sie gehört einzig den Moslems. Das ist nicht nur meine persönliche Meinung, sondern die des ganzen Islam." Der PLO-hörige Geistliche beansprucht darüber hinaus den Zionsberg mit dem Grab Davids, das Kidrontal mit den jüdischen Königs- und Prophetengräbern und den Ölberg mit dem jüdischen Friedhof.

Außerdem will er die Oberhoheit über die heiligen Stätten der Christenheit. Das christliche Viertel der Altstadt mit der Via Dolorosa und die Grabeskirche, den Garten Gethsemane und die Kirche der Nationen und den Ölberg, den Berg des Messias, mit der Himmelfahrtskirche.

Für Juden und Christen sind diese Forderungen Arafats und Sabris gotteslästerlich: Ihre heiligen Stätten unter moslemisch-palästinensisch-arabischer Oberhoheit? Unvorstellbar und nicht akzeptabel!

Entsprechend sind vor allem die Reaktionen aus jüdischer Richtung. Israels Premier *Ariel Scharon* plädiert dafür: „Das jüdische Volk sollte den Besuch Arafats in Jerusalem verhindern. 100.000 Juden sollten bereit sein, mit ihren Körpern die Hauptstadt Israels zu schützen."

Ehud Olmert droht sogar mit Massenkundgebungen für den Fall, dass Arafat nach Jerusalem kommt: „Wenn er hier erscheint, kommt es zu einem Blutbad. Ich werde deshalb als Bürgermeister von Jerusalem alles in meiner Macht Stehende tun, um dies zu verhindern." Die Mehrheit des Jerusalemer Stadtparlaments glaubt, dass das Autonomieabkommen von Oslo mit der PLO der „Anfang vom Ende Israels und Jerusalems" ist und einer „Katastrophe" gleichkommt.

Viele Israelis lehnen deshalb einen Auftritt des PLO-Führers in Ost-Jerusalem kategorisch ab. Sie betrachten seine unverblümten Aussprüche und zunehmende Vereinnahmung Jerusalems als eine echte Provokation und als eine große Gefahr für ganz Israel. Ihre Reaktion ist Zorn und Abscheu.

Innerarabischer Streit um die „heiligen Stätten" der Moslems in Jerusalem

Aber nicht nur Arafat, sondern auch arabische Könige machten und machen in Konkurrenz zueinander ihren Herrschaftsanspruch über die heiligen Stätten des Islam in Jerusalem geltend.

So der verstorbene jordanische König *Hussein*. Als Nachkomme aus dem haschemitischen Königsgeschlecht, das auf den Propheten *Mohammed* zurückgeht, verstand er sich als der eigentliche „Hüter der heiligen Stätten vom Tempelberg". Dies hat er sich wiederholt viel Geld aus seinem Privatvermögen kosten lassen. Er bezahlte nicht nur alle islamischen Angestellten des Tempelbezirks, sondern ließ vor einigen Jahren sogar für 9,5 Mio. Dollar den Felsendom renovieren und seine Kuppel neu vergolden. Zugleich spendete er 200.000 Dollar für die Verlegung von 1700 qm türkischen

Teppichen mit Blumenmustern. Wiederholt betonte der jordanische Monarch: „Jerusalem wird für immer in der religiösen Obhut der Haschemiten bleiben. Wir werden niemals unsere religiösen Verpflichtungen gegenüber unseren heiligen Stätten aufgeben." Kurze Zeit später räumte er jedoch ein: „Wir verpflichten uns gegenüber den Arabern und den Muslimen, die Verantwortung für die heiligen Stätten in Jerusalem, die zurzeit bei uns liegt, dem palästinensischen Staat zu übertragen, wenn dieser Wirklichkeit geworden ist."

Aber auch Husseins einstiger Rivale König *Fahd* von Saudi-Arabien betrachtet sich als „Hüter der heiligen Stätten Jerusalems". So will Fahd für die Restaurierung der beiden Heiligtümer 70 Mio. Dollar aufwenden, um „Gott zu erfreuen". Den gleichen Anspruch erhob auch der verstorbene König *Hassan II.* von Marokko. Die Al-Aksa-Moschee ist bereits mit prachtvollen Teppichen des saudischen und marokkanischen Königs ausgelegt. Die großen eingewebten königlichen Wappen rufen den Betern unmissverständlich in Erinnerung, wer so viel Gutes für das Wohl des Islam geleistet hat.

In der Gunst um die islamischen Beter und um den Anspruch arabischer Führer, jeweils als Erster nach Jerusalem zu reisen, die heiligen Stätten zu besuchen und dort zu beten, ist inzwischen ein heißer Konkurrenzkampf entbrannt. *Arafat* beansprucht dieses Recht als Erster für sich. Noch wartet er ab. Ein anderer arabischer Herrscher ist ihm noch nicht zuvorgekommen.

Fragwürdige Heiligkeit

Auch religionsgeschichtlich ist die „Heiligkeit" der Stätten des Islam in Jerusalem heftig umstritten. Nach Ansicht des Religionswissenschaftlers Prof. Dr. *Zvi Werblowsky* (Jerusalem) „beruhen die moslemischen Beziehungen zu Jerusalem auf reinen Legenden".

So war *Mohammed* nicht ein einziges Mal in Jerusalem. Er hat die Stadt persönlich nie gesehen. Sein „Himmelsritt" mit einem Pferd ist zu fantastisch, um wahr zu sein. Prof. Werblowsky: „Warum sollte Mohammed von Mekka aus bei seinem Ritt in den Himmel einen Zwischenstopp in Jerusalem machen?" In den Koranschriften im Inneren des Felsendoms wurde auch nirgendwo die Himmelfahrt Mohammeds beschrieben.

Hinzu kommt, dass im Koran Jerusalem nicht ein einziges Mal mit Namen erwähnt wird. Auch nicht in der arabischen Form „Al Kuds" (Die Heilige). Der Anspruch auf den Tempelberg gründet sich lediglich auf die 17. Sure im Koran, wo die fragwürdige Nachtreise des Propheten vom „Heiligtum in Mekka" zum „fernen Heiligtum" erwähnt wird, ohne dass Jerusalem ausdrücklich genannt wird. Manche neuen Koran-Übersetzungen bringen an der Stelle zwar den Namen Jerusalem. Aber in der Original-Ausgabe fehlt er. Darauf hat *A. C. Zaoui* in „Mohammed und Israel", C.C.A.R. Journal, Winter 1976, aufmerksam gemacht.

Des Weiteren ist bemerkenswert, dass die Gebetsrichtung der Moslems nicht nach Jerusalem, sondern stets nach Mekka gerichtet ist. Dem Tempelberg in Jerusalem kehren sie den Rücken zu.

Die im Koran für Moslems vorgeschriebene Pilgerreise geht auch nicht nach Jerusalem, sondern nur nach Mekka und ihrer Schwesterstadt Medina in Saudi-Arabien.

Schließlich ist festzuhalten, dass die Araber nie eine ihrer heiligen Stätten zur politischen Hauptstadt gemacht haben. In Saudi-Arabien sind die heiligen Städte Mekka und Medina. Aber die politische Hauptstadt ist Riad. Der Iran hat die heilige Stadt Gom. Aber die politische Hauptstadt ist Teheran.

Deshalb ist auch von arabisch-palästinensischer Seite kein religiöser Anspruch auf Jerusalem als zukünftige palästinensische Hauptstadt abzuleiten.

PLO-Präsenz in Jerusalem

Schon seit langem ist die PLO bemüht, sich immer mehr in Jerusalem festzukrallen. So hat sie bereits im Osten der Stadt zahlreiche Institutionen de facto zu Stellen der palästinensischen Autonomieverwaltung gemacht.

Augenfälligstes Zeichen ist das inzwischen weltberühmte „Orient-Haus" in der Abu Ubayda Ibn Al-Jarak-Straße in Ost-Jerusalem. Es ist ein ehemaliges Hotel im Stil einer geräumigen Villa aus dem Jahre 1897. In ihr hat schon Kaiser *Wilhelm II.* bei seinem Besuch in Jerusalem übernachtet und gespeist. 1936 floh hierher Äthiopiens Kaiser *Haile Selassi I.* kurzfristig ins Exil.

Seit Jahren war das legendäre „Orient-Haus" der Amtssitz von Arafats Intimus *Feisal Husseini.* Er war ein leiblicher Nachfahre des früheren Groß-Muftis von Jerusalem, *Amin al Husseini* (1895–1974). Er versprach *Hitler* bei seinem Besuch in Berlin, die Juden in Palästina auszurotten. Feisal Husseini war bis zur Aufnahme der Autonomieverhandlungen einer der palästinensischen Sprecher und sah sich schon als arabischer „Schattenbürgermeister von Jerusalem". Er verstarb am 31. 05. 2001 an einem Herzinfarkt.

Inzwischen hat die PLO-Führung das „Orient-Haus" zu ihrem offiziellen politischen Hauptquartier in Jerusalem gemacht. Von manchen Palästinensern wird es sogar als „Regierungssitz Arafats" bezeichnet. Denn hier wird aggressive Politik gegen Israel betrieben und werden ausländische Politiker und Diplomaten empfangen. Gleichzeitig symbolisiert Arafats Lieblingsobjekt den palästinensischen Anspruch auf einen eigenen Staat mit Jerusalem als Hauptstadt.

Das brüskiert jedoch jedes Mal die israelische Regierung. Denn 1993 war in Oslo vereinbart worden, dass die PLO in Jerusalem keine politische Vertretung haben dürfe. Aber *Arafat* hat sich bisher nie an politische Vereinbarungen gehalten.

Die Knesset hat deshalb die politischen Aktivitäten der Palästinenser vom „Orient-Haus" aus per Gesetz verboten. Aber bislang ohne sichtbaren Erfolg.

Nach einem brutalen und blutigen Selbstmordanschlag eines Palästinensers am 9. 8. 2001 im Zentrum von Jerusalem haben israelische Polizisten einen Tag später zum Gegenschlag ausgeholt und das „Orient-Haus" besetzt und (vorübergehend?) geschlossen. Israel erntete dafür weltweit harsche Kritik.

Die schleichende Übernahme Ost-Jerusalems durch die PLO geht indessen weiter. So sollen dort bereits mehr als 300 bewaffnete palästinensische Geheimpolizisten illegal aktiv sein. Dies ist von den israelischen Behörden nicht erlaubt und steht im krassen Widerspruch zum Abkommen von Oslo.

Der Ostteil Jerusalems wird faktisch schon seit Jahren von der palästinensischen Autonomiebehörde kontrolliert. Mehr als 10 Büros ihrer Zivilverwaltung sind hier tätig: Eine neue Rundfunk- und Fernsehanstalt, ein Pressebüro und zahlreiche Institutionen und Ausschüsse. Nach Angaben des israelischen Geheimdienstes wurden in den vergangenen vier Jahren in Ost-Jerusalem rund 7000 Wohnungen und Häuser illegal von Palästinensern errichtet, um dort zurückkehrende palästinensische Flüchtlinge anzusiedeln. Man erwartet die Rückkehr von bis zu 100.000 „Exil-Palästinensern“ nach Ost-Jerusalem.

Damit will *Arafat* seinen Anspruch auf Jerusalem als Hauptstadt Palästinas weiter festigen und vollendete Tatsachen schaffen. Inzwischen beten in den Moscheen immer mehr palästinensische Moslems, dass Jerusalem ihre Hauptstadt wird.

Auf die Frage nach des PLO-Führers dringlichstem Wunsch für die Zukunft antwortete er: „Meine Antwort ist klar und deutlich: Jerusalem, Jerusalem, Jerusalem!“

Das Weltzentrum des christlichen Glaubens

Was Christen mit Jerusalem verbindet

Nicht nur für 15 Mio. Juden und 1 Mrd. Moslems, sondern auch für 1,5 Mrd. Christen ist Jerusalem von einzigartiger Bedeutung. Die Juden sind mit der „Stadt Davids" geistig, national, religiös und territorial aufs Engste verbunden. Für die Moslems ist Jerusalem infolge der angeblichen „Himmelfahrt" Mohammeds „Al Kuds" (Die Heilige). Sie ist nach Mekka und Medina die drittheiligste Stadt des Islam. Und für Christen ist Jerusalem einfach die „Heilige Stadt". Sie ist für sie heilig durch den Heiland Jesus Christus. Durch den Glauben an ihn sind sie mit Jerusalem verbunden. Und dies seit 2000 Jahren. Sie ist seitdem die „Mutterstadt" ihres Glaubens. Sie erheben heute auf sie jedoch keinen territorialen Anspruch, sondern einen geistigen. Und damit verbinden sie heilsgeschichtliche Erinnerungen, endzeitliche Ereignisse und eschatologische Erwartungen. Darum ist ihnen nicht gleichgültig, was aus und mit Jerusalem in Zukunft wird.

Jesus in Jerusalem

Jerusalem ist den Christen heilig durch das Leben und Wirken Jesu. Es ist die Stadt, in der er predigte und Wundertaten vollbrachte, die jährlichen Wallfahrtsfeste feierte und an so manchem Tempel-Gottesdienst teilnahm. Vor allem ist sie die Stadt seines Leidens und Sterbens, seiner Auferstehung und Himmelfahrt.

Heute erinnern zahlreiche „heilige Stätten" in und außerhalb der Altstadt daran: Der Zionsberg mit dem berühmtesten „Speisesaal der Welt", wo Jesus mit seinen Jüngern das Passahmahl (Sedermahl) als Abendmahl feierte. Heute wird der Berg von der mächtigen Dormitio-Basilika beherrscht.

Nach seiner Verhaftung durch die römische Tempelpolizei wurde Jesus im Palast des Hohenpriesters verhört. Danach brachte man ihn in die Burg Antonia, die der römischen Besatzungsmacht als Garnison diente. Nach einem kurzen Verhör schickte *Pilatus* ihn zu *Herodes Antipas* in die Zitadelle. Nachdem auch dieser Jesus für schuldig befunden hatte, kehrte der Todgeweihte erneut in die Burg Antonia zurück. Dort wurde er in einem Schnellverfahren von dem römischen Gouverneur Pilatus als angeblicher „König der Juden" zum Tod verurteilt. Heute befindet sich über dem Originalpflaster der „Richtstätte" das Kloster der Zionsschwestern.

Wo sich der markante Straßenbogen „ecce homo" (Sehet, welch ein Mensch!) befindet, beginnt die Via Dolorosa, der mutmaßliche Leidensweg Jesu, über den der Verurteilte das schwere Holzkreuz, das man ihm auferlegt hatte, zur Anhöhe Golgatha schleppte. Dort wurde er von einem römischen Exekutionskommando im Jahre 32 oder 33 gekreuzigt. Nach seinem Tod wurde er dort auch begraben.

Im Jahre 326 n. Chr. errichtete über der angeblichen Kreuzigungs- und Begräbnisstätte Jesu der römische Kaiser *Konstantin* auf Initiative seiner Mutter *Helena* die erste Grabeskirche. Den heutigen Monumentalbau im Christlichen Viertel, der aus dem Jahre 1149 stammt, teilen sich sechs verschiedene Konfessionen. Vor einigen Jahren wurde er von der UNESCO auf die Liste des „Weltkulturerbes" gesetzt.

Auf Golgatha geschah drei Tage später schließlich das bedeutendste Ereignis der Weltgeschichte: Durch Gottes Macht stand Jesus von den Toten auf. In den folgenden Wochen erschien der Auferstandene leibhaftig mehr als 520 Personen, die ihn vor seinem Tod kannten und ihm nachfolgten.

Gegenüber der Altstadt mit dem Tempelberg liegt der Ölberg. An seinem Abhang und auf seiner Höhe stehen inmitten kleiner Gärten und Parks einige der schönsten Kirchen im Heiligen Land. Sie alle erinnern an die Passion Jesu Christi und an seine Himmelfahrt und Wiederkunft.

Am Fuße des Ölbergs befindet sich seit 1920 in der Nähe der Stelle, wo Jesus in Todesangst die Nacht verbrachte und verraten und verhaftet wurde, die Kirche der Nationen (Gethsemane-Kirche).

Auf halber Höhe liegt die russisch-orthodoxe Maria-Magdalena-Kirche. Der russische Zar *Alexander III.* ließ sie zur Erinnerung an die Frau bauen, die Jesus besonders verehrte und diente.

Etwas weiter oberhalb sieht man die Kirche Dominus Flevit. Sie hat die Form einer Träne. In der Nähe hat Jesus in tiefem Schmerz über den geistlich und moralisch verfallenen Zustand der Bevölkerung Jerusalems geweint.

Auf dem Gipfel des Ölbergs steht die Himmelfahrts-Kapelle. Sie ist ein kleiner achteckiger Bau aus der Kreuzfahrerzeit. Er ist zum Himmel hin offen und erinnert an die Himmelfahrt Christi. Nicht weit davon befindet sich die russische Himmelfahrtskirche. Ihr 60 m hoher Turm beherrscht den ganzen Ölberg und ist schon von weitem zu sehen. Hier sagte Jesus kurz vor seinem Abschied zu seinen Jüngern: „Ihr werdet die Kraft des Heiligen Geistes empfangen und meine Zeugen sein in Jerusalem, in Judäa und Samaria und bis an das Ende der Welt.“ Dann gab er ihnen den Auftrag: „Gehet hin in alle Welt, predigt das Evangelium allen Menschen und macht sie zu Jüngern . . .“ (Markus 16,15f.; Matthäus 28,19f.).

Schließlich die Paternoster-Kirche. Sie soll an dem Platz stehen, wo Jesus seine Jünger das Gebet des Herrn lehrte. An den Wänden der Vorhalle und des Kreuzganges sind große Majolika-Platten angebracht mit dem Text des „Vaterunser“ in 64 Sprachen.

Im Herzen der israelischen Hauptstadt an der belebten King-George-Street erinnern auf einem Portal zwei Worte an eines der größten Wunder Jesu: „Talitha kumi" („Mädchen, ich sage dir, stehe auf!"). Sie stammen aus der Geschichte von der Totenauferweckung der Tochter des Jairus, einem Synagogenvorsteher (Markus 5,21–43), und sind heute ein Zeugnis von der lebendigen Kraft des Messias Jesus inmitten Jerusalems.

Diese historischen Ereignisse aus dem Leben Jesu wurden durch direkte und indirekte Augen- und Ohrenzeugenschaft der Jünger Jesu bzw. der Autoren des Neuen Testaments als glaubwürdige Fakten der Menschheit überliefert.

Die Stadt der Christen

Vor 2000 Jahren entstand hier das Christentum. Es hat seine historischen und geistlichen Wurzeln nicht in Rom, sondern in Jerusalem.

Während des Wochen- und Erntefestes „Schawuot" ereignete sich im „Obergemach" eines Hauses auf dem Zionsberg das Pfingstwunder. Die Jünger und Apostel empfingen den Heiligen Geist, den Jesus ihnen verheißen hatte. Unmittelbar darauf wandte sich Petrus in einer evangelistischen Rede an Tausende von Juden, die zum Fest nach Jerusalem gekommen waren. Als Folge davon kamen 3000 von ihnen zum lebendigen Glauben an Jesus Christus. Sie taten sich zusammen und gründeten die Urgemeinde. Sie ist seitdem die Mutter aller christlichen Kirchen. Petrus und Jakobus wurden ihre geistlichen Führer. Später kam noch der renommierte jüdische Gelehrte Paulus dazu. Er hatte sich nach seinem „Damaskus-Erlebnis" vom erbitterten Feind der Christen zum bedeutendsten christlichen Theologen und eifrigsten Missionar Jesu Christi gewandelt. Unter der Leitung der Apostel wurde die Jerusalemer Urgemeinde das theologische Zentrum der Christen und zum Ausgangspunkt für die Verbreitung des Evangeliums über die ganze Welt. Auf sie und ihre jüdischen Wurzeln berufen sich die Kirchen bis heute.

Das Blutbad christlicher Söldner

Jerusalem blickt aber auch auf eine leidvolle Geschichte durch Christen zurück. Nach einem Aufruf von Papst *URBAN II.* im Jahre 1099 zogen 40.000 Ritter und Raubritter, Geistliche und Mönche, Bauern und Handwerker, aber auch Abenteurer und Verbrecher aus dem Christlichen Abendland in den „Heiligen Krieg“ nach Jerusalem. Ihr Ziel: Sich an den „Christusmördern von Golgatha“ zu rächen und das Heilige Grab den „Ungläubigen“ zu entreißen. Mit dem Kreuz auf der Brust und „Christus“ auf den Lippen stürmten sie am 15. Juli die Heilige Stadt und massakrierten 40.000 – manche sprechen sogar von 70.000 – Juden und Araber. Dabei rühmten sie sich als „Vollstrecker des Zornes und der Rache Gottes“.

Zahlreiche Zeitzeugen haben das Blutbad beschrieben. So der Erzbischof *WILHELM VON TYRUS:* „Jerusalem bot ein Schauspiel des Abschlachtens. Es floss eine solche Menge an Blut, dass selbst die Eroberer mit Schrecken und Ekel erfüllt wurden.“ Als das Morden und Plündern vorüber war, zogen die Kreuzritter Dankeshymnen singend zur Grabeskirche. Dort wuschen sie sich und wechselten die blutdurchtränkten Kleider mit weißen Roben, um dann vor dem Grab Christi niederzuknien.

Das „Christliche Königreich Jerusalem“

Nach der Befreiung Jerusalems von den „Ungläubigen“ wurde der Felsendom von den Kreuzrittern in „Templum Domini“ umbenannt und in eine christliche Kirche umgewandelt. Über dem Felsen errichteten sie einen Altar. Auf der Kuppel brachten sie ein goldenes Kreuz und über einem Portal ein mit Diamanten besetztes Christusbild an. Die Al-Aksa-Moschee erhielt den Namen „Templum Salomonis“ und wurde als Hauptquartier des Templerordens benutzt. Der Anführer des Kreuzzuges, *GOTTFRIED VON BOUILLON*, nahm den Titel „Herzog des Heiligen Grabes“ an und gründete das „Christliche Königreich Jerusalem“. Ein Jahr später, am 11. 11. 1100 wurde sein Bruder *Balduin* (1100–1118) zum „König von Jerusalem“ gekrönt. Seine Residenz wurde die „Davids-Zitadelle“.

Für das Christliche Abendland war nun Jerusalem mit der Grabeskirche das Zentrum der Welt. Zahlreiche Karten und Drucke aus dem frühen Mittelalter zeugen davon. 87 Jahre später besiegte jedoch *Saladin* die Kreuzfahrer. Das „Christliche Königreich Jerusalem“ löste sich auf. 1228 kamen die Kreuzritter noch einmal zurück. Der Staufenkaiser *Friedrich II.* setzte sich in der Grabeskirche selbst die Krone aufs Haupt. Doch 15 Jahre später ging die christliche Herrschaft über Jerusalem endgültig verloren.

Noch heute erinnern eine Vielzahl von Kirchen und Festungen Juden und Araber in abstoßender Weise daran, wie die Kreuzritter „im Namen Jesu“ in Jerusalem und im ganzen Heiligen Land wüteten und selbstherrlich regierten.

Christliche Präsenz in der Heiligen Stadt

Heute leben in Jerusalem etwa 17.500 Christen. Mehr als 40 verschiedene Konfessionen haben sich hier niedergelassen. Davon allein 19 protestantische Kirchen und Freikirchen sowie eine Vielzahl von Sekten. Die griechisch-orthodoxen Kirchen bilden die größte christliche Denomination. In diesem Zusammenhang dürfen die Juden, die an Jesus Christus glauben (messianische Juden), nicht unerwähnt bleiben. Immerhin gibt es von ihnen über 10 Gemeinden in der Heiligen Stadt.

Die Zahl der Kirchengebäude beträgt etwa 154, die der Klöster 112. Ihre Glocken läuten zu allen Tages- und Nachtzeiten.

Hinter dem Jaffa-Tor befindet sich die Christus-Kirche. Sie ist der älteste protestantische Kirchenbau im Nahen Osten und gehört den Anglikanern.

Ende des 19. Jh. errichteten die Preußen im Christlichen Viertel der Altstadt auf den Ruinen einer Kreuzfahrerkirche die deutsche evangelisch-lutherische Erlöser-Kirche. Am Reformationstag 1898 wurde sie von Kaiser *Wilhelm II.* feierlich eingeweiht. Seit über 100 Jahren finden hier jeden Sonntag deutschsprachige Gottesdienste statt. Ihr Oberhirte ist ein deutscher Propst. Vom Turm der Kirche hat man einen atemberaubenden Rundblick.

Die zweidimensionale Heilige Stadt der Zukunft

Für Christen hat Jerusalem neben seiner historischen und geistlichen Bedeutung auch eine endgeschichtliche und eschatologische. Sie wissen: Jerusalem ist die „Stadt des großen Königs, des kommenden Messias". Die biblische Prophetie verheißt: Auf dem Ölberg wird Jesus wiederkommen – als Messias für die Juden, als Christus für die Christen und als Friedefürst für die Welt. Er wird dann Gottes messianisches Reich errichten.

Darüber hinaus ist Jerusalem eine zweidimensionale Stadt, die ein Abbild des himmlischen Jerusalem ist. Deshalb wird sie von Christen auch in vielen Zionsliedern besungen: „Wachet auf, ruft uns die Stimme . . .", „Jerusalem, du hochgebaute Stadt, wollt Gott, ich wär in dir . . .", „Tochter Zion, freue dich, jauchze laut, Jerusalem" u. a. Nach 1000-jähriger Friedensherrschaft Jesu wird dieses Jerusalem vom Himmel auf die Erde kommen (Offenbarung 21 u. 22).

Von Pilgerreisen und christlichem Massentourismus

Seit jenen Tagen, da die christliche Kaisermutter *Helena* nach Jerusalem reiste, um die Stätten des Lebens und Wirkens Jesu zu lokalisieren, zog es immer wieder kleine und größere Scharen christlicher Pilger auf oft abenteuerliche Weise und unter unsäglichen Strapazen ins Heilige Land und in die Heilige Stadt.

2000 Jahre Christentum im Heiligen Land und in der Heiligen Stadt

Eine kurze Chronik wichtiger Ereignisse

ca. 7 Geburt Jesu in Bethlehem, der „Stadt Davids im jüdischen Land".

31 Berufung der ersten Jünger Jesu am See Genezareth.

33 Jesus wird in Jerusalem von der religiösen Führung des Judentums angeklagt und von der römischen Besatzungsmacht als „König der Juden" gekreuzigt.
Am Shawuotfest (Pfingsten) entsteht durch die Predigt des Petrus in Jerusalem die Urgemeinde. Sie besteht aus 3000 messianischen Juden. Seitdem gilt sie als die Mutter des Christentums.
Der renommierte jüdische Gelehrte Paulus kommt in Damaskus zum Glauben an Jesus Christus und wird zum bedeutendsten Theologen des Christentums.

47 1. Missionsreise des Apostels Paulus nach Europa.

49 Die Apostel Jesu Christi treffen sich in Jerusalem zum Apostelkonzil, um die Glaubenspraxis von Judenchristen und Heidenchristen zu regeln.

300 Beginn der ersten christlichen Pilgerfahrten ins Heilige Land.

326 Bau der Grabeskirche in Jerusalem, der heiligsten Stätte des Christentums im Heiligen Land.

1099 Die christlichen Kreuzritter rächen den „Christusmord von Golgatha" an 40.000–70.000 Juden und Arabern in Jerusalem.
Gründung des „Christlichen Königreiches Jerusalem".

1898 Einweihung der deutschen ev.-luth. Erlöserkirche durch Kaiser *Wilhelm II.*

1964 Mit *Paul VI.* besucht erstmals ein Papst die heiligen Stätten im Heiligen Land.

1977 Das israelische Parlament beschließt ein „Antimissionsgesetz", das die Missionierung von Juden „mit unlauteren Mitteln" unter Strafe stellt.

1980 Eröffnung der Internationalen Christlichen Botschaft in Jerusalem. Sie repräsentiert Millionen von Christen aus aller Welt.

1987 Am „Jerusalem-Marsch" beteiligen sich erstmals 19 bekennende messianische Juden aus Israel. Ein Jahr später sind es bereits 210.

1988 Mehr als 5000 Christen aus 60 Ländern nehmen am Laubhüttenfest in Jerusalem teil.

1989 Gründung der Israelischen Messianisch-Jüdischen Allianz in Petach-Tikva (vergleichbar der Deutschen Evangelischen Allianz).

1993 Der Vatikan erkennt den Staat Israel an und nimmt zu ihm volle diplomatische Beziehungen auf.

1997 Die Arbeitsgemeinschaft CHRISTEN FÜR ISRAEL e.V. errichtet mithilfe von Christen und Israel-Freunden aus Deutschland, Österreich und der Schweiz unter dem Motto „Licht aus Zion – Hoffnung für die Welt" erstmals einen Lehrstuhl für Medizinische Forschung an der Bar-Ilan Universität in Israel.

1999 Mit Pastor *Fritz May* erhält erstmals ein deutscher evangelischer Theologe wegen seiner Verdienste für Israel und das jüdische Volk die Ehrendoktorwürde der israelischen Bar-Ilan Universität, der größten im Heiligen Land.

2000 Papst *Johannes Paul II.* besucht im Heiligen Jahr 2000, dem Christusjahr, das Heilige Land (Berg Nebo, Bethlehem, See Genezareth, Nazareth und in Jerusalem die Grabeskirche). In der Gedenkstätte Yad Vashem bekennt sich der Papst zur Schuld der Christen am Holocaust.
Die Arbeitsgemeinschaft CHRISTEN FÜR ISRAEL e.V. lässt zum Zeichen der Versöhnung zwischen Christen und Juden bei Jerusalem einen Friedens- und Versöhnungswald errichten mit 20.000 Bäumen.
Im Heiligen Land gibt es 120.000 Christen, 154 Kirchen und 112 Klöster.

(Einige Zahlen aus der Frühzeit sind historisch nicht gesichert.)

Auch heute ziehen die Schauplätze heilsgeschichtlicher Ereignisse Zehntausende von Christen aus allen Ländern an. Sie wollen ihre Sehnsucht nach Jerusalem stillen. Die Stadt, die seit ihrer Kindheit in ihrem Gedächtnis und in ihrer Vorstellungswelt ein Teil ihres Christseins ist. Um an den heiligen Stätten sich ihres Heils zu vergewissern und ihren Glauben zu vertiefen.

Und wenn sie in die irdische Heimat ihres Heilands kommen, dann erhält ihr Glaube eine neue tiefe Dimension, die sie in Hamburg oder Berlin, in Wien oder Zürich nicht hatten. Die sie dort auch nicht haben konnten. Denn all das, was ihr Herr auf seinem irdischen Weg erlebt hat, haben sie in der Heiligen Schrift zwar oft gelesen und im Religionsunterricht und Gottesdienst vielfach gehört. Aber nun können sie in Jerusalem direkt und unmittelbar die Stellen sehen und berühren, wo Jesus gestorben und auferstanden ist und dabei die beglückende Gewissheit erleben, was sie eigentlich schon immer geglaubt haben. Auch wenn heute nach 2000 Jahren niemand mehr auf den Meter genau weiß, wo sich die einzelnen Ereignisse als historische und heilsgeschichtliche Fakten zugetragen haben.

„Ich finde es viel aufregender, Jerusalem zu betreten als den Mond."

Der Astronaut und Christ Neil Armstrong bei seinem Besuch in der Heiligen Stadt

Besonders zu den christlichen und biblisch-jüdischen Fest- und Feiertagen, wie Ostern/Pessach, Pfingsten/Shawuot und dem Laubhüttenfest/Sukkot, ist Jerusalem von christlichen Pilgern und Touristen, aber auch von jüdischen Besuchern überfüllt. Dann drängen sich durch die engen Gassen der Altstadt viele Tausende aus aller Herren Länder. Darunter sind Alte und Junge, Arme und Reiche, Mönche und Nonnen, Politiker und Geschäftsleute. Viele von ihnen kommen (fast) jedes Jahr zum Laubhüttenfest nach Jerusalem, dem fröhlichsten aller jüdischen Feste. Zusammen mit Zehntausenden von Israelis und Juden aus aller Welt nehmen sie am traditionellen „Laubhüttenfest-Marsch“ teil. Für die meisten ist es eine weite Reise. Aber ein besonderes Erlebnis am Anfang, in der Mitte oder am Ende ihres Lebens.

Für immer mehr Christen wird Jerusalem zum Weltzentrum ihres Glaubens. Mehr als Rom oder eine andere Stadt. So tief ist die Heilige Stadt in ihrem Christsein verwurzelt.

Heiliger Wahn in der Heiligen Stadt

Jerusalem wirkt wie ein Magnet. Nicht nur auf friedliche Touristen und Pilger. Auch auf religiöse Träumer, Fantasten und seltsame „Propheten“. Sobald sie in der Heiligen Stadt sind, verwandeln sich viele von ihnen in biblische Propheten. Sie kleiden sich in lange weiße (Fantasie-)Gewänder. Meist sind es aus Hotels entwendete Bettlaken. Damit treten sie auf als Mose, Elia, König David. Oder als einer der biblischen Propheten. Manche geben sich sogar als Jesus aus. Als der wiedergekommene Messias. Oder Gott selbst. Aber auch „Jungfrauen Marias“, die nackt betend durch die Felder bei Jerusalem wandern, sind keine Seltenheit.

Man trifft sie einzeln oder in kleinen Gruppen auf Straßen, Plätzen und in Parks. Meistens jedoch auf der Via Dolorosa, an der Klagemauer, der Grabeskirche, im Garten Gethsemane, auf dem Ölberg oder der Haas-Promenade.

Die meisten haben alle Zeichen mystischer Symptome. Sie tanzen wie von Sinnen. Ihre Gesichtszüge sind verzückt. Sie reden mit unverständlichen Lauten. Oder über ihre Lippen kommt unaufhörlich „Jesus, Jesus, Jesus . . .“ oder „Halleluja, Halleluja . . .“. Andere dagegen meditieren still oder reden leise vor sich hin. Oder predigen laut das Gericht Gottes. Passanten bleiben oft stumm stehen, schütteln ungläubig und verwundert den Kopf. Oder jubeln klatschend ihnen zu. Jerusalem macht eben happy und süchtig!

SEHNSUCHT NACH JERUSALEM

HERR, mein Gott, ich habe Sehnsucht nach der Heiligen Stadt.

Ich wäre gern dabei gewesen, als Jesus dort einzog
und Tausende ihm zujubelten:
Hosianna, gelobt sei, der da kommt im Namen des HERRN!

Ich hätte ihn gerne getröstet auf seinem Schmerzensweg
und Todesgang nach Gethsemane und nach Golgatha
und ihn nicht verlassen,
wie viele seiner Jünger es taten.

Ich wäre gern dabei gewesen, als man ihn zu Grabe trug
und es nach einigen Tagen Ostern wurde.
Dann hätte ich gejauchzt und jubiliert
und allen Menschen zugerufen:
ER ist auferstanden! ER ist auferstanden!

Ich wäre gern dabei gewesen, als er zum Himmel auffuhr.

Und ich möchte dabei sein, wenn er auf dem Ölberg bei Jerusalem wiederkommt.

HERR, ich möchte das irdische Jerusalem sehen
und das himmlische. Amen.

(Nach einem Gebet aus Afrika)

Das „Jerusalem-Syndrom“

Der israelische Psychiater *Jair Bar-El* bezeichnet dieses Krankheitsbild, von dem sogar anscheinend ganz normale Menschen ergriffen werden, als „Jerusalem-Syndrom“. Er meint, es handelt sich dabei meist um Leute, die in der Bibel gut bewandert sind. Dann aber einen psychischen Schock bekommen, wenn sie bei ihrem Besuch in der Heiligen Stadt die Bilder, die sie sich von den biblischen Stätten gemacht haben, mit der Wirklichkeit vergleichen.

Männliche und weibliche Jerusalem-Touristen zwischen 20 und 30 Jahre alt können am ehesten Opfer dieser seit 1979 dokumentierten Krankheit werden. Betroffen sind davon vor allem Protestanten, Evangelikale und charismatische Christen. Dr. *Eli Witztum*, Psychiater des Sarah-Herzog-Hospitals in Jerusalem, hat dafür sogar eine Erklärung: „Anders als bei den Katholiken, ist im Protestantismus die religiöse Hierarchie abgeschafft. Der Protestant hat direkten Zugang zu Gott. Das ermöglicht ihm eine starke persönliche Erfahrung. Für den Katholiken gibt es noch zumindest den Papst und die Heiligen als Zwischenstationen vor Gott selbst.“ Typisch sei der Fall eines jungen ruhigen Schweizers, der in einem streng calvinistischen Elternhaus aufgewachsen war. Jerusalem habe ihn seelisch völlig überwältigt. Überall habe er nur noch Jesus Christus gesehen. Nach wenigen Tagen habe er dann aber geheilt heimreisen können, ohne „bleibende Schäden“.

Unter den Besuchern und Pilgern Jerusalems befinden sich aber auch Sektenangehörige, religiöse Fanatiker und Extremisten, die individuell oder kollektiv ihre religiösen Wahnvorstellungen im Blick auf die in der Bibel verheißenen Endzeit-Ereignisse zu verwirklichen suchen.

Der Beginn des 3. Jahrtausends mit seiner magischen Zahl 2000 hat entschieden dazu beigetragen, das „Endzeit-Fieber“ anzuheizen. Viele glauben nämlich, dass im Heiligen Land bald etwas Besonderes passieren werde. Einige rechnen mit einem neuen Nahostkrieg um Jerusalem. Weit mehr aber glauben, dass Jesus als Messias in Kürze wiederkommen werde und der 3. Tempel aufgebaut würde. Und sie meinen, sie müssten dabei kräftig nachhelfen.

Eine Frau, die ich in Jerusalem traf, sagte mir: „Das Jahr 2000 ist ein Wendepunkt. Und es deuten sich große Dinge an. Es gibt viele Zeichen: Kriege, Erdbeben . . . In der Bibel wird uns vorausgesagt, dass dies die Zeit ist, da Jesus wiederkommt. Ich bin hier und beobachte alle diese Zeichen. Für mich ist es wichtig, dort zu sein, wo das alles passieren wird. Und das ist ganz klar: Hier in Jerusalem!"

So haben eine Vielzahl von ihnen Hab und Gut verkauft und sogar ihre Angehörigen verlassen und sind ins Heilige Land gezogen. Eine Frau erzählte einem Reporter in Israel: „Ich habe meinen Super-Job bei IBM aufgegeben. Um dem HERRN zu folgen, habe ich meine Familie, Kinder und Enkelkinder verlassen und alles verkauft, um von den USA nach hier zu kommen."

Ein Mann sagte: „Seitdem ich an Jesus glaube, hat er mir schon vor sechs Jahren prophezeit, mich nach Jerusalem zu führen. Ich habe mein Haus verkauft und der HERR hat es geführt, dass ich dafür weit mehr bekam, als es wert war. Durch seinen Segen habe ich jetzt die finanziellen Mittel, um ganz nahe hier bei ihm zu sein. Hier spüre ich überall seine Anwesenheit. Nirgendwo anders kann man ihn intensiver erleben als hier. Denn hier ist seine Heilige Stadt und sein Heiliges Land. Das ist wunderbar. Ich habe alles hinter mir gelassen. Denn er hat mich hierher geführt . . . Hier ist das Land Jesu. Es ist unvergleichlich."

Schon Ende 1999 sind zahlreiche Gruppen von Christen ins Heilige Land Israel gereist, um – wie sie sagten – im Millenniums-Jahr 2000 nur nicht die Wiederkunft Christi zu verpassen. Seitdem treffen sich am Fuße des Ölbergs zahlreiche Christen in alten Gemäuern, Höhlen und Katakomben, um bei dem überwältigenden Großereignis in der 1. Reihe zu sein. Sie ignorieren dabei bewusst oder unbewusst die Warnung Jesu: „Niemand weiß weder Tag noch Stunde, wann der HERR kommen wird . . . Den Zeitpunkt hat Gott selbst festgelegt, ihr braucht ihn nicht zu wissen . . . Darum wachet!" (Matth. 24,26–42; Apostelgeschichte 1,7).

Religiöser Eifer und Wahn verdrängen allerdings oft die Realität. Sie machen unfähig, Wunsch und Wirklichkeit zu unterscheiden und dabei noch wachsam und bereit zu sein. Aber Jerusalem mit seiner Faszination ist nun eben eine Mischung aus Glauben, Wahn und Endzeitstimmung. Deshalb ist der Grat recht schmal zwischen Nüchternheit und Hysterie.

Psychiater und Psychologen stehen deshalb in Jerusalem ständig bereit, um Menschen in ihren aufgeputschten Gefühlen beizustehen, wenn der religiöse Rausch der nüchternen Wirklichkeit nicht weichen will. Psychiatrische Kliniken haben dafür sogar zusätzliche Betten aufgestellt. Der israelische Psychiater *Eli Witztum* sagt: „Immer mehr Verwirrte und Wahnhafte kommen zu uns in die Klinik. Die Zahl steigt mit der Zunahme der Touristen und Pilger."

Man könnte das alles als „religiöse Spinnerei" abtun und schnell zur Tagesordnung übergehen, wenn das Problem nicht tiefer läge und höchst bedrohlich wäre. Man befürchtet nämlich in Israel, dass todessüchtige religiöse Fanatiker bei einem längeren Ausbleiben des göttlichen Finales Massenselbstmord begehen könnten. Oder es durch gewalttätige Aktionen herbeizuführen versuchen. Jerusalem ist nämlich für unzählige fromme Christen und Juden die Hauptstadt der Fantasie. Sie verkörpert für viele die Angst vor dem Untergang. Und gleichzeitig die Hoffnung auf die kommende messianische Heilszeit. Dr. Witztum: „Wenn sich religiöse Menschen als Katalysator der Apokalypse fühlen, schrecken sie nicht vor extremen Aktivitäten zurück – z. B. den Felsendom zu sprengen, um so die Erlösung herbeizuführen."

Pokern um die Heilige Stadt

6 Modelle für ein befriedetes Jerusalem

Weltweit fragen sich immer mehr Menschen: Was wird aus Jerusalem? Aus dem Osten, Westen, Süden und Norden der Heiligen Stadt? Nach der „Prinzipienerklärung" von Oslo 1993 sollte die „Jerusalem-Frage" bis 1999 zwischen Israelis und Palästinensern beantwortet und der endgültige zukünftige Status der Stadt entschieden sein. Aber alle Versuche, das Jerusalem-Problem auf dem Verhandlungsweg politisch für beide Seiten befriedigend und dauerhaft zu lösen, sind bislang gescheitert. Die Frage bleibt deshalb: Kann das Jerusalem-Problem überhaupt (noch) politisch gelöst werden? Und wenn ja, wie? . . .

Was die Welt aus Jerusalem machen will

Juden, Christen und Araber sowie die Völkergemeinschaft der Vereinten Nationen beanspruchen die heiligste Stadt der Menschheit auf ihre Weise als „ihre" Stadt. Sie alle – außer die Juden – wollen ihren gegenwärtigen Status als Hauptstadt Israels verändern.

Zahlreiche Lösungsvorschläge liegen auf dem Verhandlungstisch. Modelle gibt es genug. Doch welches ist das beste und lässt sich verwirklichen?

Modell 1: *Eine Hauptstadt für zwei Staaten.*

Jerusalem wird geteilt und die Hauptstadt Israels und Palästinas. Das israelische Regierungszentrum bleibt in West-Jerusalem. Das palästinensische Regierungszentrum entsteht im vorwiegend von Arabern bewohnten Ost-Jerusalem, das den Tempelberg und Teile der Altstadt mit einschließt.

Arafats Statthalter in Ost-Jerusalem, *Feisal Husseini*, forderte: „Wir müssen dieses Land und diese Stadt unter uns teilen. Jerusalem gehört keinem allein. 70 Prozent West-Jerusalems sind auf palästinensischem Eigentum errichtet. Wir akzeptieren das. Aber auch wir wollen hier in Jerusalem akzeptiert werden." Israels ehemaliger Premier *Ehud Barak* kam deshalb der palästinensischen Forderung so weit entgegen, wie vor ihm noch kein anderer israelischer Regierungschef und erklärte, er könne sich Jerusalem als Doppelhauptstadt durchaus vorstellen: „Jerusalem – eine Stadt, zwei Hauptstädte!" Vor seiner Wahl zum Ministerpräsidenten sagte er als Oppositionsführer allerdings etwas anderes: „Unsere Position, das vereinigte Jerusalem ungeteilt als Hauptstadt Israels, kann nicht zur Disposition einer Verhandlung gemacht werden." (15. Juni 1998 in einem „WELT"-Interview)

Jassir Arafat sprach sogar von einem „römischen Modell". So wie Rom zugleich die Hauptstadt des italienischen Staates und des Vatikan-Staates ist, so sollte Jerusalem zugleich die Hauptstadt von Israel und Palästina sein. Doch dieser Vergleich hinkt: Rom ist die politische Hauptstadt eines säkularen Staates und der Vatikan ein religiöses Staatsgebilde innerhalb Italiens.

Einen ähnlichen Vorschlag machte schon vor Jahren der umstrittene katholische Theologe *Hans Küng*. In seinem Buch „Das Judentum" (Piper), behauptet er zunächst: „Israel besitzt völkerrechtlich keine souveränen Rechte über Jerusalem." (689) Wer aber das bestreitet, bestreitet das Existenzrecht Israels! Der mordet das jüdische Volk! Denn „Jerusalem ist Herz und Seele des jüdischen Volkes" *(Teddy Kol-*

LEK). Da kein Volk ohne Herz und Seele leben kann, macht Küng den fantastischen Vorschlag: „Warum sollten eigentlich nicht zwei Flaggen über Jerusalem wehen, die israelische mit dem Davidstern und die palästinensische mit oder ohne Halbmond? Warum soll diese symbolträchtige Stadt nicht die Hauptstadt für den Staat Israel und Palästina sein?" (692) „Das israelische Regierungszentrum bliebe im jüdischen Neu-Jerusalem, das palästinensische Regierungszentrum könnte im arabischen Neu-Jerusalem entstehen" (694).

Während arabische und westliche Politiker sowie christliche Theologen eine Doppelstaatlichkeit Jerusalems für denkbar und realisierbar halten, wird dieser Vorschlag von den Israelis weitgehend abgelehnt. Kommentar von Israels Außenminister *SCHIMON PERES:* „Wir werden Jerusalem nicht in ein früheres Berlin verwandeln und die Stadt im Rahmen einer Friedensvereinbarung mit den Palästinensern nicht teilen." Und Jerusalems Bürgermeister *EHUD OLMERT* in einem CFI-Interview: „Nein, ich kann mir nicht vorstellen, dass Jerusalem eines Tages die Hauptstadt eines anderen Staates sein kann. Dann müsste die Stadt wieder geteilt werden. Jerusalem kann nicht vereint und gleichzeitig die Hauptstadt zweier Staaten sein." Auch der Alt-Bürgermeister *TEDDY KOLLEK* lehnt eine Zweistaatlichkeit Jerusalems kategorisch ab: „Der Anspruch, Jerusalem solle als Hauptstadt beider Länder dienen, ist absurd. Absurder geht es nicht mehr. Jerusalem ist kein Spielzeug der Politik. Es ist der Lebensnerv des jüdischen Volkes und Staates. Dafür gibt es einen bedeutenden Grund: den religiösen. Darum kann es keine Hauptstadt für zwei Länder geben. Dieses Ansinnen ist Ausdruck mangelnder Reife."

Kein souveräner Staat würde auch freiwillig seine Hauptstadt mit einem anderen Staat teilen.

Außerdem würden die heiligen Stätten des Judentums wie die jüdische Altstadt mit der Westmauer (Klagemauer), der jüdische Tempelberg, die alte Davidsstadt, der jüdische Friedhof am Ölberg und die Gräber der Propheten im Kidrontal unter palästinensische Souveränität kommen. Für einen Juden nicht auszudenken! Aber auch für viele Christen nicht!

Deshalb vertritt Ex-Bürgermeister *Kollek* den Standpunkt: „Jerusalem wird nie PLO-Hauptstadt werden!“ Er empfiehlt Arafat, sich schnellstens eine andere Hauptstadt zu suchen. „Er kann Ramallah oder Nablus zu seiner Hauptstadt machen. Aber niemals Jerusalem.“ Der Zugang der Palästinenser bzw. Moslems zu ihren heiligen Stätten würde von Israel auch weiterhin garantiert und gesichert. Kollek: „Noch kann der PLO-Chef eine Alternative akzeptieren. Doch es wäre ein Fehler, wenn er weiterhin auf Jerusalem setzen würde. Zum Schluss hätten die Palästinenser, zu ihrem Schaden, dann überhaupt keine Hauptstadt.“

US-Präsident wollte Jerusalem teilen

Kurz vor seinem glücklosen politischen Abgang hatte der US-Präsident und „Christ“ (Baptist) *Bill Clinton* Israel zu Beginn seines Chanukkafestes, den Palästinensern zu ihrem Fastenmonat Ramadan und den Christen zum Heiligabend ein „Kuckucks-Ei“ vor die Haustür gelegt. Damit löste er im Nahen Osten einen politischen Erdrutsch aus. Sein „Friedensplan“ sah die (erneute) Teilung Jerusalems vor. Israel sollte auf Ost-Jerusalem mit dem größten Teil der Altstadt, den Tempelberg und den Ölberg verzichten und sie den Palästinensern überlassen und nur die Klagemauer und das Jüdische Viertel der Altstadt behalten dürfen. Arafat sollte dafür auf die Rückkehr von ca. 4 Mio. Palästinenser-Flüchtlingen nach Israel verzichten. Und die Christen in der Altstadt und am Ölberg sollten fortan unter palästinensisch-moslemischer Oberhoheit leben.

Der macht- und erfolgshungrige US-Präsident setzte in seinem krampfhaften Bemühen am Ende seiner politischen Laufbahn die Israelis und Palästinenser noch unter erheblichen Zeitdruck. Um im Schnellverfahren nach US-Fast-Food-Manier den „Räumungsschlussverkauf“ Jerusalems noch bis zu seinem Ausscheiden aus dem Weißen Haus am 20. Januar 2001 durchzuführen. Er wollte unbedingt noch einen außenpolitischen Erfolg für sich verbuchen und gleichsam als

Krönung seiner Amtszeit sich als strahlender „Friedensmacher“ vor den Kameras der Welt präsentieren, um so in die Annalen der Weltgeschichte einzugehen. Und das in der Hauptsache auf Kosten der Existenz Israels und des Glaubens des jüdischen Volkes.

Doch „Bill“ hatte die Rechnung ohne Israel und die Araber und nicht zuletzt ohne Gott gemacht. Im Wettlauf mit der Zeit wurden sie zu seinen Spielverderbern.

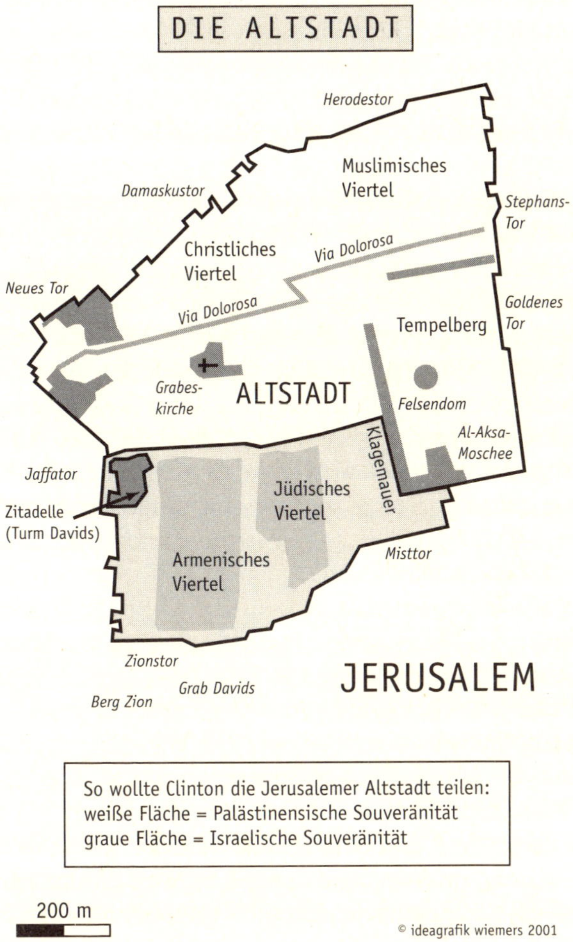

Ehud Barak und sein Außenminister *Moshe Ben Ami* standen zunächst dem Plan Clintons durchaus positiv gegenüber. Noch am 6. Januar sprach Ben Ami im „Welt"-Interview vom „Ende der geografischen Phase des Zionismus" (also vom Ende der gottgewollten Heimkehr der Juden in das verheißene Land). „Die Palästinenser werden in Jerusalem eine Hauptstadt haben . . . Es wird ein Erdbeben geben, wie es der Staat Israel noch nicht erlebt hat."

Doch die Entrüstung der Israelis folgte auf dem Fuß. Der frühere Oppositionspolitiker *Ariel Scharon* sprach vom „Ausverkauf Israels". Und „Barak stehe einer Minderheitsregierung vor und habe kein Recht auf Israels Land und Hoheitsrecht zu verzichten". Israels Oberrabbiner *Yisrael Meir Lau* erklärte, dass nach der „Halacha", dem jüdischen Religionsgesetz, kein Jude und keine israelische Regierung das Recht habe, die Souveränität über den Tempelberg aufzugeben, weil er der heiligste Platz des jüdischen Volkes sei: „Den Tempelberg abzutreten heißt, unsere Geschichte und das biblische Recht auf das ganze Land Israel zu leugnen."

Jerusalems OB *Ehud Olmert* zeigte sich ebenfalls empört über Clintons Pläne und verlegte demonstrativ zeitweise seinen Amtssitz in ein Gebäude vor der Klagemauer. Gleichzeitig protestierte er in Israels Medien gegen die Bereitschaft Baraks, den Palästinensern die volle Souveränität und Kontrolle über den Ölberg, den „Nationalen Pantheon des jüdischen Volkes" zu geben. „Sagen Sie mir bitte, was hat der Ölberg mit dem größten und ältesten Friedhof des jüdischen Volkes, wo nach jüdischer Tradition die Toten zuerst auferstehen werden beim Kommen des Messias, mit dem Islam zu tun? Seit 2000 Jahren betet das Volk Israel, nach Jerusalem zurückkehren zu können, nur damit Barak es Hals über Kopf an die Palästinenser verkaufen kann." Barak wiegelte sogleich ab: „Ich werde kein Abkommen unterschreiben, das die Souveränität Israels über den Tempelberg an die Palästinenser überträgt." War es Wahrheit oder Wahlkampfkalkül?

Die Teilung Jerusalems in zwei Hauptstädte müsste auch vom israelischen Parlament beschlossen werden. Dafür wären die Stimmen von 80 der insgesamt 120 Volksvertreter nötig. Im Blick auf die zahlreichen Knesset-Parteien mit ihren sehr unterschiedlichen politischen und gesellschaftlichen Interessen, ist es sehr unwahrscheinlich, jemals diese Stimmenzahl zu erreichen. Auch bei einem Referendum würde die Mehrheit der Israelis ihre Zustimmung verweigern. Bei einer Blitzumfrage lehnten deshalb auch 58 Prozent der Befragten Clintons „Wahnsinnsplan“ ab.

Am 8. Januar 2001 votierten bei einer der größten Massendemonstrationen in der Geschichte Israels mehr als 350.000 Israelis vor den Altstadtmauern für die Einheit ganz Jerusalems und die Erhaltung der vollen Souveränität Israels über den Tempelberg. Die Menschenmassen standen mit Fackeln und Plakaten in der Hand und riefen: „Vergesse ich dich, Jerusalem, so soll mir die rechte Hand verdorren.“ Und: „Jerusalem, ich schwöre dir Treue.“ Auf der Großveranstaltung wandte sich *Ehud Olmert* auch direkt an den scheidenden US-Präsidenten Clinton: „Acht Jahre lang waren Sie ein guter Freund Israels. Und dafür sind wir dankbar. Aber es ist eine Schande, dass Sie nun als erster amerikanischer Präsident die Teilung Jerusalems fordern. Wir sind ein altes Volk und haben ein gutes Gedächtnis. Niemals werden wir vergessen, wer unsere Feinde und Freunde sind.“

Aber auch die Mehrheit der Jerusalemer Araber und Christen sind gegen eine Teilung der Stadt. So wollen von den etwa 115.000 arabischen Einwohnern nur 30 Prozent unter palästinensischer Verwaltung leben, aber 70 Prozent weiterhin unter israelischer Oberhoheit.

Außerdem sind die meisten arabischen Christen zutiefst besorgt, dass das Christliche und Armenische Viertel sowie der Ölberg unter palästinensische Herrschaft fallen könnten, und fürchten „die beständige Bedrohung durch unsere moslemischen Nachbarn,“ so das Lateinische Patriarchat in Jerusalem. Viele arabische Christen verlassen bereits Ostjerusalem und die Altstadt oder bereiten sich darauf vor.

Schließlich ist es auch für christliche Touristen und Pilger unvorstellbar, in Zukunft von moslemischen Palästinensern kontrolliert zu werden, wenn sie die heiligen Stätten der

Christenheit wie die Grabeskirche, die Via Dolorosa, Gethsemane und den Ölberg u. a. besuchen wollen.

Letztendlich lehnten auch *Arafat* und die Arabische Liga Clintons Vorschläge ab. Damit war sein „Teilungsplan", mit dem er sich einen ruhmreichen Abschied von der politischen Bühne schaffen wollte, gescheitert. Eine Teilung Jerusalems wäre auch eindeutig gegen den erklärten Willen Gottes (Psalm 122,1–5).

Darüber hinaus darf die Heilige Stadt auch aus eschatologischen Gründen nicht geteilt werden. Denn sie ist die Stadt der zukünftigen messianischen Heilszeit. Es ist deshalb für viele Juden und Christen unvorstellbar, dass der von der biblischen Prophetie verheißene Messias auf dem Ölberg und dem Tempelberg erscheint, die unter palästinensisch-arabischer und moslemischer, aber nicht unter israelisch-jüdischer Souveränität stehen.

Arafats Fuß in Jerusalem

Modell 2: Die Hauptstadt Palästinas besteht aus den arabischen Ost-Jerusalemer Vororten Abu Dis, Azaria und Swahara.

Nach palästinensischer Auffassung gehören diese drei Orte zum Jerusalemer Stadtgebiet. Dennoch wurden sie bislang von Israel weder annektiert noch eingemeindet. Ihr besonderer Vorteil: Alle befinden sich in Sichtweite der islamischen heiligen Stätten auf dem Tempelberg und sind nicht weiter als einen Kilometer entfernt.

Die Barak-Regierung hatte dieser „Hauptstadt-Lösung" für die Palästinenser zugestimmt. Sie hatten bereits in Abu Dis mit dem Bau eines großen Parlamentsgebäudes als „Kulturzentrum" begonnen. Von ihm heißt es, es werde einmal Sitz der Palästinensischen Nationalversammlung sein. Im obersten Stockwerk befindet sich ein großer Saal mit einem unverbauten Blick auf die goldene Kuppel des Felsendoms. Er soll Arafat als Empfangssaal für Diplomaten und Feste dienen.

Der deutsche Fernseh-Korrespondent *Ulrich Sahm* dazu: „Dadurch setzt Arafat quasi einen Fuß auf Jerusalemer Stadtgebiet. Denn bis 1967 gehörte der von Israel ausgeklammerte Vorort zu Jerusalem (. . .) Abu Dis gilt als diplomatischer Dreh, damit beide Seiten Jerusalem zu ihrer Hauptstadt deklarieren können, ohne in derselben Stadt zu sitzen." Doch die Knesset-Opposition verhinderte diesen Beschluss des israelischen Kabinetts.

Für die Palästinenser ist die Übernahme der drei Dörfer „ein Schritt in die richtige Richtung". *Abu Sajjed*, der Jerusalem-Beauftragte der Palästinenser, sieht jedoch in diesen Orten keinen Ersatz für Jerusalem selbst: „Wir können auf die arabischen Teile Jerusalems nicht verzichten. Denn Jerusalem ist nicht das Dorf Abu Dis, das uns einige Israelis als Hauptstadt andrehen wollen. Jerusalem liegt in den Gassen der Altstadt und den heiligen Stätten."

Deshalb stößt der „Abu Dis-Plan" auch bei Arafat und den meisten anderen PLO-Polit-Funktionären auf keine große Gegenliebe. Denn sie wollen mehr. Sie wollen alles. Sie wollen *ganz* Jerusalem.

Modell 3: *Ganz Jerusalem soll die Hauptstadt Palästinas werden.*

Feisal Husseini, Arafats „Jerusalem-Minister" im „Orient-Haus", erklärte: „Wenn Palästinenser über Jerusalem sprechen, dann meinen sie stets die ganze Stadt. Wir haben Eigentum, historische und heilige Plätze, die sich auch auf der westlichen Seite der Stadt befinden."

Der von Arafat eingesetzte islamische Rechtsgelehrte und Groß-Mufti von Jerusalem, Scheich *Akrima Sabri*, sagte unverblümt, dass sie als Palästinenser „*ganz* Jerusalem" fordern und mit nicht weniger zufrieden sind, als dass „Jerusalem ungeteilt die Hauptstadt des Palästinenserstaates" wird. *Arafat* stieß ins gleiche Horn, als er in Nablus erklärte: „Brüder, es läuft alles nach Plan. So wie wir es mit der israelischen Regierung unter Rabin 1994 vereinbart haben, so läuft es auch ab, so erhalten wir Palästina: zuerst Gaza und Jericho, dann Jenin und Tulkarem, Nablus und Kalkilya, dann Bethlehem und Ramallah, bald Hebron und danach Jerusalem." Und in einem Interview mit der türkischen Nachrichtenagentur „Anatolien" sagte er: „Jerusalem mit den heiligen Stätten der Moslems und Christen wird früher oder später die Hauptstadt Palästinas werden. Wer immer auch nur auf einen Zentimeter von Jerusalem verzichtet, ist weder ein Araber noch ein Moslem." Entsprechend heißt es auch in einem PLO-Flugblatt: „Kein Westen, kein Osten – nur ein islamisches Jerusalem!"

Doch über diese Maximalforderung der Palästinenser schweigen sich die westlichen Medien total aus. So dass darüber bei uns auch nichts bekannt ist. Die Absicht, die dahinter steckt, ist offenkundig: Hass auf Israel zu schüren und Mitleid für die Palästinenser zu wecken!

Inzwischen wurde bekannt, dass im PLO-Hauptquartier französische Juristen einen Verfassungsentwurf für einen zukünftigen Palästinenser-Staat erarbeitet haben. Darin ist „ganz Jerusalem" als „Hauptstadt Palästinas" vorgesehen.

Es gibt auch bereits PLO-Landkarten, auf denen Israel und das jüdische „Yerushalayim" nicht mehr vorkommen. Israel ist durch die Bezeichnung „Falastin" (für Palästina) und „Yerushalayim" durch „Al-Kuds" ersetzt als Hauptstadt Falastins. Diese (völkerrechtswidrigen) Landkarten wurden im Auftrag der palästinensischen Autonomiebehörde in Deutschland gedruckt. Sie negieren das Existenz- und Lebensrecht des Landes und Staates Israel. Und kaum jemand macht sich bei uns darüber Gedanken oder protestiert dagegen.

Indessen ist die Haltung des PLO-Führers in der „Jerusalem-Frage" unverändert. Am 22. Februar 2000 erklärte er in Bonn: „Jerusalem bleibt für uns die Hauptstadt Palästinas. Keine andere Stadt, weder Ramallah noch Bethlehem, kommt für uns als Hauptstadt in Frage."

Ungehemmt ruft deshalb auch die militante Hamas-Bewegung in den Autonomie-Gebieten weiterhin zum verschärften Kampf gegen Israel auf: „Wir bekunden, dass der Krieg gegen die Juden nicht enden wird, bevor die Flagge des Islam über *ganz Jerusalem* weht!"

Das aber wäre das Ende Israels und seiner Hauptstadt. Es darf aber nicht wieder zu einem Massada wie 70 n. Chr. kommen, als sich damals rund 1000 jüdische Verteidiger in aussichtsloser Lage selbst töteten. Um nicht in die Hände der Römer zu fallen.

Hinzu kommt die Tatsache, dass Jerusalem keine arabische, sondern eine jüdische Stadt ist, auf die die arabischen Palästinenser keinen Anspruch haben. Gott hat sie allein dem Volk Israel verheißen und gegeben und nicht den Arabern: „Siehe, ich will mein Volk heimbringen, dass sie in Jerusalem wohnen" (Sacharja 8,7f.). „Das Volk Zion wird in Jerusalem wohnen" (Jesaja 30,19). Nicht zu den Arabern, sondern zu den Juden sagte Gott: „Lasst euch Jerusalem im Herzen sein" (Jeremia 51,50), und: „Ihr sollt an Jerusalem getröstet werden" (Jesaja 66,13). Nicht Moslems, sondern Juden beteten fern ihrer Heimat: „Vergesse ich dich, Jerusalem, so verdorre meine Rechte. Meine Zunge soll an meinem Gaumen kleben, wenn ich deiner nicht gedenke, wenn ich nicht Jerusalem meine höchste Freude sein lasse" (Psalm 137,5f.). Nicht muslimische, sondern jüdische Pilger beteten: „Wünschet Jerusalem Glück! Es möge wohl gehen denen, die dich lieben! Es möge Friede sein in deinen Mauern und Glück in deinen Palästen" (Psalm 122,6f.).

Was einst der jüdische Staatsmann Nehemia nach seiner Rückkehr aus dem babylonischen Exil einem Araber(!) sagte, gilt auch den Arabern von heute: „Der Gott des Himmels wird es uns gelingen lassen, Jerusalem wieder aufzubauen. Euch aber geht Jerusalem nichts an, denn ihr habt keinen Rechtsanspruch, noch habt ihr euch um die Stadt verdient gemacht" (Nehemia 2,19f.).

Diese Auffassung vertritt auch Israels Außenminister und Friedensnobelpreisträger *Schimon Peres* in einem Interview mit der Tageszeitung „Die Welt": „Jerusalem war niemals eine arabische Stadt. Die Palästinenser haben (darum) keinerlei rechtlichen oder historischen Anspruch auf Jerusalem!"

Weil Jerusalem biblisch, historisch und existenziell eine jüdische Stadt ist, steht es für das jüdische Stadtoberhaupt *Ehud Olmert* fest: „Ganz Jerusalem ist die Hauptstadt Israels. Und ganz Jerusalem wird die Hauptstadt Israels bleiben!“

Welthauptstadt für alle?

Modell 4: *Jerusalem gehört der ganzen Welt und bekommt einen internationalen Status.*

Für viele Menschen ist die Heilige Stadt eine internationale Kapitale. Deshalb gehöre sie allen Völkern. So schreibt der ehemalige deutsche Bundesrichter Dr. *Hanns Engelhardt* in „idea spektrum“ (37/97) u. a.: „Jerusalem wird seit Jahrtausenden von Angehörigen verschiedener Völker bewohnt. Es ist ‚eine Stadt, da man zusammenkommen soll‘ (Psalm 122,3), und zwar auch ‚die Völker‘ (Psalm 102,23).“ Dann verweist der Schreiber auf den christlich-arabischen „Befreiungstheologen“ *Stefan Ateek*, der die Meinung vertritt, dass ein gerechter Friede im Heiligen Land – heilig allen seinen Bewohnern – nur möglich ist, „wenn Jerusalem allen gehört“.

Der Gedanke einer Internationalisierung Jerusalems ist nicht neu. Bereits am 29. November 1947, wenige Monate vor der Staatsgründung Israels, wollten die Vereinten Nationen Jerusalem als „corpus separatum“ unter UN-Verwaltung stellen und die Stadt internationalisieren. Die Altstadt sollte entmilitarisiert und von einem Gouverneur der UN „regiert“ werden. Eine Fahne war bereits entworfen. Zusammengesetzt aus dem UN-Emblem, dem Stadtsiegel und der lateinischen Inschrift „corpus separatum“.

Doch es kam alles anders. Im Sechs-Tage-Krieg 1967 befreiten israelische Soldaten die Stadt von den Jordaniern, stellten sie unter israelische Verwaltung und erklärten sie 1980 per Gesetz der Knesset zur „ewigen und unteilbaren Hauptstadt Israels“.

Dies löste sofort die Empörung der arabischen Welt und

der Vereinten Nationen aus. Sie forderten Israel auf, das „Jerusalem-Gesetz" rückgängig zu machen.

Auch die Staaten der Europäischen Union (EU) protestierten auf das Heftigste. So hat der frühere deutsche Botschafter in Israel, *Theodor Wallau*, namens der deutschen EU-Ratspräsidentschaft nicht nur die israelische Herrschaft über das arabische Ost-Jerusalem und die Altstadt als „völkerrechtswidrig" bezeichnet. Er hat auch die Souveränität Israels über West-Jerusalem infrage gestellt. Sein Nachfolger *Rudolf Dressler* sprach sich, noch bevor er seinen Posten in Israel antrat, zudem für eine Internationalisierung Jerusalems aus. Er revidierte dies allerdings später als „persönliche Meinung", war aber dadurch bei den Israelis ins Fettnäpfchen getreten.

Eine Internationalisierung Jerusalems kommt für Israel jedoch nicht infrage. Sie wird von allen Juden kategorisch abgelehnt. Aus nationalen und religiösen Gründen. Und auch die Palästinenser wollen es nicht. Denn dann müssten auch sie ihren Anspruch auf „Al Kuds" als Hauptstadt Palästinas aufgeben. Scheich *Akrima Sabri:* „Ein internationales Jerusalem wäre für uns noch schlimmer als das zionistische Jerusalem."

Jerusalem den Religionen

Modell 5: *Die Heiligen Stätten des Judentums, des Christentums und des Islams werden interkonfessionalisiert und allen Gläubigen uneingeschränkt zugänglich gemacht.*

Die arabisch-christlichen Kirchen im Heiligen Land lehnen weithin sowohl eine israelische als auch eine palästinensisch-muslimische Herrschaft über Jerusalem ab. Dies betrifft insbesondere auch die heiligen Stätten der griechisch- und russisch-orthodoxen Kirchen in der Jerusalemer Altstadt und am Ölberg. Sie drängen deshalb vielmehr auf eine ökumenische Verwaltung vor allem der Gebiete mit den heiligen Stätten des Christentums.

Für die Griechisch- und Russisch-Orthodoxen wie auch für die Katholiken und Protestanten besteht allerdings das Problem, dass sie es nicht fertig bringen, ein ökumenisches Gremium zu bilden und zu entscheiden, wie sie ihre Kirchen und Klöster verwalten wollen. Augenfälligstes Zeichen dafür ist noch immer der Streit um die Schlüsselgewalt über die von vielen Kirchen beanspruchte Grabeskirche.

Auf jeden Fall aber verlangen die Patriarchen und Patres der Kirchen bei der Regelung der „Jerusalem-Frage" ein deutliches Mitspracherecht. Viele von ihnen fürchten zwar weniger die israelische Oberhoheit. Dafür aber umso mehr die palästinensische. Immer mehr palästinensische und ausländische Christen klagen schon heute verstärkt: „Wehe uns Christen, wenn die muslimischen Palästinenser in Jerusalem die Macht übernehmen. Dann sind wir am Ende." Besonders christliche Händler fürchten das Ende ihrer Existenz, wenn die Touristen ausbleiben.

Erschreckendes Beispiel dafür ist das einst so christliche Bethlehem, aus dem immer mehr arabische Christen vor dem islamischen Druck fliehen und nach Europa oder in die USA auswandern. Nachdem der frühere arabisch-christliche Bürgermeister *ELIAS FREIDSCH* einen Tag nach dem Abzug der israelischen Armee propagierte: „Nun steht zu Weihnachten nicht mehr Jesus, sondern Arafat im Mittelpunkt." Und seit der PLO-Führer in einer großen Geschichtsfälschung aus dem gekreuzigten Jesus von Nazareth einen leidenden und gekreuzigten Palästinenser gemacht hat (lt. Karikatur aus der „Jerusalem Post"), bleiben die christlichen Touristen und Pilger fast völlig weg. Seitdem ist Bethlehem eine „tote Stadt". Ähnliches würde passieren, wenn das Christliche und Arabische Viertel in Jerusalem unter palästinensische Oberhoheit kämen.

Die Frage ist deshalb: Müssen die Heiligen Stätten in Jerusalem überhaupt interkonfessionalisiert werden? Denn die Realität sieht bereits so aus:

1. Ganz Jerusalem steht unter der Souveränität Israels. Die Verwaltung und Ordnung der heiligen Stätten der Religionen unterliegen jedoch uneingeschränkt der jeweiligen Reli-

gionsgemeinschaft. Ein entsprechendes Gesetz der israelischen Regierung lautet: „Israel enthält sich jeder Einmischung in die Verwaltung der Heiligen Stätten. Seine einzige Sorge erstreckt sich auf ihre Sicherung und ihren freien Zutritt." Und im Oslo-Abkommen von 1993 hatte Israels damaliger Premier *Jitzhak Rabin* noch einmal bekräftigt: „Ein ungeteiltes Jerusalem unter israelischer Souveränität ist und bleibt ein grundlegender israelischer Standpunkt." Deshalb auch die israelischen Sicherheitskräfte in der Altstadt und im Tempelbergbezirk, die zum Teil aus arabischen Israelpolizisten bestehen und die für die Sicherheit und Ordnung an den Heiligen Stätten sorgen.

Und was die Heiligen Stätten des Islam betrifft, so sind sie schon seit langem fest in der Hand des Obersten Moslemischen Rates „Waqf", dem sie unterstellt sind und der sie verwaltet.

2. Seit der Wiedervereinigung Jerusalems 1967 steht allen Gläubigen, gleichgültig welcher Religion, die ganze Heilige Stadt völlig offen. Arabische, christliche und jüdische Pilger können aus allen Staaten der Welt uneingeschränkt nach Israel einreisen und alle heiligen Stätten im Heiligen Land, einschließlich die in Jerusalem, besuchen. Die Christen können ungehindert durch die Via Dolorosa zur Grabeskirche pilgern. Die Muslime aus den Palästinensergebieten, aus Jordanien, Saudi-Arabien oder Ägypten haben freien Zutritt zum Felsendom und der Al-Aksa-Moschee auf dem Tempelberg. Es sei denn, dass mit Unruhen zu rechnen ist. Und auch die Juden können ungehindert an ihrer heiligsten Stätte, der Westmauer des Tempelberges, beten. Wenn nicht gerade junge Palästinenser von oben Steine auf die unten stehenden Beter werfen.

Dies war nicht immer so. Während der 19-jährigen Herrschaft Jordaniens über Ost-Jerusalem und die Altstadt wurden die dortigen Synagogen völlig zerstört. Ebenso Tausende von jüdischen Gräbern am Ölberg, mit deren Steinplatten die Jordanier ihre Straßen pflasterten. Und für die Juden waren ihre heiligen Stätten meist unerreichbar. Obwohl der UN-Beschluss die Jordanier verpflichtet hatte, ihnen den freien Zugang zur Klagemauer zu ermöglichen. Und auch den zahlreichen Christen der verschiedensten Konfessionen wurde der Zugang zu ihren Stätten des Gebets erschwert.

Erst unter israelischer Souveränität sind die heiligen Stätten aller drei Religionen allen Gläubigen uneingeschränkt zugänglich. Sie können dort ungehindert Gottesdienste feiern, beten und ihren Glauben vertiefen. Und so soll es auch in Zukunft bleiben. Jerusalems OB *Ehud Olmert* versicherte deshalb noch einmal: „Wir garantieren allen Religionen die Ausübung ihrer Gottesdienste in Freiheit und respektieren ihren geistlichen Weg. Damit alle Welt sehen kann, dass Jerusalem das Zentrum des Gottesdienstes ist."

In einer Petition von mehr als 115.000 evangelikalen Christen aus 122 Ländern, die 15 Mio. Christen repräsentieren, heißt es demzufolge: „Wir glauben, dass das jüdische Volk der beste Hüter Jerusalems ist, um es als Haus des Gebets für alle Völker zu erhalten."

Ist ein „Salomonisches Gottesurteil" nötig?

Modell 6: Die Heiligen Stätten Jerusalems werden einer „göttlichen Autorität und Souveränität" unterstellt.

Nach monatelangem Streit finden sowohl Israelis als auch Palästinenser durchaus Gefallen an einem solchen Plan. *Ehud Olmert* dazu auf einer Pressekonferenz: „Auf eine göttliche Oberhoheit kann man aufbauen. Bedingung ist allerdings, dass Israel weiter die Sicherheit kontrolliert und garantiert und die moslemischen Geistlichen sich um die täglichen Belange ihrer heiligen Stätten kümmern." Der palästinensische Unterhändler *Ahmed Kureia* äußerte sich jedoch skeptisch: „Wir wollen, dass die Israelis die palästinensische Souveränität über Ost-Jerusalem akzeptieren. Wenn sie das tun, sind wir auch bereit, ihnen in anderen Punkten entgegenzukommen." Und der palästinensische Kabinettsminister *Abu Sajjed* ergänzte: „Wenn wir de facto die Herren sind, warum sollen wir uns dann noch um das Thema Oberhoheit streiten?“

Bedarf es eines „Salomonischen Gottesurteils“? Und wer soll es fällen? Jahwe oder Allah? Und unter welcher „göttlichen Oberhoheit“ würden dann die Heiligen Stätten stehen? Unter Jahwe, dem Gott Israels und der Christen und seines Messias Jesus Christus? Oder unter Allah, dem Gott der Moslems?

Nach der Bibel steht die zukünftige „göttliche Autorität und Souveränität“ über ganz Jerusalem und seine Heiligen Stätten schon seit Jahrtausenden fest. Jerusalem ist die Stadt Jahwes. Er allein ist der Souverän über „seine Stadt“. Und er hat beschlossen, dass sie nicht wieder geteilt werden darf, sondern eine Einheit bleibt. Zugleich hat er sie den Juden verheißen und übergeben und dies unwiderruflich in sein „Grundbuch“, die Bibel, eingeschrieben (Psalm 122,1-5!). Das heutige Volk Israel ist deshalb der einzige und rechtmäßige Eigentümer und Besitzer und der Staat Israel zugleich der von Gott eingesetzte Treuhänder und irdische Souverän über ganz Jerusalem. Es bedarf deshalb auch keines neuen „Salomonischen Gottesurteils“ mehr.

Der arabisch-muslimischen Welt und auch der übrigen Völkergemeinschaft einschließlich des Vatikans und des Weltkirchenrats passt das durchaus nicht. Aber kein Mensch wird daran letztlich etwas ändern können. Jeden Versuch, gegen den Willen Gottes gewaltsam zu handeln, wird Gott bestrafen. Wer seine Stadt muslimisch machen will, muss wissen, dass er gegen den antritt, den die Bibel als den „HERRN ZEBAOTH“, den „Gott der himmlischen Heerscharen“, bezeichnet.

Schließlich wurde der (wohl nicht ernst gemeinte) Vorschlag gemacht, die Jerusalemer Altstadt in ein Gebiet ohne Souveränität eines bestimmten Staates zu verwandeln – wie die Antarktis. „Das wäre die Lösung!“, sagten bereits nicht wenige Bürger Jerusalems, „wenn wir nur alle Pinguine wären.“

Es gilt allein Gottes Wille!

Da die Geschichte Israels und des Nahen Ostens nicht nur Weltgeschichte, sondern stets auch Heils- und Endzeitgeschichte ist, wird weder das eine noch das andere Modell zur endgültigen Lösung der „Jerusalem-Frage“ führen. Denn Gott hat durch den Propheten Jesaja allen bisherigen, gegenwärtigen und zukünftigen „Friedensnobelpreisträgern“ und „Friedensmachern“ im Nahen Osten, ob sie *Rabin, Barak, Clinton, Scharon* oder *Arafat* heißen, unübersehbar ins Stammbuch geschrieben, dass allein sein Wille gilt: „Schmiedet nur Pläne – sie werden vereitelt. Beratet euch, so viel ihr wollt – es kommt nichts dabei heraus. Denn hier ist IMMANUEL (Gott ist mit uns!)“ (Jesaja 8,10). Deshalb sind bislang auch alle Pendeldiplomatie und Gipfeltreffen von Politikern erfolglos geblieben.

Wollen wir Gott dafür verantwortlich machen und ihn schelten? Ist er gegen den Frieden und für den Krieg? Der Apostel Paulus, der größte christliche Theologe aller Zeiten, gibt die Antwort auf das Rätsel: „Wie unbegreiflich sind Gottes Gerichte und unergründbar seine Wege. Denn wer kennt die Gedanken und Pläne des HERRN? Oder wer ist sein Ratgeber gewesen? Von ihm und durch ihn sind alle Dinge und haben in ihm ihr Ziel. Gepriesen sei ER für immer und ewig! Amen“ (Römer 11,33–36).

Israel und die Christen dürfen darum ganz beruhigt sein, was den zukünftigen Status Jerusalems betrifft.

Das „Pokerspiel“ um Jerusalem wird zum „Spiel mit dem Feuer“

Es ist unwahrscheinlich, dass weder die Palästinenser noch die arabischen Staaten noch die Vereinten Nationen die göttliche Autorität Jahwes und seinen Willen für Jerusalem akzeptieren und die Stadt dem kommenden Messias überlassen.

Und auch *Arafat* selbst will und wird auf die volle und uneingeschränkte palästinensische Souveränität über ganz Jerusalem nicht verzichten. Er weiß genau, dass er auch als Vertreter der arabischen Welt und des Islam in die Verhandlungen mit Israel geschickt wurde, dessen „arabische und muslimische Interessen er nicht verraten könne“, so der Palästinenserpräsident im Fernsehsender CNN. Mehr als 800 Mio. Araber bzw. 1 Mrd. Muslime würden ihm dies nie vergeben, wenn er „Al Kuds“ als drittheiligste Stadt und als Hauptstadt Palästinas aufgeben würde. Darum fordert er unnachgiebig weiter die volle Souveränität über Jerusalem und den Tempelberg „ohne alle Kompromisse“.

„Damit ist nun das Ende der Straße erreicht, auf der sich eine Einigung mit Arafat über den Endstatus Jerusalems hätte erzielen lassen. Was aber offensichtlich nicht möglich war“ – so die resignierende Antwort *Ehud Baraks* vor seiner Abwahl.

Was nun, Herr Arafat?

Nachdem eine jahrzehntelange Pendeldiplomatie und zahllose Gipfeltreffen bislang keine wirkliche und dauerhafte Lösung des Nahostkonflikts und besonders des „Jerusalem-Konflikts“ brachten, sind die Politiker und Mächtigen dieser Erde ratlos, wie es weitergehen soll. Schon beschreiben amerikanische und englische Medien Jerusalem als „gefährlichen Stolperstein in den Abgrund“. Das erinnert fatal an die Botschaft Gottes, die er durch den Propheten Sacharja für die Zukunft verkünden ließ:

„ICH mache Jerusalem zu einem schweren Steinblock (Laststein). Alle, die ihn wegheben wollen, werden sich dabei verheben und sich schwere Verletzungen zufügen. Zugleich mache ICH Jerusalem für alle Völker zu einem Becher voll berauschenden Weins. Sie werden daraus trinken und zu taumeln beginnen ...“ (12,2–3).

In der Tat: Jerusalem ist schon heute ein Laststein für die Politiker. Ein Stein des Anstoßes für unzählige Menschen.

Ein berauschendes Getränk für die Feinde Israels. Ein Zankapfel der Völker. Das Weltärgernis schlechthin.

Jerusalem wird zum Schicksal für die Welt!

Schon wird das „Pokerspiel" um die Hauptstadt Israels zunehmend zu einem gefährlichen „Spiel mit dem Feuer". Dieses Feuer schüren besonders die Araber. So verkündete der Islam-Wissenschaftler und Imam der Al-Aksa-Moschee in Jerusalem, Scheich *Akrima Sabri:* „Die israelische Annexion Jerusalems ist null und nichtig. Die Israelis sind die letzten, die das Recht haben, über Jerusalem zu befinden. Wenn wir in Jerusalem unsere Rechte nicht zurückerhalten, wird sich der Friedensprozess in einem Meer von Blut und Tränen auflösen."

Droht nun möglicherweise um Jerusalem ein neuer Nahostkrieg? Vielleicht sogar ein Weltkrieg, der alle bisherigen Dimensionen sprengt? Ohne Pessimist zu sein – die Entwicklungen im Nahen Osten – politisch und militärisch – und die prophetischen Aussagen der Bibel lassen nichts Gutes ahnen: „Wir hofften auf den Frieden, aber es kommt nichts Gutes" (Jeremia 8,15). „Warum toben und wüten die Völker? Die Regierungen der Erde empören sich und die Politiker schmieden Pläne gegen den HERRN und SEINEN AUSERWÄHLTEN und sagen: Lasst uns ihre Macht zerstören! Aber der HERR im Himmel lacht und spottet über sie. ER wird mit ihnen reden in seinem Zorn" (Psalm 2,1–5).

Zugleich warnt der Apostel Paulus vor einer Friedenseuphorie in der „Jerusalem-Frage" wie auch im Blick auf alle Konflikte in der Welt: „Wenn die Menschen sagen werden: Es ist Friede und keine Gefahr, dann wird sie plötzlich das Verderben überfallen gleich wie der Schmerz eine schwangere Frau" (1. Thessalonicher 5,3).

TEIL II

Kampf um Jerusalem

Vor mehr als 200 Jahren befand sich der Held von Austerlitz und Bezwinger Europas, Kaiser NAPOLEON I. BONAPARTE, mit einem französischen Expeditionsheer im Nahen Osten. Angesichts der für ihn und seine Armee unausweichlichen Niederlage kam er zu der bitteren Erkenntnis: „Die Weltgeschichte wird nicht im Abendland, sondern im Morgenland entschieden.“ Also nicht in Europa, sondern im Nahen Osten. Nicht in Frankreich, sondern in Israel. Und nicht in Paris, sondern in Jerusalem.

Es ist längst offenkundig: Der Nahostkonflikt konzentriert sich immer mehr auf Jerusalem. Der Kampf um die Heilige Stadt hat begonnen. Auf politischem Parkett und in den Moscheen. Mit Terror und bewaffneten Ausschreitungen. Die Eskalation der Gewalt wird von Tag zu Tag bedrohlicher. Der Hass abgrundtiefer. Steht am Ende der „Große Krieg“? Mit unvorstellbaren apokalyptischen Folgen für die ganze Welt?

Jeder weiß es: Der Kampf um Jerusalem ist nicht nur politischer, sondern auch religiöser Natur. Wer ihn gewinnt, siegt über die Heilige Stadt und das Heilige Land. Wer ihn verliert, verliert alles.

Sie wollen alle Israel vernichten

Von der Intifada zum neuen Nahostkrieg?

Es war der 14. Mai 1948. Nur wenige Stunden vor Schabbatbeginn wurde der neue Staat Israel proklamiert. Sogleich erklärten ihm sechs arabische Armeen den „Heiligen Krieg" (Dschihad). 100 Mio. Araber waren entschlossen, 650.000 Juden ins Meer zu werfen. Und den Zionismus sogleich wieder aus der Welt zu schaffen. Es ist ihnen nicht gelungen. Weil Gott es verhinderte. Seitdem folgten drei weitere arabische Kriege gegen Israel (1956, 1967, 1973). Auch sie endeten für die Angreifer verheerend.

Aber die Araber haben den Kampf gegen Israel und seine Hauptstadt nicht aufgegeben. Sie spielen weiter mit dem Feuer und treiben Israel und die Völker des Nahen Ostens, ja die ganze Welt, möglicherweise in einen neuen Krieg: den letzten Krieg der Menschheit!

PLO: Wir kämpfen gegen die Zionisten

Im Jahre 1964 wurde die Palästinensische Befreiungsorganisation (kurz PLO genannt) gegründet. Sie gliedert sich in verschiedene Unterorganisationen und Vertretungen:

- FATAH, Palästinensische Nationale Befreiungsbewegung
- SAIKA, Vorkämpfer des Volksbefreiungskrieges
- PFLP, Volksfront für die Befreiung Palästinas
- PFLP-GC, Volksfront für die Befreiung Palästinas – Generalkommando
- PLF, Palästinensische Befreiungsfront
- DFLP, Demokratische Front für die Befreiung Palästinas

Sie alle sind terroristische Vereinigungen. Sie haben nur ein Ziel: Israel muss von der Landkarte verschwinden. Und ganz Jerusalem muss die Hauptstadt Palästinas werden. Ihre sämtlichen Embleme zeigen deshalb bezeichnenderweise auch nur Landkarten, auf denen das gesamte Land zwischen Mittelmeer und Jordan als Palästina dargestellt wird mit Jerusalem als palästinensisch-moslemische Hauptstadt.

Der erste Führer der PLO, *Achmed Schukeiri*, sagte: „Zionismus ist schlimmer als Faschismus, böser als Nazismus, verabscheuungswürdiger als Imperialismus, gefährlicher als Kolonialismus. Der Zionismus ist ein Konzentrat aller dieser Übel. Er muss vernichtet werden."

Diese hasserfüllten Gedanken fanden Eingang in dem „Nationalen Manifest" der Palästinenser vom Jahre 1964, allseits bekannt als „PLO-Charta". Sie ist eine Art „Kriegserklärung" gegen Israel. In ihr wird unverblümt zum bewaffneten Kampf gegen den „zionistischen Feind" aufgerufen:

- Die Gründung des Staates Israel ist null und nichtig (Artikel 19).
- Die Zerstörung Israels ist eine Notwendigkeit (Artikel 21).
- Das jüdische Volk hat weder eine nationale Identität noch eine Verbindung zum Land Palästina (Artikel 9).
- Die Existenz Israels ist eine Gefahr für alle Völker der Welt und vergleichbar mit dem Nazi-Regime (Artikel 22).
- Die Befreiung Palästinas ist nationale Pflicht aller Araber. Ihr Ziel ist, die zionistische und imperialistische Aggression gegen die arabische Heimat zurückzuschlagen und den Zionismus in Palästina zu vernichten (Artikel 15).
- Der bewaffnete Kampf ist der einzige Weg zur Befreiung Palästinas (und Jerusalems) (Artikel 9).

Diese „Kriegserklärung" der PLO gegen Israel ist nach wie vor gültig. Trotz gegenteiliger Dementis! Die anstößigsten Passagen sollten zwar längst vom Palästinensischen Nationalrat entschärft und geändert werden. Aber es war eine reine Absichtserklärung. Daran wird sich auch nichts ändern. „Bis der letzte zionistische Feind ausgerottet ist!" So die PLO-Propaganda.

Den Zeilen der PLO-Charta hat sich von Anfang an auch Palästinenserführer *Jassir Arafat* verschrieben, nachdem er 1969 die Führung der PLO übernahm. Der einstige Top-Terrorist, der für eine Vielzahl von terroristischen Anschlägen auf Juden und jüdische Einrichtungen in Israel und vielen Teilen der Welt verantwortlich ist und der 1993 den Friedensnobelpreis erhielt, gibt sich seitdem zwar gern als „Friedensengel" aus. Aber in seinem Herzen, in seinen Gedanken und in seinem Reden ist er ein Mann mit tausend Gesichtern und zwei Zungen.

Arafat – ein Meister der Doppelzüngigkeit

Wenn er auf Englisch zu den westlichen Politikern und vor den Kameras der Weltmedien spricht, redet er wie ein Friedensapostel. Spricht er aber in arabischer Sprache zu den Arabern und Moslems, spricht aus ihm weiterhin der Terrorist und unversöhnliche Erzfeind Israels.

Wiederholt versprach er, die PLO-Charta für ungültig zu erklären. Aber an seine PLO-Vertretung im Sudan schrieb er, er werde keinen einzigen Paragraphen darin ändern. Erst wenn Israel die palästinensische Souveränität über alle besetzten Gebiete und Jerusalem anerkenne, werde man die Klausel über die Vernichtung Israels löschen.

In einem vom westlichen Geheimdienst abgehörten Telefonat mit seinem Vertreter *Ibrahim Souss* in Paris beleidigte er die Juden auf unflätigste Weise. Er verfluchte sie und nannte sie „Hunde! Dreck! Unrat! Mit diesen Juden werden wir noch abrechnen!"

Obwohl er (angeblich) schon vor Jahren das Existenzrecht

Israels anerkannt haben soll, sagte er vor arabischen Journalisten: „Der wichtigste Feind der Palästinenser ist und bleibt der Staat Israel."

Den Israelis versprach er eine „gute Nachbarschaft" und eine „friedliche Lösung" des „Nahost-Konflikts" und der „Jerusalem-Frage". Vor Arabern sagte er dagegen: „Das palästinensische Volk wird den zionistischen Feind bis zum letzten noch ungeborenen Kind im Mutterleib bekämpfen ... Wir werden das Leben für die Juden unerträglich machen durch psychologische und militärische Kriegsführung und durch eine arabische Bevölkerungsexplosion."

Immer wieder beteuerte der PLO-Chef, dass er den Frieden mit Israel wolle. Aber zu seinen Landsleuten sagte er auf Arabisch: „Frieden bedeutet die Zerstörung Israels. Unser abgelegter Eid, Israel zu zerstören und hier einen palästinensischen Staat zu errichten mit Jerusalem als Hauptstadt, ist und bleibt lebendig. Und es ist unsere Pflicht, die palästinensische Revolution fortzusetzen."

Am 12. 10. 2000 sagte er im palästinensischen Fernsehen zu seinen Landsleuten: „Wir sind ein starkes Volk ... Ich sage euch, zögert nicht, den Marsch auf Jerusalem fortzusetzen, die Hauptstadt des palästinensischen Staates."

Aber mit welchen Mitteln? Weiter mit Steinen? Oder mit automatischen Waffen aus Deutschland? Oder Raketen aus dem Irak von seinem Busenfreund *Saddam Hussein?*

Aufruf zum „Heiligen Krieg"

In einer Vielzahl von Reden, Statements und Gesprächen hat der Palästinenserführer seine Landsleute sowie alle Araber und Muslime aufgerufen zum „Dschihad", dem „Heiligen Krieg zur Befreiung Jerusalems".

Am 28. 1. 1995 ließ er in einem eigens angefertigten Propaganda-Videofilm, der über den palästinensischen Fernsehsender in Gaza ausgestrahlt wurde, den Aufruf verbreiten: „Es besteht kein Staat Israel und somit braucht das (Oslo-) Abkommen mit Israel nicht eingehalten zu werden. Hiermit rufe ich jeden Moslem auf, den Heiligen Krieg gegen die Juden in Jerusalem zu führen ... Wir alle sind bereit auf dem Weg nach Jerusalem, der Hauptstadt des Palästinenserstaates, als Helden und Märtyrer des Heiligen Krieges zu sterben."

Seitdem fordert er seine Funktionäre und Landsleute beständig in stereotyper Weise auf zum „Heiligen Krieg gegen Israel zur Errichtung eines unabhängigen Palästinenserstaates mit Jerusalem als Hauptstadt". Denn, so sagt er beschwörend: „Palästina ist unser Land und Jerusalem unsere Hauptstadt. Wir alle sind bereit, dafür als Helden und Märtyrer zu sterben und unsere letzten Jungen und Mädchen zu opfern, um die palästinensische Flagge auf den Mauern, Moscheen und Kirchen in Jerusalem zu hissen. Ohne Jerusalem gibt es keinen Frieden, sondern nur Krieg." So der Original-Ton Arafats.

Wer denkt hierbei nicht an die Worte der Heiligen Schrift, wie sie heute nicht treffender auf den Top-Terroristen und Friedensnobelpreisträger bezogen werden könnten: „Seine Worte sind süß wie Sahne. Aber sein Herz denkt nur an Krieg. Glatt wie Öl fließt seine Rede über seine Lippen. Doch jedes Wort ist ein gezücktes Schwert" (Psalm 55, 21f.). Zugleich muss man in Abwandlung von Psalm 4,3 sagen: „Arafat, wie hast du die Lüge so gern!"

Mit dem Aufruf zum Heiligen Krieg wird deutlich, dass es sich bei Jerusalem und dem Land Israel nicht um den Kauf oder Verkauf einer lukrativen Immobilie handelt. Es ist vielmehr ein Kampf um Jerusalem als angebliches Heiligtum des Islam. Vordergründig zwar ein politischer Konflikt. Aber er trägt doch auch deutlich religiöse Züge. Wäre er nur rein politischer Natur, dann könnte man über ihn verhandeln. Mit Aussicht auf Erfolg. Da er aber im Eigentlichen ein religiöser Konflikt ist, ist er letztlich auch unverhandelbar. Und unlösbar.

Wer das nicht glauben will, der erkläre bitte, warum die Palästinenser in Nablus das Grabmal Josefs, des Sohnes Jakobs, als heilige jüdische Stätte schändeten und zerstörten. Um es nach weltweitem Protest wieder aufzubauen. Aber als islamische Moschee. Und es nun in der Farbe der Palästinenser grün anzustreichen.

Der erkläre auch, warum die Palästinenser das Grab Rahels, eine jüdische Enklave bei Bethlehem, mit Steinen bewarfen und mit Handfeuerwaffen beschossen. Weil es ein bedeutendes jüdisches Heiligtum ist, von dem die Bibel berichtet: „Jakob begrub Rahel an der Straße nach Bethlehem und errichtete über ihrem Grab einen Stein, der noch heute als Grabmal Rahels gezeigt wird" (1. Mose 35,19f.). Seitdem trifft man hier an dieser heiligen Stätte des Judentums jüdische Frauen, die um Kinder beten oder eine schwere Geburt zu befürchten haben.

Der erkläre auch, warum *Arafat* nach dem Besuch von *Ariel Scharon* in seiner Eigenschaft als israelischer Oppositionsführer auf dem Tempelberg durch seine Moscheenprediger Massen von moslemischen Betern anheizte, einen Hagel von Steinen auf die unterhalb an der Westmauer betenden Juden herabzuschleudern. Warum wählten sie gerade die heiligste Stätte des Judentums, um ihren Hass und ihre Wut gegen die Juden auszulassen?

Es gibt darauf nur eine Antwort: Der Heilige Krieg der Araber und Moslems ist ein religiöser Krieg. Im Namen Allahs. Unter dem Vorwand nationaler Politik und palästinensischer Propaganda.

Die „Al-Aksa-Intifada"

Als die Araber auf dem Schlachtfeld gegen Israel nicht siegen konnten, ersannen nach dem Erwachen des palästinensischen Nationalismus PLO-Funktionäre, islamische Religionslehrer und Moscheenprediger eine neue Waffe im Kampf gegen Israel: Den „Krieg der Steine". Er begann am 7.12.1987.

Sie schickten palästinensische Kinder auf die Straße und hetzten sie auf, mit Steinen, Steinschleudern, Eisenstangen und Molotow-Cocktails die israelischen Sicherheitskräfte zu attackieren. Sie nannten dies „Intifada", Aufstand gegen die israelischen Besatzer und Unterdrücker. Doch es war nicht der Aufstand des palästinensischen Volkes, nicht der Aufstand der Arbeitenden und der Alten. Es war der von der PLO angezettelte und fernsehgerecht inszenierte „Aufstand der Kinder und Jugendlichen“. Die Schwächsten der Gesellschaft wurden aufgehetzt, missbraucht und von der PLO-Führung nach vorn geschickt. Um hinter Barrikaden und brennenden Autoreifen von ihnen geopfert zu werden. Dabei starben im Kugelhagel der um ihr Leben fürchtenden israelischen Soldaten Hunderte. Tausende wurden verletzt.

Am 8.12.1998, dem 11. Jahrestag der Intifada, sagte *ARAFAT* in Hebron voller Stolz und Genugtuung: „Mit dem Beginn der Intifada haben wir die Schaffung eines palästinensischen Staates und seiner Hauptstadt Jerusalem eingeleitet.“

Nachdem die „alte“ Intifada Israel jahrelang in Atem gehalten hatte, begann Ende September 2000 ein neuer „Krieg der Steine“: Die „Al-Aksa-Intifada“ (2. Intifada). Nach dem Freitagsgebet in der Al-Aksa-Moschee verwandelte sich der Tempelberg in einen spuckenden Vulkan. Mehr als 3000 jugendliche Palästinenser bewarfen die israelischen Sicherheitskräfte auf dem Tempelberg und in den Straßen der Altstadt sowie die jüdischen Beter an der Westmauer mit unzähligen Steinen und Steinbrocken. Dabei skandierten sie lautstark: „Wenn die Juden nicht heute verschwinden, werden sie morgen verschwinden. Wenn nicht übermorgen, dann nächste Woche. Unser Blut wird sie vom Pflaster spülen.“ Während der militante Palästinenserführer *MARWAN BARGUTI* zynisch verharmlosend ausrief: „Unsere Steine sind Steine des Friedens.“

Seitdem tobt die Gewalt in Ost-Jerusalem und den palästinensischen Gebieten im Westjordanland und im Gazastreifen weiter. Tag für Tag ruft die Straße Hunderte von palästinensischen Kindern und Jugendlichen zu den Steinen aus der Steinzeit. Und zu den Eisenstangen und Brandsätzen. Woran sich auch Polizisten der PLO-Autonomie zunehmend mit automatischen Schusswaffen beteiligen. Sodass der „Krieg der Steine“ immer öfter zu einem offenen Schießkrieg zwischen palästinensischen und israelischen Sicherheitskräften eskaliert. Mit einer stark ansteigenden Zahl von Toten und Verletzten auf beiden Seiten.

Doch *Arafat* stört das wenig. Er kann oder will die Gewalt nicht stoppen. Sein Kommentar: „Ich kann Tausende von Toten verkraften, Israel aber nicht einen." Statt sein Volk zum Frieden aufzurufen, ruft er es zu „Tagen des Zorns" und zum „Generalstreik" auf. Dabei solidarisiert sich die arabische Welt weitgehend mit den Palästinensern. Arafat: „Meine Antwort ist: dass unser Volk weitermarschiert auf der Straße nach Jerusalem. Ob er (Barak) das akzeptiert oder nicht, lasst ihn zur Hölle fahren!"

Der „Krieg der Steine" ohne Ende zerrt immer stärker an Israels Nerven, verunsichert es in seiner Existenz und bedroht es in seiner Sicherheit. Zumal der araberfreundliche Sicherheitsrat der Vereinten Nationen und der antiisraelisch und antizionistisch eingestellte Weltkirchenrat mit seinen 342 protestantischen und orthodoxen Kirchen, darunter auch die EKD und mehrere deutsche Freikirchen, bislang immer nur Israel allein die Schuld am Nahostkonflikt gaben. Und nicht ein einziges Mal den Palästinensern bzw. Arabern. Die Welt braucht eben einen Sündenbock. Und dafür ist ihnen Israel stets gut genug.

Wer glaubt da noch an die Friedensschalmaien und Schönreden der Politiker und Friedensnobelpreisträger. „Ist nicht der Frieden von der Erde genommen?" (Offenbarung 6,4). Auch und besonders im Nahen Osten? Ausgerechnet ein Moslem, und sogar noch mit dem Namen „Jesus", sagte mir in der Altstadt Jerusalems: „Wer hier auf Frieden hofft, ist ein Narr. Seit ich hier lebe, war immer vom Frieden die Rede. Aber ich habe hier einen Krieg nach dem anderen erlebt. Allah wird das nicht mehr lange zulassen. Sonst wird der Teufel die Stadt noch holen."

„Jeder will ins Paradies"

Die Weltöffentlichkeit ist schnell dabei, Israel zu verurteilen, wenn palästinensische Kinder bei kriegsähnlichen Unruhen ums Leben kommen.

Aber warum opfert die PLO ihre Kinder? Warum schicken islamische Religionslehrer und Moscheenprediger palästinensische Kinder in die Schusslinie der sich verteidigenden israelischen Sicherheitskräfte? Weil ihnen allen in unglaublicher Verantwortungslosigkeit das „Paradies“ versprochen wird, wenn sie ihr Leben gegen Israel opfern. Hat doch *Mohammed*, der Gründer des Islam, allen verheißen: „Für jeden Weg gibt es eine Abkürzung. Und die nächste Abkürzung des Weges zum Paradies ist für jeden Moslem der Glaubenskrieg um Gottes willen.“

Die Journalistin *Karin Laub* berichtet: An dem Tag, an dem Mohammed (14) erschossen wurde, zog er ein neues Hemd und beigefarbene Hosen an, bewunderte sich im Spiegel und stylte sein Haar mit Gel. In die Hemdtasche steckte er einen Zettel mit seinem Namen und seiner Anschrift. Zuvor hatte er einem seiner Freunde gesagt: „Wenn ich sterbe, will ich, dass die Leute wissen, wer ich bin.“ Dann ging er an die Kreuzung von Ramallah und schleuderte zusammen mit ihnen Steine auf die israelischen Soldaten. Dabei wurde er von ihren Kugeln getroffen und getötet. Klassenkamerad Samil al Dschaber erzählte, dass Mohammed und die anderen Jungen ständig davon gesprochen hätten, wie es wäre, ein „Schahid“, ein Märtyrer, zu sein. Wer sich den israelischen Soldaten nicht entgegenstelle, sei ein Feigling. Von ihren Eltern und Religionslehrern hatten die Jungen gehört, dass ein Märtyrer direkt ins Paradies komme und 72 Jungfrauen heiraten werde. „Jeder will ein Schahid werden und ins Paradies kommen!“ Mohammeds Vater (45) sagte, er sei stolz auf seinen toten Sohn.

So werden Arafats Kinder aufs Schlimmste verführt und „verheizt“. Und das vor bestellten Fernsehkameras. Damit hat er das erreicht, was er durch diplomatische Verhandlungen nicht bekommt: weltweites Mitleid. Und Verurteilung Israels. Das Nobelpreis-Komitee wäre gut beraten, Arafat schnellstens den Friedensnobelpreis abzuerkennen. Aber das wird es wohl nicht tun. Raten Sie mal, aus welchen Gründen nicht.

Die PLO-Armee ist kampfbereit!

Den israelischen Sicherheitskräften stehen längst nicht mehr nur palästinensische Kinder und Jugendliche gegenüber. Sondern nun auch eine mit automatischen Schnellfeuergewehren ausgerüstete und trainierte palästinensische Armee von derzeit etwa 80.000 Kämpfern. Sie gliedern sich in folgende Einheiten:

1. Palästinenser-Polizei: Blaue Uniformen. Ihre Gesamtzahl war beim Kairoer Abkommen 1994 auf 9000 Mann festgelegt. Tatsächlich sind es aber 30.000–50.000. Obwohl sie nur reine Polizeiaufgaben wahrnehmen sollen, beteiligen sie sich jedoch immer öfter an Schießereien gegen die israelischen Soldaten. Wie Bilder eines italienischen Fernsehteams dokumentierten, haben sie sogar aktiv an dem berüchtigten Lynchmord an zwei israelischen Soldaten in Zivil in Ramallah teilgenommen, der die ganze zivilisierte Welt erschütterte.

2. Nationale Sicherheitskräfte (NSE). Kleidung: Tarnanzüge. Mindestens 14.000 Mann. Ihre Aufgaben: Grenzüberwachung der Autonomiegebiete.

3. PLO-Leibgarde (Presidential Security.) Ihre Aufgaben: Personenschutz für Arafat und andere hohe PLO-Funktionäre. Sie zählt offiziell 3000 Mann.

4. Geheimdienst (PSF). 5000 Agenten in Zivil. Sie sind wiederholt wegen der Folterung von palästinensischen und israelischen Gefangenen, zuweilen mit Todesfolge, in die Kritik von Menschenrechtsorganisationen geraten.

5. Offizieller Nachrichtendienst (Mukkabbarat al Amma). Hauptaufgabe: Sammeln von nachrichtendienstlichen Erkenntnissen und Gegenspionage. Etwa 3000 Mitarbeiter.

Alle Angehörigen dieses Sicherheits- und Geheimdienstapparats, der nach PLO-Plänen auf 100.000 Mann erhöht werden soll, sind bewaffnet. In Wirklichkeit sind sie Soldaten. Die meisten von ihnen sind kampferfahrene Terroristen und haben ARAFAT schon zum Teil seit Jahrzehnten begleitet. Sie tragen nicht nur Pistolen. Sie haben auch Schnellfeuergewehre. „Allein die palästinensischen Bewohner von Hebron besitzen über 5000 Schnellfeuer- und Maschinengewehre", gibt *GABRIEL BAKRI*, der Leiter einer PA-Terroreinheit, offen zu. Außerdem sind gewisse Einheiten mit modernen Panzerwagen, Panzerabwehrraketen und Boden-Luft-Raketen sowie weiterem schwerem Gerät ausgerüstet.

Sie alle sind für Israel eine ständige tödliche Gefahr und Bedrohung. Denn *ABU AL FAHD*, Kommandeur einer Einheit von PA-Geheimagenten, lässt die Israelis nicht im Unklaren: „Wir werden fortfahren im Kampf um die Befreiung von Jerusalem, Haifa und Beit Shean."

Viele Anzeichen deuten darauf hin, dass die Waffen, die Israel laut Oslo-Abkommen den Palästinensern zu ihrer eigenen Sicherheit im Innern zugestanden und sogar größtenteils noch selbst geliefert hat, eines Tages gegen die Israelis verwendet werden.

Kampf bis aufs Messer

Neben der offiziellen PLO-Armee mit ihren Sicherheits- und Nachrichtendiensten, die alle vereint sind im Kampf gegen Israel, existieren zahlreiche kleine und größere radikale islamisch-fundamentalistische Terrorgruppen der Palästinenser. Sie stehen in Konkurrenz zur PLO bzw. zu Arafat. Zwei von ihnen seien wegen ihrer besonders ausgeprägten unversöhnlichen Feindschaft gegen Israel erwähnt.

Fragwürdiges islamisches Heiligtum: Statt in Richtung Felsendom beten Tausende von Moslems in Richtung Mekka.

Foto: dpa

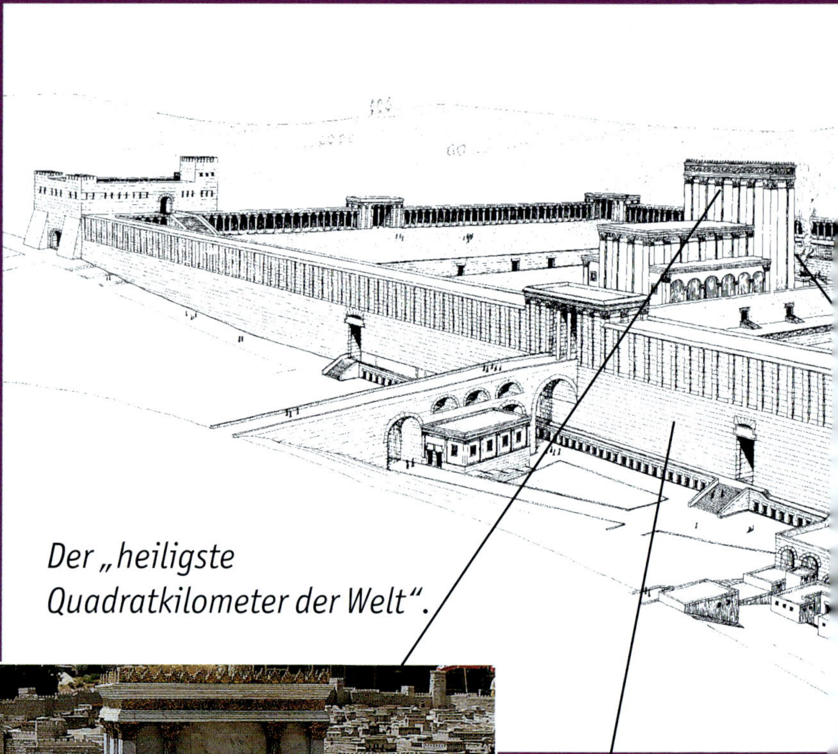

Der „heiligste Quadratkilometer der Welt“.

Der Tempel z. Z. Jesu (Modell).

Die Westmauer („Klagemauer“) heute.

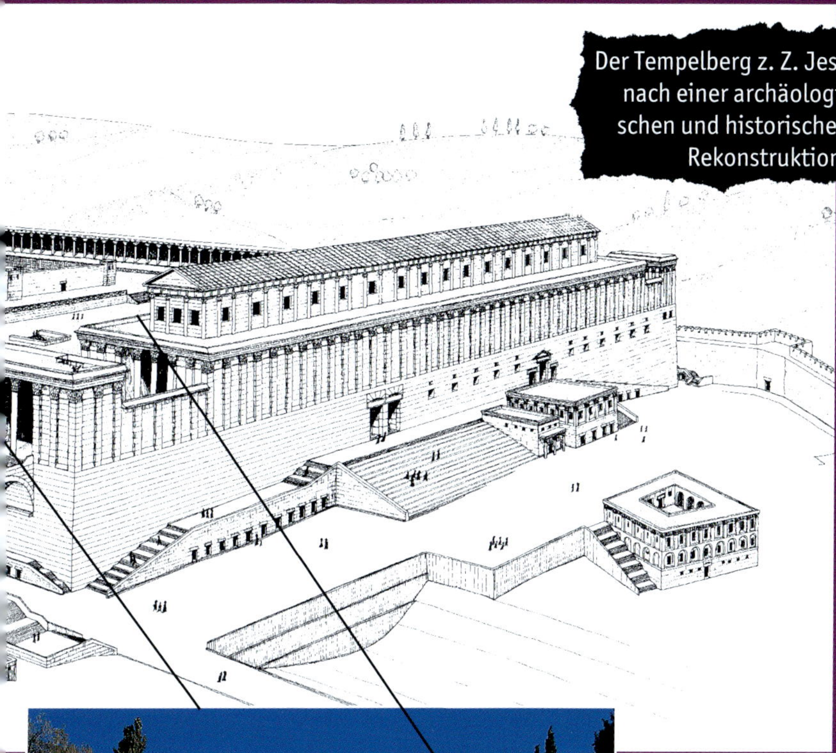

Der Tempelberg z. Z. Jesu nach einer archäologischen und historischen Rekonstruktion.

Der Felsendom heute.

Die Al-Aksa-Moschee heute.

Vor einem neuen Krieg um Jerusalem?

Wiederholt kommt es auf dem Tempelberg zu blutigen Ausschreitungen von hunderten steinwerfenden Palästinensern.

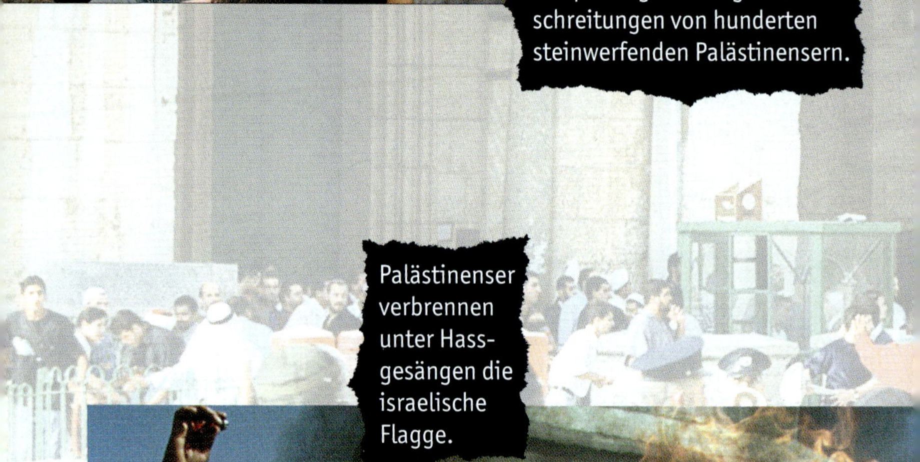

Palästinenser verbrennen unter Hassgesängen die israelische Flagge.

Foto: dpa

Für PLO-Chef *Jassir Arafat* gilt nicht mehr: „Land für Frieden!" Sondern nur noch: „Jerusalem für Frieden!" Dabei ist er sich der vollen Unterstützung der arabischen Scheichs, Präsidenten und Revolutionsführer sicher.

Foto: Iraelisches Presseamt

Religiöser Chefeinpeitscher des Hasses gegen Israel, *Akrima Sabri*, Groß-Mufti von Jerusalem.

Hintergrundfoto: Blutige Unruhen auf dem Tempelberg: Steht der heiligste Platz der Welt vor einem SUPER-GAU?

Foto: dpa

Der geistige Führer der terroristischen „Hamas-Bewegung", Scheich *Achmed Jassin.* Er und seine militanten „Kämpfer" sind überzeugt, dass bald über ganz Palästina und Jerusalem die palästinensische Flagge wehen wird.

Foto: Reuters

Hamas-Plakat: „Schlagt mit dem Schwert Allahs der zionistischen Schlange den Kopf ab und zerstückelt sie!"

Foto: Fritz May

Imam Scheich *Hassan Nasrallah*, der Führer der „Hisbollah", träumt schon seit langem vom „Marsch auf Jerusalem".

Foto: dpa

Mehr als 5.000 schwarz gekleidete „Hisbollah-Kämpfer" im Libanon schwören: „Jerusalem, wir kommen!"

Foto: dpa

Syriens Präsident *Bashar Al-Assad* (beim Staatsbesuch in Berlin am 10.07.2001 mit Bundeskanzler *Gerhard Schröder*) ist ein Todfeind Israels: „Der Rassismus der Israelis übertrifft den Nationalismus der Nazis."

Foto: dpa

Der irakische Diktator *Saddam Hussein* rüstet mit B- und C-Waffen zur „Mutter aller Schlachten" um Jerusalem.

Gershon Salomon, der Führer der „Getreuen des Tempelberges" (allein in Israel mehr als 10.000!): „Der Felsendom muss weg!"

Demo für den 3. Tempel.

Eckstein für einen neuen jüdischen Tempel aus weißem „Jerusalem-Stein" (1 Kubikmeter groß und 4 Tonnen schwer).

Im Golfkrieg 1991 attackierte *Saddam Hussein* mit mehr als 40 Scud-Raketen die Bevölkerung Israels. Nicht alle erreichten ihr Ziel. Im Krieg aller Kriege wird ein Raketenduell mit ABC-Waffen den Nahen Osten und die übrige Welt in ein apokalyptisches Inferno stürzen.

Foto: dpa

Angst vor „Allahs Armee“: Arabische Soldaten und Selbstmordkommandos sind entschlossen zum „Heiligen Krieg“ gegen Jerusalem.

1. Die „Hamas-Bewegung" (Hasakat al Muquwama al Islamiya)

Sie wurde 1987 in den von Israel verwalteten Gebieten gegründet. Ihr geistiger Führer ist der querschnittsgelähmte Korangelehrte, Terrorprediger und Bombenleger Scheich *ACHMED JASSIN*. Er gilt als „Chefeinpeitscher des Terrors".

Sechs Jahre saß er wegen Mordes an zwei israelischen Soldaten in israelischen Gefängnissen. Dann wurde er halbwegs freigepresst. Doch wer glaubte, er sei im Gefängnis geläutert worden, hat sich geirrt. Der Chef der Hamas predigte sogleich wieder, schlimmer als je zuvor, Hass gegen Israel: „Für mich ist Arafats Autonomiebewegung nur ein Wachhund Israels. Unser Kampf gegen Israel muss weitergehen." Von ihm und anderen Hamas-Führern stammen auch folgende Hasstiraden:

- „Es ist das Los der Juden, von uns hingeschlachtet zu werden. Wir haben diese Aufgabe übernommen."
- „Juden töten ist ein Gebot, das uns Gott näher bringt."
- „Die Erde Falastins (Palästinas) ist ein islamisches Heiligtum, das bis zum Ende der Tage den Moslems gehört. Die Befreiung ganz Falastins vom Meer bis zum Fluss (Jordan) ist das höchste strategische Ziel."
- „Der Heilige Krieg (Dschihad) ist unser Weg und der Tod für Allah ist der höchste unserer Wünsche."
- „Israel besteht so lange, bis es vom Islam zerstört wird."

Das einzige Ziel der Hamas ist also die restlose Zerstörung des Staates Israel durch den „Dschihad" und ein islamischer Gottesstaat im „Heiligen Land". Denn Palästina sei geheiligtes, religiöses Land, das allein den Moslems „auf alle Ewigkeit" gehöre. Deshalb „müsse über ganz Palästina und Jerusalem bald die palästinensische Flagge wehen."

Um dieses Ziel zu erreichen, sind der Hamas alle Mittel recht: Bombenanschläge, Selbstmordattentate, bewaffnete Auseinandersetzungen. Verhandlungen „mit wem auch immer" werden von ihr rundweg abgelehnt. Scheich Jassin hofft, Israel spätestens in 10 Jahren „ausgelöscht“ zu haben. Immerhin sollen laut Schätzungen 30–40 Prozent der Palästinenser für die Hamas und ihren Kampf gegen Israel sein.

Heute zittert nicht nur Israel, sondern bereits der ganze Nahe Osten vor den Hamas-Kämpfern.

2. Die „Hisbollah“-Miliz (Partei Gottes)

Schwarz gekleidete Hisbollah-Kämpfer schwören in Beirut vor einem Transparent mit der Aufschrift „Jerusalem, wir kommen“, den Kampf gegen Israel bis zum siegreichen Ende fortzusetzen.

Die Hisbollah ist eine islamisch-fundamentalistische palästinensische Terrorbewegung, die als „Partei Gottes“ im libanesischen Parlament mit 8 Sitzen vertreten ist. Seit 1982 verübte sie u. a. mit Raketen Tausende terroristischer Anschläge auf die israelische Armee und Bevölkerung an der Nordgrenze Israels. Ihre Zahl beträgt bis zu 5000 bewaffnete Kämpfer. Sie werden monatlich mit ca. 20 Mio. Dollar aus dem moslemischen „Gottesstaat“ Iran, einem der größten Feinde Israels, finanziell unterstützt und ideologisch gesteuert.

Die Hisbollah streitet Israel jegliches Existenzrecht ab und träumt schon seit langem vom „Marsch auf Jerusalem“. Nach dem übereilten Rückzug der israelischen Truppen aus dem Südlibanon 1999 beeilte sich deshalb ihr Führer, der Imam Scheich *Hassan Nasrallah*, sogleich zu erklären, dass „der Kampf gegen Israel weitergeht, bis das zionistische Gebilde vernichtet, ganz Jerusalem und Palästina befreit und die Juden dahin zurückgekehrt sind, wo sie herkamen.“

Doch das wird den Feinden Israels nicht gelingen. Weil Gott verheißen hat:

„Schau, alle die dich hassen und dir dein Lebensrecht streitig machen, werden zugrunde gehen. Wenn du dich nach ihnen umsiehst, wirst du sie nicht mehr finden. Alle deine Feinde werden vernichtet“ (Jesaja 41,11f.).

Wer Israel vernichten will, vernichtet sich selbst. So war es. So ist es. So wird es auch in Zukunft sein.

Mit Allah und Koran: Tod den Juden und Christen!

Eine Milliarde Moslems propagieren den „Heiligen Krieg" gegen die „Ungläubigen"

Bereits eine Woche nachdem der PLO-Führer JASSIR ARAFAT 1993 in Oslo das „Autonomie-Abkommen" zur friedlichen Regelung des Nahostkonflikts unterzeichnet hatte, rief er öffentlich in einer Moschee in Johannesburg (Südafrika) alle Araber und Moslems in der Welt auf zum „Dschihad" (Heiligen Krieg) zur Befreiung Jerusalems, der Hauptstadt Palästinas. Damit erneuerte er, was schon lange vor ihm zahlreiche andere arabische Diktatoren und Despoten, Revolutionsführer und Ayatollahs wiederholt an ihre Untertanen gerichtet hatten.

Der Begriff „Dschihad" stammt aus der Welt des Islam und bezeichnet einen religiösen Krieg, einen Glaubenskrieg gegen die „Ungläubigen". Sein Ziel ist: die islamische Gottesherrschaft und Staats- und Gesellschaftsordnung über ganz Jerusalem und das Land Israel und darüber hinaus über die ganze Welt zu erringen. Was dabei alle 200 Mio. Araber bzw. die ca. 1,1 Mrd. Moslems weltweit eint, ist der Koran.

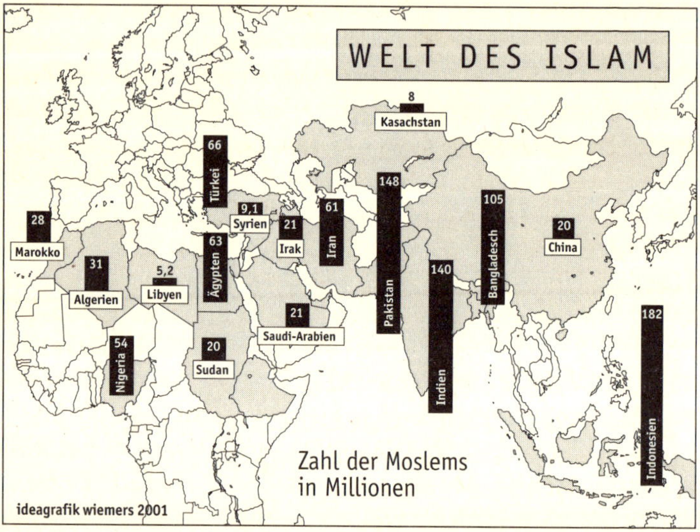

Der Koran: „Tötet sie im Namen Allahs!“

Der Koran ist die „Bibel“ des Islam. Das Glaubens- und Lehrbuch für alle Moslems. Es entstand zwischen den Jahren 644–656 n. Chr. als direkte Aufzeichnungen des Religionsgründers *MOHAMMED*, die der Kalif *OTHMAN* zusammengestellt hatte. Als wörtlich inspiriertes Wort Gottes prägt es seitdem das tägliche Leben und Handeln der Moslems.

Der Koran ist mit der Bibel (AT und NT) nicht gleichzusetzen. Er ist in weiten Teilen ein „Lehrbuch des Hassens“ und enthält eine Vielzahl totalitärer Befehle und Aufrufe zum Kampf und Krieg. Deshalb besteht auch das Wappen des Islam aus Korantexten und dem Schwert.

Dafür einige Beispiele, die für sich sprechen:

„Die, welche nicht glauben und den Koran verleugnen, werden Bewohner des Höllenfeuers sein und darin verbleiben" (Sure 2,40).

„Tötet sie, wo ihr sie trefft, verjagt sie von wo sie euch vertrieben . . ."(Sure 2,192).

„Wer unser Zeichen verleugnet, den werden wir im Feuer brennen lassen. So oft ihre Haut gar ist, geben wir ihnen eine andere Haut, damit sie die Strafe schmecken" (Sure 4,56.59).

„Oh Gläubige, nehmt weder Juden noch Christen zu Freunden. Wer von euch sie zu Freunden nimmt, der ist einer von ihnen" (Sure 5,52).

„In die Herzen der Ungläubigen will ich Furcht bringen, darum haut ihnen die Köpfe ab und haut ihnen alle Enden der Finger ab. Die Ungläubigen werden von Allah wie das ärgste Vieh betrachtet" (Sure 8,12.57).

„Allah schlag sie tot, diese Gottverfluchten" (Sure 9,29).

„Den Ungläubigen und denen, die andere vom Weg Allahs ablenken, denen wird Allah nie verzeihen. Seid daher nicht mild gegen eure Feinde und ladet sie nicht zum Frieden ein. Ihr sollt sie besiegen, denn Allah ist mit euch, und entzieht euch nicht euren Lohn (=Paradies) für diesen (heiligen) Krieg" (Sure 47,36f.).

„Wahrlich, für die Ungläubigen haben wir bereit: Ketten, Halsschlingen und das Höllenfeuer" (Sure 76,5.32).

Die „Ungläubigen" sind alle Nicht-Moslems. Also die Juden. Und die Christen. Und darüber hinaus die Amerikaner. Ja, die gesamte westliche Welt mit ihrer Gottlosigkeit und Dekadenz, die von ihnen sogar als „Satan" bezeichnet wird.

Der Kampf des Islam gegen Juden und Christen ist zutiefst anti-jüdisch und anti-christlich zugleich. Er hält an der Vernichtung Israels und des Christentums fest.

Seit Ayatollah *Khomeini* lautet die „Staatsideologie" des Iran: „Juden und Christen sind dem Schweißgeruch von Kamelen und Dreckfressern gleichzusetzen und gehören zum Unreinsten der Welt . . . Alle nichtmoslemischen Regierungen sind Schöpfungen Satans, die alle vernichtet werden müssen."

Immer mehr Moslems wollen daher den „Heiligen Krieg"

gegen die „Ungläubigen“. So erschienen in Beirut Plakate mit den Worten: „Wer sagt denn, wir töten nur Juden? Wir töten auch Christen!“ Auf den Straßen palästinensischer Städte ertönte immer wieder die Parole: „Am Schabbat töten wir die Juden. Und am Sonntag töten wir die Christen!“ Und mit dem frenetischen Schlachtruf auf den Lippen: „Es gibt keinen Gott außer Allah. Mohammed ist sein Prophet!“, sind fanatische Palästinenser wild entschlossen, als Terroristen und Selbstmordattentäter die islamische Revolution überall da herbeizubomben, wo das islamische Gesetz (Scharia) noch nicht das tägliche Leben der Menschen bestimmt. (In Wirklichkeit versklavt.) Und zwar in Jerusalem und Israel. In Europa und Amerika.

So heißt es unmissverständlich in der ägyptischen Zeitung „Al Ahram“: „Solange Jerusalem nicht von den Juden und ihren Agenten, den Christen, befreit ist, wird kein Frieden über das Heilige Land kommen. Der Koran nennt nicht umsonst die Christen die ‚Affen und Schweine‘ der Juden!“

Der Groß-Scheich der Kairoer Al-Azhar-Universität, *Muhammed Tantawi*, meint: „Die Befreiung Jerusalems ist völlig legitim. Allah wird über jeden erfreut sein, der für dieses Ziel Juden und Christen tötet.“

Bereits zu Beginn des Golfkrieges 1991 sagte der irakische Diktator *Saddam Hussein* in einer Radio-Ansprache: „Die Mutter aller Schlachten (Dschihad) hat begonnen gegen den amerikanischen Satan *George Bush* (sen.) und den kriminellen Zionismus.“ Von der „Mutter aller Schlachten“ spricht Saddam auch heute noch, 10 Jahre danach. Für ihn und andere arabische Despoten sind alle westlichen Regierungen Schöpfungen des Satans, die vernichtet werden müssen.

Deshalb ist der Islam auch zum Kampf gegen Israel und die westliche Welt, ihre Zivilisation und Kultur, angetreten. Ihr Kampf gegen die „Ungläubigen“ ist im Eigentlichen ein Kampf gegen das Judentum und Christentum.

Juden und Christen stehen deshalb heute schon in einer engen Leidensgemeinschaft. Und in Zukunft umso mehr. Zugleich ist der „Heilige Krieg“ ein Krieg Allahs gegen Jahwe, den Gott der Juden und Christen.

Diesen religiösen Krieg führt der Islam allerdings nicht erst jetzt. Bereits schon seit der Eroberung des Heiligen Landes im 7. Jh. durch arabische Heere und ihren Sieg über das „Christliche Königreich Jerusalem“ im 12. Jh. Mit der Staatsgründung Israels 1948 brach er erneut aus. Seine Zuspitzung erfährt er gegenwärtig im Kampf um das Heilige Land und die Heilige Stadt. Seinen absoluten Höhepunkt wird er in Zukunft im apokalyptischen Krieg erreichen.

Die arabische Welt vereint im „Kampf um Jerusalem“

„Ich rufe meine arabischen Brüder dazu auf, unsere Würde zu verteidigen und unseren gerechten Kampf um Jerusalem und jeden Quadratzentimeter palästinensischen Landes zu unterstützen“, so tönte es von *Jassir Arafat* auf dem Gipfeltreffen der 22 arabischen Staats- und Regierungschefs Ende Oktober 2000 in Kairo.

Wenn er und seine Politfunktionäre zum heiligen Kampf zur Befreiung Jerusalems und Palästinas aufrufen, kann er sich der Unterstützung aller politischen und religiösen Führer der arabischen und islamischen Welt sicher sein. Denn der Wille, Jerusalem und Palästina zu befreien, eint sie alle. So bekunden die Monarchen, Präsidenten und Diktatoren der arabischen und moslemischen Staaten nicht nur ihre Sympathie für den „heldenhaften Kampf der Palästinenser“, sondern schlagen auch immer lautere und aggressivere Töne gegen Israel an.

Der syrische Präsident *Bashar al-Assad*: „Der Rassismus der Israelis übertrifft den Nationalsozialismus der Nazis.“ Und: „Die Israelis quälen heute die Palästinenser genau so wie sie Jesus und Mohammed gequält haben.“ Syrien ist noch immer einer der Erzfeinde Israels. Sein Vater, der frühere Staatschef *Hafez Assad*, träumte schon seit langem von Jerusalem als syrischer Stadt. Sein Reich sollte einmal von Damaskus über Beirut bis nach Jerusalem reichen.

Der verstorbene jordanische Monarch *Hussein* schloss 1999 überraschend „Frieden“ mit Israel. Er tat dies ohne Lösung der „Jerusalem-Frage“. Vor allem tat er es ohne die Mehrheit seines Volkes, das zu 70 Prozent aus Palästinensern besteht. Darauf wies der Vorsitzende des Jordanischen Journalistenverbandes, *Sait Scharif*, die verdutzte Weltöffentlichkeit hin: „Unsere Regierung hat Frieden mit Israel gemacht, aber nicht das Volk – und wir stehen für das Volk.“ Zwar schlägt der neue jordanische König *Abdallah II.* leisere Töne gegenüber Israel an. Er ist aber weiterhin mit den Palästinensern seines Volkes vereint im Kampf um die Heilige Stadt.

Der irakische Präsident *Saddam Hussein* ist einer der ärgsten Feinde des jüdischen Staates. Schon seit langem ist er entschlossen, Palästina und Jerusalem von der „zionistischen Pest“, wie er sagt, zu befreien. Bei einer großen Militärparade tönte er: „Im Namen Allahs werden wir ein Feuer entfachen, das halb Israel vernichten wird.“ Unmittelbar vor seinem Überfall auf Kuwait 1990 erklärte er: „Israel ist und bleibt unser Todfeind. Wir werden es vernichten.“ Und einen Tag vor dem Ausbruch des Golfkrieges sagte er in einem Fernsehinterview der CNN: „Das Endziel unserer arabischen Politik ist der Dschihad zur Befreiung Palästinas und Jerusalems.“

Lange Zeit von der Staatengemeinschaft der Welt geächtet und von seinen arabischen Brüdern weithin gemieden, macht er neuerdings wieder lautstark von sich reden. Zwar erschien er auf dem arabischen Gipfeltreffen in Kairo 2000 nicht persönlich, ließ aber durch scinen Vizepräsidenten *Ezzat Ibrahim* erklären: „Es ist die Pflicht aller Araber, besetztes Land zu befreien. Die Besatzer (Israel) greifen nach dem Heiligtum auf dem Tempelberg. Wir rufen zum Heiligen Krieg gegen Israel auf. Vier Mio. irakische Freiwillige stehen bereit.“ Saddam setzte dafür sogar ein Zeichen: Auf dem Höhepunkt der Unruhen im Oktober 2000 ließ er aus Solidarität mit den Palästinensern 20.000 Soldaten an der Grenze zu Jordanien in Richtung Israel aufmarschieren.

Auch sein libyscher Kollege, der Revolutionsführer *Muammar el Gaddafi*, stimmt in das Kriegsgeschrei mit ein. Er will eine „Befreiungsarmee“ gründen, um den „Kampf gegen Israel bis zu seiner endgültigen Auslöschung“ fortzusetzen. Und der jemenitische Präsident *Ali Abdullah* pflichtete ihm, als er von den Plänen hörte, sogleich uneingeschränkt bei.

Nicht anders ist es bei den politischen und religiösen Führern des „Gottesstaates“ Iran, den Ayatollahs. Sein Gründer, der schiitische Revolutionsführer *Khomeini,* äußerte sich eindeutig: „Wir müssen unsere Maschinengewehre und Panzer dazu benutzen, um mit voller Hingabe Jerusalem zu befreien. Israel muss von der Erdoberfläche verschwinden: Der frühere iranische Außenminister *Welajati* sagte: „Wir werden Israel niemals anerkennen. Selbst dann nicht, wenn es nur die Größe eines Wohnzimmers hätte.“ Der Iran, seit *Khomeini* einer der erbittertsten Feinde Israels, führte deshalb vor einiger Zeit am Golf ein Großmanöver durch mit der sehr aufschlussreichen Bezeichnung: „Marsch nach Jerusalem“. Daran nahmen 200.000 „heilige Kämpfer Allahs“ teil.

Aus der Hauptstadt des Golfstaates Oman, Maskat, kommt die offizielle Verlautbarung: „Für jeden Moslem ist es eine große Sünde, sich dem Diktat von ein paar Mio. Juden zu beugen. Sie haben keine Chance gegen eine Milliarde Moslems.“

Der saudi-arabische König *Fahd* und Kronprinz *Abdallah bin Abdelaziz al Saud* spendeten bereits den „Helden des palästinensischen Aufstandes“ acht Mio. Dollar, um sie in ihrem Kampf um Jerusalem zu unterstützen.

Sogar Indonesien, Malaysia, der Sudan, Algerien, Marokko und Tunesien sind im gemeinsamen Chor der Hass- und Kriegsgesänge gegen Israel vertreten. Auch in ihren Ländern brennt die Flagge mit dem Davidstern und steht der Tempelberg in Flammen.

Was alle diese unberechenbaren Führer der arabischen und moslemischen Länder verbindet, ist einzig und allein ein unvorstellbarer Hass gegen Israel und ein gefährliches Spiel mit dem großen Feuer.

Der einzige gemäßigte Führer in der arabischen Welt, der sich bislang jeglicher Kriegshetze enthalten hat, ist Ägyptens

Staatschef *Hosni Mubarak*. Sein Vorgänger *Anwar el-Sadat* hatte 1979 formell mit Israel Frieden geschlossen. Dafür musste er allerdings mit dem Leben bezahlen. Mubarak möchte diesen Frieden nicht leichtfertig aufs Spiel setzen. Aber in seiner Brust schlägt ein arabisches Herz. Und das kennt keinen wirklichen Frieden mit Israel.

Islamische Geistliche predigen Hass und Unversöhnlichkeit

Der Vernichtungswille der gesamten arabischen Welt gegen Israel und die Juden weltweit ist grenzenlos und scheint unüberwindbar zu sein. Nicht nur arabische Politiker, sondern auch islamische Geistliche predigen unermüdlich unversöhnlichen Hass.

In einem Freitagsgebet sagte der islamische Geistliche der Sultan Al-Nahyau-Moschee und frühere Rektor der Islamischen Universität in Gaza, *Ahmed Abu Halabiya*: „Die Juden sind Terroristen. Sie müssen geschlachtet und bekämpft werden. Keiner der Juden schreckt vor dem größtmöglichen Übel zurück. Sie sind alle Lügner. Allah, der Allmächtige, hat uns geboten, uns nicht mit den Juden und Christen zu verbünden, nicht ihre Partner zu werden und mit ihnen kein Abkommen zu treffen. Wer so etwas tut, ist einer von ihnen ... Tötet sie! Unser Schlachtruf muss lauten: Heiliger Krieg – um Palästinas und der Al-Aksa-Moschee willen."

Dieser islamische Einpeitscher und Scharfmacher ist nur einer von vielen. Ihre Plattform, um Hass gegen die Juden und Christen zu schüren, sind nicht nur allein die Universitäten und Religionsschulen. Es sind vor allem auch die Moscheen, wo zum wöchentlichen Freitagsgebet Tausende Moslems nicht die Sprache der Versöhnung und des Friedens hören, sondern des Hassens und Tötens. Dabei benutzen sie sogar das Palästinensische Radio und Fernsehen.

In einem vom palästinensischen Rundfunk im Oktober 2000 ausgestrahlten „Freitagsgebet" aus Gaza heißt es: Die

Palästinenser dürfen mit „Juden und Christen keine Übereinkunft“ schließen. Man werde „Haifa, Galiläa und Jaffa“ nicht aufgeben. Dann folgten kaum noch zu überbietende Hassparolen: „Habt kein Mitleid mit den Juden, egal wo ihr seid, in welchem Land auch immer. Bekämpft sie, wo immer ihr seid. Wo immer ihr sie trefft, tötet sie. Wo immer ihr seid, tötet Juden und Christen ...“ (Allgemeine, 23.11.2000). Das ist ein Aufruf zu Pogromen und grenzenlosem Terror – verbreitet über das PLO-eigene Radio.

Jeden Freitag überträgt auch das Fernsehen der PA Gottesdienste und Predigten aus den Moscheen. Vornehmlich aus der Al-Aksa-Moschee auf dem Tempelberg. Darin wird gelehrt, dass der Koran die Existenz des Staates Israel verbietet. In einer TV-Sendung vom 11.8.2000 war zu hören: „Das moslemische Palästina ist eins und kann nicht zerteilt werden. Es gibt keinen Unterschied zwischen Haifa und Nablus, Lod und Ramallah, Jerusalem und Nazareth oder Gaza und Aschkalon. Palästina ist Waqf-Land. (Damit wird die islamische Tempelbergbehörde bezeichnet.) Und niemand hat das Recht, es aufzugeben. Wer immer das tut, ist ein Verräter und Verbrecher, der in der Hölle enden wird. Jerusalem, Palästina und Al-Aksa, das Land und seine Umgebung, die Allah gesegnet hat, wird im Focus des Kampfes zwischen Wahrheit und Lüge bleiben. Es ist egal, wie viele Vereinbarungen und Abkommen unterzeichnet werden. Die Wahrheit liegt im Koran, der im Wort des Propheten verifiziert wurde. Sie lautet, dass die entscheidende Schlacht in Jerusalem und seiner Umgebung geschlagen wird: Die Auferstehung der Toten wird nicht kommen, bis ihr die Juden besiegt!“

In derselben TV-Übertragung werden gleichzeitig alle moslemischen Staaten zum Heiligen Krieg um Jerusalem aufgefordert. Jede Konzession gegen Israel wird abgelehnt. Und die Grenzen Palästinas werden vom Mittelmeer bis zum Jordan und vom Libanon bis nach Eilat beschrieben.

Islamische Geistliche benutzen sogar das Internet, um offen Israel und den Juden jede Existenzberechtigung abzusprechen. In der Homepage eines Imam heißt es: „Eine Welt ohne Juden wäre ein Paradies. Israel muss weg, muss weg!“

Das sind die wahren Absichten der Araber und Moslems. Doch darüber sieht, hört und liest man weder etwas in den westlichen noch in den christlichen Medien. Oder erfährt etwas darüber von den westlichen Politikern.

Warum hassen die Araber und Moslems Israel und die Juden?

Aus den Zitaten des Korans ist erkennbar, dass bereits seit den Tagen des islamischen Religionsstifters *MOHAMMED* (570–632 n. Chr.) das Verhältnis der Araber zu den Juden von offener Ablehnung und blindwütiger Feindschaft geprägt ist. Zwar gab es immer wieder auch friedliche Perioden des Zusammenlebens zwischen beiden Völkern. Vor allem im frühen Mittelalter. Aber die Beziehungen waren meist von Diskriminierung, Unterdrückung und blutigen Ausschreitungen bestimmt.

Besonders mit Beginn der großen jüdischen Einwanderungswellen in das biblische Heimatland zwischen Mittelmeer und Jordan begann die Zeit des blutigen arabischen Terrors gegen die „zionistischen Eindringlinge". Folgerichtig kommentierte deshalb auch der jüdische Israeli *DANIEL JAHAF*, Pastor einer messianischen Gemeinde in Tiberias: „Wenn Gott uns Juden nicht nach Israel zurückgeführt hätte, gäbe es auch keine Probleme mit den Palästinensern."

Weil aber die Kinder Israel in das ihnen von Gott verheißene Gelobte Land und die Stadt Zion zurückkehrten, kennt der arabische Hass und Terror keine Grenzen mehr. Zunächst die Araber und später ihre palästinensischen Brüder schworen: „Palästina, wir werden dich nie vergessen! Wir leben für die Rache!"

Viele fragen sich, warum die Araber und die Juden so verfeindet sind und wodurch letztlich dieser abgrundtiefe Hass zwischen ihnen entstanden ist. Liegt es nur daran, dass jüdische Siedler in ihre biblische Heimat zurückkehrten und dort den Staat Israel gegründet haben? Liegt es daran, dass Israel die befreiten Gebiete nicht mehr an die Araber zurückgeben will, damit sie dort in einem eigenen Palästinenser-Staat leben können? Liegt es schließlich daran, dass Israel ganz Jerusalem zur „ewigen und unteilbaren Hauptstadt des jüdischen Staates“ erklärt hat? Sicher liegt es auch an alledem. Aber nur vordergründig.

Es begann im Hause Abrahams

Der eigentliche Grund für den Hass und die Feindschaft zwischen diesen beiden Völkern ist ein anderer. Er ist kein territorialer, sondern ein religiöser. Und er ist schon mehr als 4000 Jahre alt. Genau genommen begann er um das Jahr 2065 v. Chr. mit Abraham, der der Stammvater sowohl der Juden als auch der Araber ist. Im Hause Abrahams gab es einst eine Familienaffäre, einen hausinternen Streit um das geistliche Erbe. Es ging um die göttliche Erwählung. Wie kam es dazu?

Nicht Ismael, sondern Isaak wurde erwählt

Sara, die Frau Abrahams, konnte keine Kinder bekommen. Sie schlug ihrem Mann deshalb vor, mit ihrer Magd, der Ägypterin Hagar, einen Erben zu zeugen. Abraham ging darauf ein und Hagar empfing von ihm ein Kind. Es bekam den Namen „Ismael“ (arabisch: Ismail). Und von ihm stammen die Araber ab.

13 Jahre später „erschien“ Gott dem Abraham und verkündete ihm, dass Sara ihm nun doch noch einen Sohn schenken werde. Aber er wollte es erst nicht glauben. Inzwischen hatte er Ismael sehr lieb gewonnen und hatte ihn als Erben und Empfänger der Verheißungen Gottes vorgesehen. Darum flehte er zu Gott: „Ach, dass Ismael möchte vor dir leben bleiben!“ (1. Mose 17,18) Gott beruhigte ihn jedoch und erklärte ihm, dass er Ismael segnen und seine Nachkommen zu einem großen Volk machen werde (1. Mose 17,20).

Doch zum *Träger des Heils* für die Welt hatte Gott einen

anderen bestimmt: „Isaak“ – den Sohn, den Sara zur Welt brachte (1. Mose 17,19.21). Gott hatte diese Entscheidung später gegenüber Isaak und auch Jakob mehrfach bekräftigt und erneuert (1. Mose 26,2–4, Psalm 135,4).

Als die Nachkommen Isaaks und Jakobs, die Israeliten, auf ihrem Zug ins Gelobte Land am Sinai Halt machten, hat Gott durch ihren Führer Mose die Kinder Israels demonstrativ zum Volk Gottes und damit zu seinem Offenbarungs- und Segensträger für die Welt erwählt und dies in einem offiziellen „Bundesschluss“ besiegelt (2. Mose 19ff.) – als Folge „des Eides, den er Abraham geschworen hatte“ (1. Mose 26,3).

Juden und Araber sind deshalb keine ebenbürtigen Kinder Abrahams.

Und genau hier, in der *Erwählung Israels zum Volk Gottes*, liegt der eigentliche und tiefste Hass und die Feindschaft der Araber und nicht zuletzt der nichtjüdischen Welt gegen die Nachkommen Abrahams und die Erben vom Sinai.

Jüdische Theologen haben schon vor 2000 Jahren auf diesen Zusammenhang hingewiesen, als sie im Talmud eine sprachliche Verbindung zwischen dem Berg Sinai und „Sin'a“ herstellten, dem hebräischen Wort für „gehasst“. Sie erklärten, dass das Erbe vom Sinai Ablehnung durch die übrige, nichtjüdische Welt bedeute.

Der religiöse Neid der Araber

Die Araber haben nun diese für sie schmerzliche Tatsache, dass nicht sie, sondern die Juden Gottes auserwähltes Volk sind, nie überwunden. Sie haben dies weder wahrhaben wollen noch jemals akzeptiert. Bis heute nicht. So entstand aus alledem bald ein religiöser Neid, der sich zu einer ewigen Feindschaft gegen das jüdische Volk und seit 1948 auch gegen den jüdischen Staat entwickelte.

Da aber weder die Erwählung Israels noch der jüdische Staat aus der Welt zu schaffen sind, ist auch eine friedliche Lösung des Nahostkonflikts weder in Sicht noch – menschlich gesehen – möglich!

Wäre der Erb- und Erwählungsstreit zwischen den Nachkommen Ismaels und Isaaks (Israel) nur politisch-kriegerischer Natur, dann ließen sich vielleicht Lösungen finden. Weil aber der Konflikt zwischen den verfeindeten „Brüdern“ letztlich religiöse Gründe hat, kann und wird er auch erst eine friedliche Lösung finden, wenn Christus, der Messias, kommt. Denn er wird dem Nahen Osten und der übrigen Welt endlich den lang ersehnten Frieden schaffen.

Israels Feinde sind Gottes Feinde

Schließlich ist die juden- und israelfeindliche Haltung der Araber und der nichtjüdischen Völker – wenn auch weitgehend unbewusst – eine der hartnäckigsten und tödlichsten Formen der Auflehnung gegen den heiligen Gott und seinen erklärten Willen. Sie ist eine Feindschaft gegen den Gott Abrahams, Isaaks und Jakobs, der sich in der Bibel vielfach als der „Gott Israels“ und der „Heilige in Israel“ ausgewiesen hat. Sie ist eine Absage an die freie und souveräne Entscheidung Gottes, Israel zur Verwirklichung und Vollendung seines Heils- und Weltplans berufen zu haben. Sie ist außerdem ein Nein zur gottgewollten Heimkehr der „Gefangenen Zions“ in das Land der Verheißung. Ein Nein gegen den gottgewollten Staat Israel. Ein Nein gegen die gottgewollte Wiedervereinigung der Hauptstadt Israels. Ein Nein gegen das Lebens- und Existenzrecht der Nation Gottes, die unter den Nationen Schreckliches erlitten hat und noch immer erleidet. Der *NAHOSTKONFLIKT* ist im Wesentlichen ein *religiöser Konflikt*, der politische Züge trägt. Dahinter stehen fraglos *dämonische Mächte*. Ihr Ziel ist es, die Überlebenden des Holocaust und deren Kinder und Enkel nicht nur außerhalb, sondern auch in ihrem eigenen Staat zu vernichten. Um die Erfüllung der biblischen Verheißungen zunichte und den lebendigen Gott zum Lügner zu machen.

Gott lässt sich diese Schmähung aber auf Dauer nicht bieten. Er steht auf der Seite seines auserwählten Volkes. Auch wenn er nicht alles gutheißt, was sein Volk macht. Eines Tages wird er mit den Feinden Israels, die auch seine Feinde sind, schrecklich abrechnen.

Dass es ihm damit ernst ist, hat er deutlich zum Ausdruck gebracht: „Der HERR im Himmel lacht und spottet über sie. Einst wird er mit ihnen sprechen in seinem Zorn und sie in Angst und Schrecken versetzen, wenn er ihnen sagen wird: ICH habe meinen König eingesetzt auf meinem heiligen Berg Zion (= Jerusalem) ... Dann werde ICH mich als der heilige Gott inmitten meines Volkes Israel erweisen und meinen Namen von den Völkern nicht länger schänden lassen. Denn sie werden erfahren, dass ICH der HERR bin, der Heilige in Israel. Siehe, dieser Tag wird kommen. ICH, der HERR, sage es“ (Psalm 2,4–6, Hesekiel 39,7f.).

Und dieser „Tag aller Tage“ rückt unaufhaltsam näher!

„Heiliger Krieg" um den Tempelberg

Wem gehört der „heiligste Quadratkilometer der Welt"?

Im Herzen Jerusalems liegt der Tempelberg. Er hat nur eine Größe von etwa 500 x 300 Meter und ist von einer gewaltigen Mauer aus Jahrtausende alten Quadersteinen umgeben. Er gilt als der „heiligste Quadratkilometer der Welt".

Die Juden nennen ihn „Zion". Die Araber und Moslems dagegen bezeichnen ihn als „Haram asch-Sharif", das „Erhöhte" bzw. „Erhabene Heiligtum".

Auf diesem Berg stand einst der jüdische Tempel. Heute befinden sich darauf zwei der bedeutendsten heiligen Stätten des Islam. Und das macht ihn zum heiligsten und zugleich sensibelsten und explosivsten Platz der Welt. Denn wer ihn besitzt, „besitzt" Gott. Wer diesen Berg beherrscht, „beherrscht" die Welt.

Auf diesen heiligsten aller heiligen Berge erheben zwei Völker einen Besitzanspruch: Juden und Araber. Und zugleich zwei Religionen: Judentum und Islam.

Doch wem gehört der Tempelberg wirklich?

Von König David gekauft

Der heutige Tempelberg hieß in altbiblischer Zeit „Moria“ (2. Chronik 3,1). Darauf befand sich ursprünglich eine Opferstätte. Abraham, der Stammvater Isaaks, war bereit, hier seinen Sohn Isaak für Gott zu opfern (1. Mose 22,2). Später diente dieser Berg als Dreschplatz. Er gehörte dem Jebusiter Aravna (2. Samuel 24,18 – in 1. Chronik 21 auch „Ornan“ genannt). Von ihm hat David, der König Israels, diesen Dreschplatz gekauft für 600 Goldschekel (1. Chronik 21,25 – in 2. Samuel 24,24: 50 Silberschekel). Er wollte darauf Gott ein Heiligtum errichten.

David hat also den Berg weder erobert noch enteignet, sondern rechtmäßig erworben und bezahlt. Seitdem gehört er dem jüdischen Volk. Da dieser Berg bis heute von Israel niemals verkauft wurde, ist das heutige Israel als Rechtsnachfolger des biblischen Israel auch der alleinige Erbe und Eigentümer des Tempelberges in Jerusalem.

Seit 3000 Jahren ist der Tempelberg nicht nur rechtmäßiger Grundbesitz des jüdischen Volkes, er ist auch Grundstein des jüdischen Glaubens. Denn hier ist Zion. Und Zion ist der Thron Gottes, sichtbares Symbol seiner Heiligkeit und Gegenwart und zugleich Zuflucht und Heimat des Volkes Israel (Jesaja 8,18; 14,32). Der Leiter der „Getreuen des Tempelberges“ *Gershon Salomon:* „Wir können uns jüdische Existenz in Israel ohne den Tempelberg nicht vorstellen, weder in der Vergangenheit noch heute, noch in Zukunft.“ Der Oberste Gerichtshof in Israel hat darum schon 1983 entschieden, dass der Tempelberg die „heiligste Stätte der Judenheit“ sei. Darüber hinaus hat der Tempelberg als „heiligster Quadratkilometer der Welt“ auch eine eschatologische Bedeutung für Israel und für die ganze Welt. Er ist das irdische Ziel der messianischen Hoffnung von Juden und Christen.

Der Tempel

Auf dem Tempelberg, dem ältesten Teil Jerusalems, baute später Israels König Salomo Gott einen Tempel. Darin stellte er die Bundeslade auf, das sichtbare Zeichen der unmittelbaren Gegenwart Gottes unter seinem Volk.

586 v. Chr. wurde das große prachtvolle Heiligtum von der Invasionsarmee des babylonischen Herrschers *Nebukadnezar* zerstört.

Einige Jahrzehnte später bauten unter Nehemia und Esra die Juden den Zweiten Tempel. Er war allerdings viel kleiner und bescheidener als der erste. Um 37 v. Chr. ließ *Herodes d. Gr.* von etwa 10.000 Arbeitern den Tempelberg vergrößern und zu einer Plattform von 500 x 300 m aufschütten und gab ihm seine heutige Form. Dann begannen die besten Bauleute, das Gotteshaus total umzugestalten und zu verschönern. Es wurde eines der prächtigsten Bauwerke seiner Zeit. Der jüdische Historiker *Flavius Josephus* berichtet: „Der Tempel erschien wie ein schneebedecktes Gebirge. Denn alles, was an ihm nicht mit Gold überzogen war, erstrahlte in glänzendem Weiß (des Jerusalem-Steins) . . . Wer diesen Bau des Herodes nicht sah, hat nie etwas Schönes gesehen."

Jesus hat diesen Tempel wiederholt betreten. Hier wurde er von seinen Eltern Gott geweiht (Lukas 2,22). Als Zwölfjähriger diskutierte er an dieser Stelle mit jüdischen Theologen (2,46). Später trieb er die Händler und Geldwechsler aus dem Vorhof des Gotteshauses (Matthäus 21,12). Als *Titus* 70 n. Chr. Jerusalem zerstörte, wurde auch der jüdische Tempel dem Erdboden gleichgemacht.

Die Westmauer des Tempelberges

Sie ist Teil der Umfassungsmauer des Tempelberges. Die Juden nennen sie „kotel hama'aravi". Sie ist ihr größtes und bedeutendstes Heiligtum.

Die Westmauer, die den Tempelberg stützt, besteht aus 27

sichtbaren Schichten aus massiven Kalksteinquadern. Davon stammen die unteren 11 aus der Zeit Herodes d. Gr. und die oberen 16 aus der Zeit der Türken. In einem unterirdischen Gewölbe im nördlichen Teil kann man in einem tiefen (beleuchteten) Schacht 19 weitere Steinschichten erkennen, die Salomos Bauleute aufgeschichtet haben. Jeder Stein hat ein Gewicht von etwa 10 bis 100 Tonnen. Sie wurden alle ohne Mörtel aufeinander gelegt. Der größte von Hand bearbeitete Steinblock ist 13,6 m lang, 4,6 m tief und 3,5 m hoch. Er wiegt 570 Tonnen.

Bei Ausgrabungsarbeiten im Archäologischen Park an der Südmauer stießen Archäologen 1967 auf einen Stein mit der Aufschrift: „Ihr werdet es sehen und euer Herz soll sich freuen und euer Gebein soll grünen wie Gras" (Jesaja 66,14). Viele der jüdischen „Getreuen des Tempelberges" sehen darin einen Hinweis, dass bald wieder der Tempel aufgebaut wird.

Seit der Zerstörung Jerusalems und des Tempels im Jahre 70 n. Chr. war die Westmauer stets Sehnsucht und Ziel jüdischer Pilger. Bei ihren Wallfahrten nach Jerusalem beweinten sie hier die Vertreibung ihres Volkes aus dem Verheißenen Land und gedachten der Zerstörung ihres Heiligtums. Deshalb wurde sie auch meist „Klagemauer" genannt. Seit israelische Soldaten sie 1967 befreiten und Juden hier an heiliger Stätte wieder beten können, ist die Westmauer keine „Klagemauer" mehr, sondern eine „Freudenmauer". Zwar gedenken sie einmal im Jahr an „Tisha be'Av" noch der Zerstörung der beiden Tempel. Aber hier wird nicht mehr geweint. Hier wird gebetet, gesungen, getanzt und gelacht – im Angesicht Gottes.

Vor der Mauer wurde ein großer Platz angelegt mit einem getrennten Bereich für Männer und Frauen zum Beten. Oft stehen Hunderte, ja Tausende davor. Schwarz gekleidete Orthodoxe und Ultra-Orthodoxe. Mit und ohne Bart und Schläfenlocken, Pelzhut (Streimel) und Gebetsmantel (Tallit). Aber auch weniger Fromme finden sich hier ein: Politiker, Wissenschaftler, Polizisten, Soldaten mit umgehängter Maschinenpistole und einfach Zivilisten. Sie lesen laut aus der

Thora. Aus ihren Gebetsbüchern. Oder sie studieren den Talmud. Dabei wiegen sie im Rhythmus der Sprache Kopf und Oberkörper. Hier, wo die „Schechina“ Gottes wohnt und seine unmittelbare heilige Gegenwart anzutreffen ist, kommt jedes ihrer Gebete einem Ortsgespräch gleich. Viele stecken auch kleine zusammengefaltete Zettel in die Mauerritzen. Darauf haben sie ihre geheimsten Wünsche geschrieben. Ist doch die Mauer für jeden gläubigen Juden so etwas wie der „Briefkasten zum lieben Gott“.

Der Felsendom

Nach der Eroberung des Gelobten Landes durch die Araber errichtete der Kalif *Abdel Malik* um das Jahr 692 n. Chr., wenige Meter neben dem alten Standort des zerstörten jüdischen Tempels, den nicht minder prächtigen Felsendom zu Ehren der legendären Himmelfahrt *Mohammeds.* Er soll von hier aus mit seinem Pferd Buraq in den Himmel geritten sein. Im Jahre 1016 wurde das islamische Heiligtum bei einem Erdbeben schwer beschädigt und sechs Jahre später mit stärkeren Mauern wieder hergestellt. Von 1099–1187 haben die Kreuzritter in dem von ihnen eroberten Jerusalem den Felsendom in ein „christliches“ Gotteshaus verwandelt und ihn „Tempel des Herrn“ genannt.

Der Felsendom ist in erster Linie eine Gedenkstätte und keine Moschee. Fälschlicherweise wird er jedoch oft „Omar-Moschee“ genannt. Seine über 20 m hoch aufragende Kuppel hat vor Jahren der damalige jordanische König *Hussein,* dessen haschemitische Königsfamilienmitglieder direkte Nachkommen Mohammeds sein sollen, erneut vergolden lassen. Dafür bezahlte er 9,5 Mio. Dollar.

Die mächtige Kuppel hat einen Durchmesser von 26 m und wird von Carrara-Marmor-Säulen gestützt. 45.000 herrliche Fayence-Fliesen mit Ornamenten islamischer Kunst und Versen aus dem Koran verkleiden die Außenwände. Die Fenster zählen zu den edelsten Kunstwerken des Islam.

Der achteckige Felsendom ist architektonisch eines der

schönsten Bauwerke in Israel. Zugleich ist er ein Wahrzeichen Jerusalems. Und das am meisten fotografierte Gebäude der Goldenen Stadt.

Die Al-Aksa-Moschee (Entfernteste Moschee)

Sie wurde von Maliks Sohn, dem Kalifen *El-Walid I.* auf dem südlichen Teil des Tempelberges errichtet. Mit ihrer bleifarbenen Kuppel ist sie nicht weniger imposant als der Felsendom. Im Unterschied zum Felsendom ist sie eine Predigt- und Gebetsstätte für Moslems – und zwar die bedeutendste außerhalb der arabischen Welt. Sie bietet Platz für 5000 Gläubige. Doch in ihr wird Hass gegen Israel gepredigt und nicht Versöhnung.

Beide islamische Bauwerke, Felsendom und Al-Aksa-Moschee, symbolisieren und demonstrieren sichtbar die (vermeintliche) Macht Allahs und die Größe seines Universums.

„Der Tempelberg ist in unserer Hand!"

Fast 1300 Jahre herrschten die Araber uneingeschränkt über den heiligsten Platz der Welt. Erst am 7. Juni 1967, während des „Sechs-Tage-Krieges", wurde er von israelischen Fallschirmjägereinheiten endlich befreit. Unmittelbar danach sagte der israelische Kommandant *Mordechai Gur:* „Israelische Soldaten! 2000 Jahre lang hat kein Jude den Tempelberg betreten dürfen. Aber nun habt ihr ihn der jüdischen Nation wiedergegeben. Nun ist er mit der Westmauer (= Klagemauer) wieder in unserer Hand!" Dann wurde auf dem heiligen Platz die israelische Flagge mit den blauweißen Streifen und dem Davidstern gehisst.

Doch *Moshe Dajan*, der damalige israelische Verteidigungsminister und gefeierte Held im Sechs-Tage-Krieg, ordnete an, dass die israelische Flagge über dem Tempelberg wieder entfernt wurde. Ob aus religiösem Respekt vor dem Islam oder einfach aus dem Gefühl heraus, dass das Hochplateau ein Pulverfass ist, gab er als säkularer Israeli, der sich den biblischen und historischen Traditionen nicht sonderlich verbunden und verpflichtet fühlte, die Kontrolle über den Tempelberg an die moslemische Verwaltung Waqf zurück. Während Israel die politische und staatliche Souveränität weiterhin darüber behielt und durch das „Jerusalem-Gesetz" von 1980 juristisch bekräftigte.

Seitdem lehnt die Mehrheit der Israelis und Juden auf der Welt jeden Anspruch der Palästinenser auf Souveränität über den Tempelberg kategorisch ab. Würde Israel seine Oberhoheit aufgeben, würde es seine historische, biblische und religiöse Geschichte sowie seine jüdische Identität und nationale Existenz aufgeben. Wenn die Palästinenser aber nicht die volle staatliche Souveränität über den „Haram" bekommen, werden sie darum Krieg führen.

Kampfstätte der Religionen und des arabischen Nationalismus

Proben für den apokalyptischen Krieg

Seitdem Israel 1980 per Gesetz „ganz Jerusalem" zu seiner „ewigen und unteilbaren Hauptstadt" erklärte, gehörten auch die Altstadt und der Tempelberg zum israelischen Staatsgebiet. Und Israel übt die Hoheitsrechte aus. In der Praxis gehört jedoch das Tempelareal weiterhin den Arabern und Moslems. Es wird von dem Hohen Moslemischen Rat „Waqf" verwaltet. An der Spitze steht der derzeitige Großmufti von Jerusalem, Scheich Akrima Sabri. Er ist der höchste muslimische Repräsentant in Jerusalem und ist von Arafat persönlich eingesetzt worden. Unter dem Vorsitz von Sabri wacht die moslemische Behörde misstrauisch, eifersüchtig und selbstherrlich darüber, was auf dem „Haram" geschieht. Und wer ihn betreten darf und wer nicht. Dadurch sind Provokationen, Terrorakte und blutige Ausschreitungen vorprogrammiert.

Die gegenwärtige Lage ist bereits hochexplosiv. Auf dem Tempelberg tickt eine Zeitbombe von apokalyptischer Zerstörungskraft.

Kein freier Zutritt für Juden und Christen!

Jeder Jude kann überall auf der Welt beten, wo und wann er will. Auf dem Tempelberg, der heiligsten Stätte seines Glaubens, aber nicht.

Grundsätzlich ist zunächst einmal allen orthodoxen Juden vom Oberrabbinat verboten, den heutigen Tempelplatz zu besuchen. An den offiziellen Zugängen sind entsprechende Warnhinweise angebracht. Die Gründe: Um nicht aus Versehen die Stelle zu betreten, wo sich einst das Allerheiligste des Tempels befunden hat. Und um sich nicht auf dem durch die Moslems entheiligten Berg kultisch zu verunreinigen. Es ist also ein rein religiöses Verbot.

Viele Juden halten sich jedoch an diese Vorschrift des Oberrabbinats nicht. Denn sie wollen unbedingt dort beten, die Bibel studieren und Gottesdienste feiern. Sie berufen sich dabei auf eine Entscheidung des Obersten Israelischen Gerichtshofs aus dem Jahre 1983, wonach „jeder Jude das Recht auf freien Zugang und ungehinderten Gottesdienst auf dem Tempelberg haben müsse“.

Aber selbst wenn Juden das rabbinische Verbot umgehen und sich auf die Gerichtsentscheidung berufen, wird ihnen von moslemischer Seite aus religiösen und politischen Gründen der Zugang zum Tempelberg verweigert, wenn sie dort ihren Glauben zum Ausdruck bringen wollen. Ein Jerusalemer Rabbiner, der mit Namen nicht genannt sein will, ist darüber zutiefst empört: „Niemand kann uns verbieten, den Tempelberg zu betreten. Wie wollen wir in Zukunft das Passafest feiern, ohne dort das Lamm zu Ehren Gottes auf dem heiligen Fest zu schlachten. Man hat uns Juden vertrieben. Doch wir werden wiederkommen und einen neuen Tempel bauen. Wir werden die Verheißung der Propheten erfüllen. Denn es steht geschrieben: Der Messias wird kommen. Und er wird ein neues Israel errichten. Ich weiß, der Messias kommt bald.“

Nicht anders als den Juden geht es den Christen. Auch sie haben nicht zu jeder Zeit und überall auf dem heiligen Berg

Zutritt. Wenn sie dort, den Ölberg und den Garten Gethsemane sowie das Goldene Tor unmittelbar vor Augen, still und andächtig die Bibel lesen und ihren Glauben vertiefen wollen, werden sie moslemische „Wächter" sofort vertreiben. Juden und Christen, so lehrt es der Koran, sind eben „Ungläubige".

Und da die Moslems die Herren über den „Haram" sind, haben sie auch den Schlüssel zu ihm. Und allein sie bestimmen, an welchen Tagen und zu welcher Stunde der heilige Bezirk des Tempelberges geöffnet ist. Fünfmal am Tag, jeweils zur Zeit moslemischer Gebete, ist jedem „Ungläubigen" der Zutritt versperrt. Nur an bestimmten Tagen und zu gewissen Zeiten können Juden und Christen als Touristen getarnt den Tempelberg betreten. Um das islamische Heiligtum zu besichtigen. Oder an heiliger Stätte ein heimliches Gebet zu sprechen.

Von einer „Freiheit der Religionen" auf dem heiligen Berg kann unter moslemischer Herrschaft derzeit keine Rede sein. Dieser Zustand ist für viele Juden und Christen unerträglich. Dazu *LEVY CHAZEN* vom Jüdischen Tempelinstitut in der Jerusalemer Altstadt: „Als es noch den Tempel gab, war der Platz für alle Juden das Zentrum ihres Glaubens und Lebens: Anbetungsstätte, Studienzentrum, Gericht, Bank ... Auch die Nichtjuden kamen dorthin, um zu beten. Wir müssen damit rechnen, dass der Kampf um den Tempelberg weitergeht, ja sogar eskaliert."

Ein archäologischer Tunnel wird zum Politikum

Am 24. September 1996 brachen auf dem Tempelberg erneut schwere Unruhen aus. Anlass war die Öffnung eines neuen Tunnels entlang der Außenmauer des Tempelberges. Mit dem Tunnelbau hatten israelische Archäologen schon vor 12 Jahren begonnen. Der knapp 500 m lange unterirdische Gang war als archäologische Sehenswürdigkeit gedacht und sollte die Klagemauer mit der Via Dolorosa verbinden, die Jesus auf dem Weg zur Kreuzigung beschritten hatte. Die Besucher sollten bei ihrem unterirdischen Spaziergang die freigeschaufelten steinernen Schätze hautnah erleben. So wies denn auch der damalige israelische Premier „*Bibi*“ *Netanjahu* darauf hin, dass der Tunnel auf dem Felsen jüdischer Existenz stehe und ein wichtiger Beitrag zur touristischen Erschließung der Altstadt sei.

Die Palästinenser, die die Fertigstellung des Tunnelbaus jahrelang blockierten, protestierten nun erneut heftig dagegen. Weil sie ein politisches Komplott der Israelis vermuteten. *Jassir Arafat* sagte wutentbrannt: „Der Tunnelbau ist ein großes Verbrechen gegen unsere heiligen Stätten.“ Einer seiner engsten Berater, *Saeb Erekat*, sprach sogar von einer „gezielten Konfrontationspolitik Israels gegen die Palästinenser“.

Von israelischer Seite wurde jedoch betont, dass der Tempelberg nicht ein islamisches, sondern seit 3000 Jahren das wichtigste jüdische Heiligtum sei. Als schließlich der Jerusalemer Bürgermeister *Ehud Olmert* vor den TV-Kameras mit dem Vorschlaghammer die letzten Zentimeter der dünnen Mauer durchschlug, sagte der israelische Regierungschef: „Der Tunnel ist offen und wird für immer offen bleiben!“

Unmittelbar danach kam es zu blutigen Ausschreitungen der Palästinenser. Im Schlagabtausch mit den israelischen Ordnungshütern um den fertigen Tunnel für Touristen kamen 57 Palästinenser und 14 israelische Soldaten ums Leben.

Heute ist der mit Blut besudelte Tunnel eine archäologische Touristen-Attraktion!

Heimlicher Neubau einer Moschee unter dem Tempelberg

Während Arafat und die Oberste Moslemische Behörde lautstark gegen den Touristen-Tunnel protestierten und mit einem „Krieg der Steine“ antworteten, begannen sie unter dem „Haram“ heimlich, still und leise mit dem Bau der größten

Moschee des Nahen Ostens. Ohne Konsultationen bei den israelischen Behörden und abgeschirmt von den Augen der Öffentlichkeit errichteten sie in den so genannten „Ställen Salomos“, einem Gewölbe unter der Südstelle neben der Al-Aksa-Moschee, das zuletzt die Kreuzritter im Mittelalter als Pferdeställe benutzten, die neue „Marwani-Moschee“ für bis zu 10.000 Beter.

Als dies den israelischen Behörden bekannt wurde, verlangten sie die Öffnung eines Notausgangs. Mit schwerstem Gerät schachteten die palästinensischen Bauarbeiter auf dem Platz neben der Al-Aksa-Moschee ein riesiges Loch von 50 m Länge, 25 m Breite und 12 m Tiefe aus. Der „Schutt“ wurde mit Lastwagen heimlich ins nahe Kidrontal weggeschafft und zu einer Geröllhalde aufgeschüttet.

Dabei wurden wertvolle archäologische Überreste aus der Zeit des 1. und 2. jüdischen Tempels unwiederbringlich zerstört. Das kommt geradezu einem „achäologischen Verbrechen“ auf dem Tempelberg durch die Moslems gleich. Denn der Tempelberg ist für Israel noch wichtiger als die Akropolis für Griechenland. Oder das Forum Romanum für Rom.

Nach Israels Generalstaatsanwalt *Elyakim Rubinstein* hat damit Israel de facto jede Autorität verloren, auf seinem heiligsten Grundbesitz noch seine Rechte durchzusetzen. Er warnte deshalb: „Es darf nicht sein, dass unsere Geschichte einfach von den Moslems aus dem Weg geräumt wird.“ Deshalb wies schon vor Jahren *Meron Benvenisti*, einst Vize-Bürgermeister von Jerusalem, darauf hin, dass der „ganze Tempelberg eine gefährlich tickende Zeitbombe ist mit unvorstellbarer Sprengkraft“.

Anschläge und blutige Ausschreitungen auf dem Tempelberg

Schon seit langem fordern viele fromme Juden und Christen, den Tempelberg vom Islam und den Palästinensern zu befreien. So sagte der orthodoxe Jude *Douglas Krüger* von der „Tempelbergstiftung“: „Ich halte dies für die dringlichste Aufgabe auf dem Weg des Staates Israel zu seiner vollen Erlösung und die der ganzen Welt. Israel muss endlich den Tempelberg auch faktisch wieder in Besitz nehmen.“

An vielfältigen Versuchen hat es bislang nicht gefehlt.

Bereits in den 70er-Jahren begannen religiös motivierte Juden und Christen durch friedliche, aber auch durch gewalttätige Aktionen und Anschläge gegen die islamische Präsenz auf dem Tempelberg vorzugehen. Dabei spielte meist auch der Wunsch nach der Wiedererrichtung des jüdischen Tempels und der Proklamation eines messianischen Königreichs eine besondere Rolle.

Am 21.8.1969 versuchte der australische Christ *Dennis Michael Rohan,* als Tourist getarnt, die Al-Aksa-Moschee in Schutt und Asche zu legen. Ein gewaltiges Feuer zerstörte einen großen Teil des Gebäudes, darunter die große versilberte Kuppel. Später wurde sie von den israelischen Behörden wieder aufgebaut. Rohans Tatmotiv: Er wollte die Ankunft des Messias und den Bau des 3. Tempels vorbereiten.

13 Jahre später, am frühen Ostermorgen des Jahres 1982, stürmte der aus Amerika eingewanderte bärtige Jude *Alan Harry Goodman* in israelischer Armeeuniform den Tempelberg. Im Amoklauf schoss er mit seinem M-16-Gewehr zunächst einen arabischen Wächter und einen arabischen Polizisten nieder und verletzte anschließend 11 weitere Menschen. Nachdem er zwei Magazine leer gefeuert hatte, stellte er sich den herbeigeeilten israelischen Sicherheitskräften. Sie nahmen den Verrückten fest, der nur knapp der Lynchjustiz einer Messer zückenden und Steine werfenden arabischen Menge entkommen konnte. Bei seinem Verhör sagte er: „Ich musste es tun. Sie töten meine Brüder und Freunde.“ Es war die Tat eines religiösen Wahnsinnigen, der sich nach seinen eigenen Worten als „Befreier des Tempelplatzes und König der Juden“ verstand. Ein israelisches Gericht verurteilte ihn zu lebenslanger Haft plus 20 Jahre.

Im Frühjahr 1983 versuchten 38 Zeloten, Schüler des ehemaligen Rabbiners *Jisrael Ariel*, eines Nachts durch einen uralten, bei Ausgrabungen freigelegten Priestertunnel, den

Tempelberg zu stürmen. Dies konnte jedoch von der Polizei rechtzeitig verhindert werden.

Gegenwärtig fordern mehr als 15 national-religiöse jüdische Bewegungen aggressiv die Vertreibung der Moslems vom Tempelberg.

Eine davon hat mehr als 10.000 Mitglieder. Und das Zehnfache an jüdischen und christlichen Sympathisanten in Israel und weltweit. Sie bezeichnen sich als die „Getreuen des Tempelberges". In der Vergangenheit versuchten sie wiederholt, den heiligen Berg der Juden zu betreten. Nicht nur, um dort zu beten. Sondern auch, um mit der Grundsteinlegung für den 3. Tempel zu beginnen. Als sichtbares Zeichen wollten sie schon seit Jahren einen ein Kubikmeter großen und fast vier Tonnen schweren Eck- und Grundstein für den neuen Tempel auf dem Hochplateau niederlegen. Aber die israelischen Sicherheitskräfte versperrten ihnen bislang immer den Zugang. So auch an jenem schicksalhaften 8. 10. 1990, dem 5. Tag des jüdischen Laubhüttenfestes „Sukkot". Er wurde zu einem „Tag der Tragödie" auf dem Tempelberg.

Nachdem die „Getreuen des Tempelberges" unverrichteter Dinge abgezogen waren, begann plötzlich auf dem „Haram" eine Welle palästinensischer Gewalt. Kurz zuvor hatte der Imam über die Lautsprecher zum „Heiligen Krieg gegen die Juden" aufgerufen: „Allah ist groß! Schlachtet die Juden ab!" Fast 4000 mordlüsterne Palästinenser, die kurz zuvor in der Al-Aksa-Moschee zum Beten waren, griffen zu Messern, Eisenstangen, Steinen und Brandflaschen und gingen damit auf die etwa 50 israelischen Polizisten los, die für die Sicherheit auf dem Tempelplatz verantwortlich waren und brannten ihre Polizeistation nieder. Gleichzeitig warfen sie faustgroße Gesteinsbrocken von oben auf die unten an der Klagemauer zu Tausenden betenden Juden. Die auf dem Tempelbezirk um ihr Leben fürchtenden Polizisten versuchten zunächst, sich mit Tränengas zu verteidigen. Als sie sich aber der riesigen Übermacht von fanatisierten Moslems nicht mehr erwehren konnten, eröffneten sie zur Selbstverteidigung das Feuer mit scharfer Munition. Dabei kamen 22 Palästinenser und sieben israelische Polizisten ums Leben. Und 150 Menschen wurden schwer verletzt.

Als unmittelbarer Augenzeuge jenes furchtbaren Ereignisses kann ich nur sagen: Der teuflische Trick auf dem Tempelberg ist gelungen. Es war eine eindeutig von langer Hand vorbereitete Provokation der Moslemführer in der Al-Aksa-Moschee und der politischen Führung der PLO.

Das Vorgehen der 50 israelischen Polizisten wurde sofort international verurteilt als eine „barbarische israelische Aggression gegen die Heiligtümer der Moslems in Jerusalem" und als „unmäßige Gewaltanwendung". Nach der wirklichen Wahrheit jedoch, was zu den blutigen Ausschreitungen geführt hat und was im Einzelnen tatsächlich geschehen war, wurde nicht gefragt. Das Blutbad diente allein einem mehrfachen propagandistischen Zweck: Aktivierung der seinerzeit immer mehr erlahmenden Intifada, politische Entlastung des irakischen Diktators und Aggressors *Saddam Hussein,* Koppelung der Golfkrise mit der Palästinenserfrage und weltweite Verurteilung Israels.

Selbst Christen ließen sich davon täuschen. Statt auf die biblischen Verheißungen zu achten: „Wahrlich, es ist nichts als Betrug mit den Hügeln und Lärm auf den Bergen. Wahrlich, Israel hat keine andere Hilfe als am Herrn, unserem Gott" (Jeremia 3,23).

Jeder neue Anschlag von religiösen Juden und fanatischen Christen auf dem Tempelberg, der von aufgehetzten Palästinensern mit blutigen Ausschreitungen beantwortet wird, könnte der Zünder sein für einen „Religionskrieg", der sich als Flächenbrand über die ganze Welt ausdehnt.

War Scharon an allem schuld?

Am 28.9.2000, unmittelbar vor Beginn des jüdischen Neujahrsfestes Rosh Haschana (5761), wurde der heilige Berg Gottes erneut Schauplatz schwerer blutiger Ausschreitungen. Was war der Anlass?

Der führende Likud-Politiker *Ariel Scharon* war im Schutz von Hunderten israelischer Polizisten und einem großen Kameraaufgebot der TV-Medien an jenem Tag zu einem

40-minütigen Besuch des Tempelberges aufgebrochen. Das war sein gutes Recht. Und seine Pflicht. Denn wenn Israel seine Souveränität über die heiligen Stätten der Altstadt von Jerusalem nicht wahrnimmt, verliert es bald auch seine Oberhoheit über die ganze Stadt und auch über Tel Aviv und Haifa. Im „Wall Street Journal" beschrieb Scharon, warum er den heiligen Berg der Juden und Moslems besuchte.

„Ich bin zum Tempelberg mit Mitgliedern der Likud-Partei gegangen, wie ich es in der Vergangenheit getan habe – in erster Linie, um zu prüfen und mich zu vergewissern, dass die Freiheit des Gebets und der freie Zugang jedermann garantiert ist, besonders den Juden. Weder ich noch irgendein Bürger Israels – Araber oder Jude – braucht um Erlaubnis bei der palästinensischen Autonomiebehörde zu fragen, wenn wir diese oder eine andere Stätte in Israel besuchen wollen. Die PA-Führung versucht hingegen, alle Belege für eine jüdische Präsenz an dieser heiligen Stätte auszulöschen. Gleich welche Regierung Israel regiert: Juden können und werden ihre legitimen Rechte an Jerusalem und insbesondere am Tempelberg nicht aufgeben."

Die Palästinenser bezeichneten den Besuch des von ihnen besonders gefürchteten und gehassten Scharon auf dem Tempelberg tags darauf als eine „unerträgliche Provokation". Scharons Antwort: „Wie soll das eine Provokation sein, wenn ein Jude diesen Ort mit einer Botschaft des Friedens besucht?" Was der israelische Politiker als „Friedensgeste" bezeichnete, war für die Palästinenser das Signal zu einer neuen Variante des Kampfes gegen Israel, die sie nun „Al-Aksa-Intifada" nannten.

Stunden später, nachdem Scharon mit seinen politischen Freunden den heiligen Platz längst verlassen hatte, kam es in Jerusalem zu den blutigsten Ausschreitungen in den letzten Jahren. Sie dehnten sich bald auf alle Palästinensergebiete aus. Anstifter war wieder der Großmufti von Jerusalem *Akrima Sabri*. In seiner Freitagspredigt am darauf folgenden Tag rief er schärfer als sonst die palästinensischen Moslems auf, gegen die Juden vorzugehen: „Lasst mich klar sagen, dass es keine Befreiung für die Al-Aksa-Moschee geben wird ohne die Errichtung eines islamischen Reiches, das die islamische Nation vereint, um im Heiligen Krieg die Juden zu vernichten und die Amerikaner, die imperialistischen Ungläubigen."

„Als ich einmal wegen einer Angelegenheit auf dem Tempelberg war, sagte ich zu dem Mufti: ‚Wissen Sie, Sie haben dies hier nur vorübergehend.' Er fragte: ‚Warum nur vorübergehend?' Ich antwortete: ‚Bis der Messias kommt.' Dann sagte er: ‚Woher wissen Sie, dass der Messias nicht ein Moslem sein wird?' Ich erwiderte, dass das unwahrscheinlich wäre, ich aber bereit sei, das Risiko auf mich zu nehmen, wenn auch der Mufti das Risiko trage, dass der Messias kein Moslem sein werde."

TEDDY KOLLEK,
Ex-Bürgermeister von Jerusalem, zum Besitzanspruch der Moslems auf den Tempelberg

Scharons angebliche „Provokation" und Sabris Aufruf zum Kampf gegen die Juden und Amerikaner wurden nun zum Funken eines gewaltigen Hassausbruchs. Kaum war das Freitagsgebet vorüber und die TV-Übertragung der „Predigt" des Großmuftis zu Ende, stürmten mehr als 2000 Moslems mit dem Schlachtruf „Allah ist groß!" und bewaffnet mit Steinen, Brandsätzen und Sturmgewehren auf den Tempelplatz und in die Gassen der Altstadt. Es gab zahlreiche Tote und Schwerverletzte. Unter ihnen auch Jerusalems Polizeichef *Jair Jitzchakiy*.

Während Israels Regierungschef *Barak* den Palästinensern die Schuld an diesem Desaster gab, schob *Arafat* sogleich der israelischen Regierung den „schwarzen Peter" zu: Sie allein verantworte „das Massaker an unserer Bevölkerung". Sein Berater *Nabil Abu Rudeinek* warf Scharon sogar vor, persönlich für die Unruhen verantwortlich zu sein, und forderte ihn auf, die „provokativen Handlungen gegen die Palästinenser zu beenden". Voreilig gab auch der EU-Ratspräsident *Jaques Chirac* (Frankreich) allein Scharon die Schuld für die blutigen Unruhen. Und der UN-Sicherheitsrat beeilte sich sogleich, Israel dafür zu verurteilen. Einige Monate später jedoch bestätigte der Kommunikationsminister der Palästinensischen Autonomiebehörde *Ismael Falouji* offiziell vor ausländischen Medien, dass der Besuch Scharons auf dem Tempelberg im September 2000 nicht der eigentliche Auslöser der „Al-Aksa-Intifada" war. Die Unruhen seien vielmehr bereits nach dem Scheitern des Camp-David-Gipfels im Juli 2000 geplant gewesen.

Beten und Bomben an „heiliger Stätte"

Da beten sie also alle an „heiliger Stätte". Die palästinensischen Moslems in und außerhalb ihrer Heiligtümer auf dem Tempelberg. Und die Juden unten davor an der Westmauer des Heiligen Berges. Beiden beten sie zu Gott. Zu dem „Einen Gott", wie viele Juden, Christen und Moslems meinen.

Aber was ist das für ein Gott, den die Juden als „Jahwe", die Moslems als „Allah" und die Christen als „Vater Jesu Christi" bezeichnen? Was ist das für ein Gott, der militanten Juden angeblich den Auftrag gibt, den Felsendom und die Al-Aksa-Moschee zu sprengen. Um dort einen dritten jüdischen Tempel aufzubauen, damit endlich der Messias kommt? Und was sind das für Christen, die im „zionistischen Eifer" ihnen dabei helfen wollen? Was ist das für ein Gott, dessen Moscheenprediger und Religionslehrer ihren Gläubigen statt Versöhnung Hass und statt Frieden den „Heiligen Krieg" predigen? Was sind das für Beter, die rasend vor Wut aus den Moscheen stürmen und mit einem wahren Steinbombardement die jüdischen Beter an ihrer heiligen Stätte attackieren, in den Straßen und Gassen Jerusalems die israelischen Sicherheitskräfte angreifen und ahnungslose Israelis in Bussen und auf Märkten in Jerusalem, Tel Aviv und Netanya in den Tod bomben?

Und wie soll der Tempelberg noch „heilig“ sein, wenn er von den Palästinensern und Moslems ständig entweiht wird? Indem sie ihn als Ausgangspunkt für Hass und Gewalt, Tod und Trauer missbrauchen?

Die Antwort Gottes ist klar: „Wer darf auf den Berg des HERRN gehen? Und wer darf an heiliger Stätte beten? Wer unschuldige Hände hat und reines Herzens ist und nicht auf Lug und Trug aus ist und nicht falsche Eide schwört: dem werden seine Bitten erfüllt und den wird der HERR segnen mit Gerechtigkeit und Heil“ (Psalm 24,3–5).

Es wird endlich Zeit, dass der Tempelberg zu einer „Stätte des Gebets für alle Völker“ wird (Jesaja 56,7). Dazu bedarf es jedoch nach der biblischen Endzeitgeschichte des Baues eines neuen heiligen Tempels auf dem Tempelplatz. Damit sich Gottes Verheißung erfüllen kann: „Es soll die Herrlichkeit dieses neuen Hauses größer werden als die des ersten gewesen ist. Und ICH will Frieden geben an dieser Stätte, spricht der HERR Zebaoth“ (Haggai 2,9).

Solange aber die islamischen Heiligtümer auf dem heiligen Berg Brutstätten von Hass, Gewalt und Terror sind, und die Palästinenser den Juden die historischen Rechte und Israel die Souveränität über Jerusalem, die Altstadt und den Tempelberg weiterhin absprechen, kann und wird es keinen Frieden im Nahen Osten geben. Wer Israel und das jüdische Volk zwingen will, nationalen und religiösen Selbstmord zu begehen durch den Verzicht auf seine Oberhoheit über Jerusalem und „Zion“, treibt die Welt in einen apokalyptischen Krieg. Bereits ein neuer Terroranschlag könnte ihn auslösen.

Der Tempelberg den Juden!

Exklusiv-Interview mit Gershon Salomon

Sie nennen sich die „Getreuen des Tempelberges" (The Temple Mount and Eretz Yisrael Faithful). Ihr erklärtes Ziel: Sie wollen den Tempelberg wieder ganz für das jüdische Volk zurückgewinnen. Wodurch? Durch verschiedene spektakuläre Aktionen. Wie den (wiederholten) Versuch, zunächst auf dem Hochplateau den Grundstein für den 3. Tempel zu legen. Damit machten sie weltweit schon mehrfach auf sich aufmerksam.

Führer dieser nationalistisch-religiösen Bewegung ist GERSHON SALOMON (GS), Professor für Orientalistik an der Hebräischen Universität in Jerusalem. Mit ihm führte der Autor (FM) das folgende Exklusiv-Interview.

Beseitigung des arabischen Imperialismus und Kolonialismus auf dem Tempelberg

FM: Herr Salomon, seit wann gibt es die Bewegung „Die Getreuen des Tempelberges" und warum wurde sie gegründet?

GS: Sie wurde nach dem Sechs-Tage-Krieg 1967 gegründet, als wir sahen, dass einige Tage nach der Befreiung des Tempelbergs durch israelische Soldaten der damalige Verteidigungsminister *Moshe Dajan* den arabischen Feinden den Tempelberg wieder zurückgab. Wir hatten in diesem Moment das Gefühl, dass der 2000-jährige Traum des jüdischen Volkes, an den Ort zurückzukehren, der so tief die Geschichte des Volkes Israel und seines Landes verkörpert, nun plötzlich wieder zerbrochen wurde. Es war ein Schock für uns. Darum traten wir an, um dies zu korrigieren.

FM: Wie groß ist Ihre Bewegung?

GS: Wir haben in Israel ungefähr 10.000 eingeschriebene Mitglieder. Es sind religiöse, orthodoxe und nationalistische Leute. Darüber hinaus gibt es Hunderttausende in und außerhalb Israels, die uns unterstützen und deren Sympathie wir haben. Wir sprechen für alle diese Menschen und meinen sogar, der Mund des jüdischen Volkes in Israel zu sein.

FM: Welche Ziele verfolgen Sie und Ihre Bewegung?

GS: Das erste wichtige Ziel ist, entsprechend dem historischen Wunsch und Willen unseres Volkes, als Juden und Israelis wieder auf den Tempelberg zurückzukehren. Sie müssen verstehen, dass der Tempelberg nicht nur ein Platz ist. Er ist ein Symbol für alles, was mit unserem Volk und Land zu tun hat. Die Geschichte unseres Volkes begann schon zur Zeit Abrahams auf dem Tempelberg. Seitdem war und blieb er über Jahrtausende stets ein Mittelpunkt unseres Lebens und Glaubens. Die Verbindung unseres Volkes zum Tempelberg war deshalb auch in der Zerstreuung nie abgebrochen. Im 7. Jh. n. Chr. kamen dann die Araber. Sie eroberten den Tempelberg und errichteten darauf den Felsendom und die Al-Aksa-Moschee. Sie taten dies als Imperialisten, die dieses Land mit Gewalt eroberten. Ich frage Sie, was wohl die Reaktion der moslemischen Welt wäre, wenn wir Juden eine Synagoge in Mekka bauen würden. Oder wie die christliche Welt reagieren würde, wenn die Araber eine Moschee im Vatikan gebaut hätten. Die Präsenz der Araber auf dem Tempelberg heute ist deshalb Ausdruck und Fortsetzung des arabischen Imperialismus und Kolonialismus. Als wir Juden nun 1967 nach Jerusalem zurückkehrten, kehrten wir entsprechend dem Willen Gottes zurück. Denn das ganze Land Israel mit Jerusalem und dem Tempelberg wurde uns von Gott versprochen – für immer. Darum ist unser Ziel auch, den Tempelberg wieder in Besitz zu nehmen und darauf den Dritten Tempel zu bauen, wie es die Propheten angekündigt haben.

Ein Projekt des ganzen jüdischen Volkes

FM: Haben Sie schon konkrete Versuche unternommen, den Tempelberg wieder in israelischen Besitz zu nehmen?

GS: Zunächst haben wir in den letzten 30 Jahren ein großes Programm zur Unterrichtung des Volkes durchgeführt. Wir haben den Leuten erklärt, was der Tempelberg für Israel bedeutet. Die Frage des Tempelberges ist jetzt ein zentrales Thema im religiösen, geistlichen und kulturellen Bereich. Inzwischen haben wir auch praktische Schritte für den Wiederaufbau des Tempels unternommen.

FM: Welche sind das?

GS: Jüdische Architekten aus Israel und aus anderen Ländern haben bereits miteinander Pläne für den Bau des Dritten Tempels erarbeitet. Denn der neue Tempel soll ein Projekt des ganzen jüdischen Volkes sein. Diese Baupläne werden wir dem Staatspräsidenten, der Regierung, dem Parlament und dem Oberrabbinat vorlegen. Was wir wollen, ist, dass dann Parlament, Regierung und Oberrabbinat handeln und mit dem Bau des Tempels beginnen.

FM: Nun wäre ja die Verwirklichung eines solchen Projekts auf dem Tempelberg ein Politikum ersten Ranges. Würde das nicht den „Dschihad", den „Heiligen Krieg" aller Araber und Moslems gegen Israel auslösen?

GS: Die Araber haben schon mehr als fünf Kriege gegen Israel geführt und jeder war ein „Dschihad", ein „Heiliger Krieg". Dabei spielte der Tempelberg keine Rolle. Das eigentliche Problem ist vielmehr, dass die Araber hier weder einen Staat noch ein Volk Israel haben wollen. Ihr Konzept ist, dass es im Nahen Osten keinen Staat und kein Land geben darf, das nicht arabisch und moslemisch ist. Das aber ist Rassismus.

FM: Wissen die israelische Regierung und das Oberrabbinat von Ihren Plänen?

GS: Ja, sie wissen davon. Wir haben uns seinerzeit mit Israels Premier *Jitzhak Schamir* getroffen. Er sagte uns, dass er unseren Bemühungen mit Sympathie gegenüberstehe. Wir haben auch Israels früheren Oberrabbiner getroffen. *Mordechai Eljahu* sagte uns, er glaube fest daran, dass auf dem Tempelberg der Tempel wieder aufgebaut werden müsse. Seine ermutigenden Worte gaben uns neue Kraft, den Kampf um den Tempelberg fortzusetzen. Auch viele andere führende Rabbiner unterstützen mit ganzem Herzen unseren Kampf. Sie sind alle mit uns der tiefen Überzeugung, dass jetzt die Zeit da ist, auf den Tempelberg zurückzukehren, um dort in einem neuen Tempel Gott anzubeten. Wir fühlen deshalb, dass unsere Ziele die Ziele des größten Teiles des jüdischen Volkes sind. Denn es kann auf die Dauer keinen Staat und kein Volk Israel geben ohne Jerusalem und den Tempelberg.

Christen aus USA und Europa unterstützen den Neubau des Tempels

FM: Finden Sie für Ihre Ziele auch Unterstützung bei den Christen?

GS: Ja, sehr viel sogar. Viele christliche Gruppen, besonders aus Amerika und Europa, geben uns starke Unterstützung und bringen uns sehr viel Sympathie entgegen. Sie sagen uns, dass die Rückkehr des jüdischen Volkes in das Land Israel und besonders zum Tempelberg in Jerusalem ihrer tiefen christlichen und biblischen Überzeugung entspricht. Wiederholt haben sie uns versichert, wenn der Dritte Tempel auf dem Tempelberg gebaut werde, würden wir dafür die Unterstützung der ganzen christlichen Welt erhalten. Schließlich glauben sie, dass der Wiederaufbau des Tempels das Leben auf der ganzen Welt zum Positiven verändern würde. Das Leben würde geistlicher, moralischer und lebenswerter werden. Denn sie sind – wie auch wir – davon überzeugt, dass die wirkliche Erlösung der ganzen Welt abhängt von der Erlösung des jüdischen Volkes.

FM: Stehen Sie mit Ihren Plänen auch in Verbindung mit der Internationalen Christlichen Botschaft in Jerusalem?

GS: Sie haben sich mit uns getroffen und uns gesagt, dass sie unsere Ziele von Herzen unterstützen. Sie alle waren bewegt und voller Sympathie für unser Anliegen.

FM: Sicher haben Sie auch Verbindung zum Tempel-Institut in Jerusalem, das die Tempelgeräte rekonstruiert?

GS: Ja, wir stehen in freundschaftlicher Verbindung mit ihnen durch dasselbe Anliegen. Alle Mitglieder dieses Instituts, besonders deren Leiter Rabbiner *Jisrael Ariel*, sind schon lange Mitglieder unserer Bewegung.

FM: Zu einem neuen Tempel gehören auch Priester, die den Dienst im Tempel versehen. Wie wollen Sie dieses Problem lösen?

GS: Wir stehen in Verbindung mit der Jeshiva „Aterat Cohanim" in Jerusalem. Dort bereiten sich junge Israelis auf den Dienst als Priester im Tempel vor.

Eine „messianische Aktion" macht von sich reden

FM: Mitglieder Ihrer Bewegung versuchen schon seit Jahren auf dem Tempelberg einen großen Eckstein für den Tempelneubau abzulegen. Was wollen Sie mit dieser „messianischen Aktion" bewirken?

GS: Diese „messianische Aktion" hat zwei Ziele: Es soll der Anfang des Tempelbaus sein. Zugleich wollen wir einen „Grundstein" in Kopf und Herz eines jeden Israeli legen, um eine geistliche Revolution auszulösen. Denn der Wunsch, zum Tempelberg zurückzukehren und den Tempel wieder aufzubauen, ist zugleich der Wunsch nach Erneuerung und Wiederherstellung des biblischen Lebens. Das Leben unseres Volkes muss wieder auf den Grundlagen der Bibel und unserer Propheten beruhen.

FM: Sie sollen gesagt haben, dass man den Stein küssen solle ...

GS: Das ist eine Falschmeldung der Presse. Nicht der Stein ist heilig, sondern allein Gott. Wir glauben nicht an Steine, wir glauben an Gott. Der Stein ist nur ein Mittel zum Wiederaufbau des Tempels. Der Tempel selbst wird aber nie an die Stelle Gottes rücken.

FM: Der wiederholte Versuch Ihrer Bewegung, den Stein auf dem Tempelberg abzulegen, wurde von der israelischen Polizei bislang stets verhindert. Trifft Sie das sehr?

GS: Ich bin traurig, dass die Polizei und die Regierung uns nicht erlauben, den Stein auf den Tempelberg zu bringen. Nicht, weil sie nicht unserer Meinung sind, sondern weil sie die Reaktion der Araber und der übrigen Welt fürchten. Wenn man bislang nun auch nicht den Stein an seinen vorgesehenen Ort bringen konnte, so haben wir mit dieser Aktion doch den Prozess zum Wiederaufbau des Tempels in Gang gesetzt.

FM: Und die Reaktion des Oberrabbinats?

GS: Es gab keine. Aber keine Reaktion ist auch eine. Wenn sie der Aktion nicht wohlwollend gegenübergestanden hätten, dann wären sie offen dagegen angegangen. Deshalb war ihr Schweigen eine starke Unterstützung für uns.

Ein neuer Tempel noch vor dem Jahr 2010?

FM: Gehören Tempelneubau und Messiaserwartung nicht zusammen?

GS: Ganz gewiss. Alles was in den letzten 100 Jahren in diesem Land geschehen ist, ist zunächst einmal das Ziel Gottes und der Geschichte, dann aber auch der laute Ruf, dass der Messias kommt. Und der Wiederaufbau des Tempels wird dabei ein Höhepunkt sein.

FM: Nicht wenige Juden sind der Meinung, dass der Tempel nicht von Menschenhand vor dem Kommen des Messias gebaut werden soll. Was ist Ihre Überzeugung?

GS: Wir glauben, dass Gott unser gesamtes Leben will. Darum müssen wir auch bereit sein, alles hinzugeben für seine Ziele. Deshalb ist nach meiner Überzeugung der Wiederaufbau des Landes und Jerusalems und des Tempels eine Vorbedingung für das Kommen des Messias. Wir dürfen also nicht nur auf den Messias warten, wir müssen auch etwas dafür tun, dass er kommt. Der Messias wird gewiss kommen. Aber erst, nachdem wir mit Gottes Hilfe dieses Land, diesen Staat und als Höhepunkt davon den Tempel aufgebaut haben.

FM: Zu welchem Zweck soll der Tempel aufgebaut werden?

GS: Er wird ein Licht sein für das jüdische Volk und für die ganze Welt, wie die Propheten es verkündigt haben. Er wird ein religiöser, nationaler und moralischer Mittelpunkt sein, ein Platz, wo jeder seine inneren Gefühle äußern und zu Gott beten kann.

FM: In Presseorganen und von jüdischen Persönlichkeiten werden Sie und Ihre „Getreuen des Tempelberges“ als „Verrückte“, „falsche Messiasse“ und „militante Extremisten“ bezeichnet. Was sagen Sie dazu?

GS: Das ist die Meinung einiger fanatischer linker Leute in Israel, die geistig noch in der Diaspora leben. Die meisten Zeitungen und die führenden politischen und religiösen Repräsentanten in Israel sowie die Führer der jüdischen Gemeinden in der Welt haben uns jedoch ihre Sympathie bezeugt – oder sie haben einfach geschwiegen. Wissen Sie, der Bau eines Dritten Tempels ist für manche ein revolutionärer Gedanke, der ihnen einfach zu groß ist. Denken Sie an *Theodor Herzl*, der 1898 in sein Tagebuch schrieb, dass in 50 Jahren der Staat Israel gegründet sein werde. Hätte er das damals laut gesagt, hätten viele ihn als einen Verrückten bezeichnet. Aber genau 50 Jahre später (1948) wurde der neue Staat Israel Wirklichkeit. Er war also kein Verrückter, kein Lügenmessias, er war ein großer Prophet seines Volkes.

FM: Bei Herzl waren es zwischen Idee und Wirklichkeit 50 Jahre. Wie lange dauert es bei Ihnen, bis der Tempel aufgebaut wird?

GS: Keine 50 Jahre. Denn in den 50 Jahren zwischen 1898 und 1948 haben wir Juden einen furchtbaren Preis bezahlt: das Leben von Millionen unserer Brüder und Schwestern. Darum glauben wir, dass die Zeit jetzt gekommen ist, auch den Tempel aufzubauen, von dem die Bibel spricht. Wir bitten deshalb besonders die ganze Welt um ihre Unterstützung. Besonders auch die Christen. Wir wollen mit dem Tempelberg ja nicht einen Quadratzentimenter eines fremden Landes für uns haben. Wir wollen aber auch nicht einen Fußbreit unseres Landes, einschließlich des heiligen Tempelbergs, anderen Völkern überlassen.

Moscheen mit moderner Technik nach Mekka?

FM: Und was soll mit dem Felsendom und der Al-Aksa-Moschee auf dem Tempelberg geschehen?

GS: Göttliche Inspiration und moderne Technik werden es möglich machen, beide Moscheen von Jerusalem nach Mekka zu transportieren. Unbeschädigt!

FM: In den letzten Jahrzehnten wurde von jüdischen und christlichen Fanatikern mehrfach versucht, den Felsendom und die Al-Aksa-Moschee in Brand zu stecken und zu zerstören, um Platz für den Neubau des Tempels zu schaffen. Wie stehen Sie dazu?

GS: Solchen Aktionen stimme ich nicht zu. Unsere Tätigkeit bewegt sich im Rahmen der Gesetze und ist nicht gegen sie gerichtet. Wir müssen alles mit dem Herzen tun, aber auch mit dem Verstand. Was mit den islamischen Heiligtümern geschehen soll, ist Sache der Regierung und des Parlaments.

FM: Ein Neubau des Tempels auf dem Tempelberg würde ja auch bedeuten, dass die Araber ihre Rechte über den Tempelberg aufgeben müssten?

GS: Ja, die Araber sollen ihren Imperialismus und Kolonialismus über den Tempelberg aufgeben und das Land Israel verlassen. Denn das ganze Land mit Jerusalem und dem Tempelberg gehört uns Juden. Gott hat es uns gegeben für alle Zeiten.

FM: Und wohin sollen die arabischen Palästinenser, die in diesem Land wohnen?

GS: Die Araber haben 22 Länder und 22 Hauptstädte mit zusammen 14,5 Millionen Quadratkilometern vom Atlantik bis zum Persischen Golf. Wir aber haben nur dieses kleine Land von etwa 21.000 Quadratkilometern. Die Araber können ihre Leute ohne Schwierigkeiten in ihren Ländern aufnehmen.

FM: Hassen Sie die Araber?

GS: Nein, wir hassen keine Araber. Wir lieben alle Menschen als Menschen, die Gott geschaffen hat: Moslems, Christen, jedermann! Wir wollen nach dem Willen Gottes nur, dass wir hier frei leben, unser Land aufbauen und das Kommen des Messias vorbereiten.

„Der Felsendom muss weg!"

Keine Zukunft für moslemische Heiligtümer auf dem Tempelberg

GERSHON SALOMON, der geistige Führer der „Getreuen des Tempelberges", fordert schon seit langem: „Der Felsendom muss weg!" Er steht mit dieser Forderung nicht allein. Nicht nur seine „Getreuen", sondern auch viele Christen in allen Teilen der Welt pflichten ihm bei. Die meisten von ihnen sind evangelikal und charismatisch. Und vor allem christlich-zionistisch. Sie alle erwarten, dass auf dem Tempelberg bald der 3. Tempel gebaut wird. Nur der Felsendom steht dem im Wege! Aber wie und wodurch soll das islamische Heiligtum verschwinden?

Platz schaffen für den 3. Tempel

Nach *GERSHON SALOMONS* Überzeugung muss der Felsendom verschwinden, bevor der 3. jüdische Tempel wieder aufgebaut wird. Er beruft sich dabei auf die Bibel und sagt: „Ich rate den Moslems, Israel zu verlassen. Es gibt woanders genug Platz für sie. Es gibt nur eine heilige Hauptstadt Gottes auf der Welt – das ist Jerusalem. Und sie gehört uns Juden.

Und hier werden wir den neuen Tempel errichten. Darum muss hier der Felsendom verschwinden. Man kann ihn ja in Mekka wieder neu aufbauen. Wir erfüllen eine von Gott bestimmte heilige Mission – zum Heil der ganzen Welt. So wie der Prophet Jesaja vorausgesagt hat. Und das kann nur unter der Führung Israels geschehen."

Gershon Salomon zitiert aus dem Buch Esra 1,3: „Ziehe hinauf nach Jerusalem und baue das Haus Jahwes, des Gottes Israels." Er weiß, was das für Israel für Folgen haben könnte: „Ich sehe vor mir einen großen Krieg kommen. Die Moslems und die Araber und ihre Verbündeten werden versuchen, uns zu vernichten (...) Unsere Regierung hat einem falschen Frieden zugestimmt. Es ist der so genannte ‚Friede von Oslo'. Wir haben Land abgetreten, das unserem Volk gehört. Wir haben es der PLO geschenkt, einer Gruppe von Terroristen und Mördern. Sie haben so viele Juden abgeschlachtet. Nur Hitler hat das übertroffen."

Was immer Gershon Salomon sagt und tut, stets hat er eine Vielzahl von messianisch-evangelikalen, fundamentalistisch-christlichen und jüdisch-zionistischen Gruppen aus den USA und anderen Ländern hinter sich, die seine Aktionen und Pläne ideell und finanziell unterstützen.

Auch sie fordern unverhohlen die Beseitigung des Felsendomes. Zwar ist er zweifellos ein herausragendes Wahrzeichen Jerusalems, aber als heidnischer Schandfleck auf dem Berg Zion ist er eine ständige Provokation für Juden und Christen. Und nicht zuletzt auch für Gott. Dies trifft auch für die Al-Aksa-Moschee zu. Mögen sie in Mekka und Medina stehen. Aber nicht in Jerusalem. Und schon gar nicht auf dem heiligen Berg Gottes. Das ist die einhellige Meinung vieler Juden und Christen!

Vor einem SUPER-GAU auf dem Tempelberg?

Allein in den letzten Jahren gab es mindestens 20 Versuche von religiösen Juden und übereifrigen Christen, die islamischen Heiligen Stätten auf dem Gottesberg gewaltsam zu beseitigen. Dazu der Terrorismus-Experte *Shmuel Berkovitz:* „Bis 1984 war man der Meinung, dass nur religiöse Verrückte und messianische Extremisten den Felsendom und die Al-Aksa-Moschee zerstören wollten, um den Tempelberg vom Islam zu befreien. Inzwischen weiß man, dass die meisten von ihnen ehemalige kampferprobte israelische Soldaten waren, die zur Gruppe ‚Jüdischer Untergrund' gehörten. Unter ihnen waren Offiziere und Piloten, die vorher als Elitesoldaten in der Armee gedient hatten. Die die Anschläge planten, waren also keine Anfänger. Ursprünglich sollte der Felsendom aus der Luft bombardiert werden. Doch den Felsendom mit Sprengstoff in die Luft zu sprengen, schien einfacher und effektiver. Nur der Wachsamkeit der israelischen Sicherheitskräfte ist es zu verdanken, dass der GAU auf dem Tempelberg bislang nicht eingetroffen ist. Noch steht der Felsendom. Aber er ist gefährdeter als jeder andere Bau der Welt."

Deshalb sind Polizisten und Soldaten auf und um den Tempelberg in ständiger Alarmbereitschaft. Denn ein Anschlag könnte zu einem neuen Krieg, ja zum 3. Weltkrieg führen!

Khari Dajami von der islamischen Verwaltungsbehörde auf dem „Haram", wie die Moslems den Tempelberg nennen, sagt darum unmissverständlich: „Israel und alle Welt muss endlich begreifen: Dieser heilige Ort symbolisiert unsere Geschichte und unseren Glauben. Ein weiterer Anschlag, ob von Juden oder Christen, würde bedeuten, dass sich Millionen von Moslems in Europa, Amerika, Asien und Afrika wie ein Mann erheben würden. Das hieße ‚Heiliger Krieg', O mein Gott, ich darf gar nicht daran denken. Sollte das je eintreffen, die ganze Welt stünde Kopf. Nicht einmal der Präsident von Amerika kann sich ein Bild davon machen, was das bedeuten würde."

Abu Ali, der in der Nähe eines belebten Zugangs zum Tempelberg frisch gepresste Fruchtsäfte an durstige Touristen verkauft, warnt: „Der Waqf verbietet, dass Juden auf dem Haram beten. Diese Juden, die das tun, sind lebensmüde, wenn sie meine Moschee anrühren. Das wird der ‚Heilige Krieg' werden. Diese Ungläubigen zu töten ist eine Wohltat für die Menschheit."

Dazu noch einmal der Terrorismus-Experte *Shmuel Berkovitz*: „An der Howard-Universität in den USA stellten sich Militärexperten die Frage: Wo könnte ein 3. Weltkrieg ausbrechen? Nach der Auswertung der Fakten kam man zu einem erschreckenden Ergebnis: Der 3. Weltkrieg könnte hier in Jerusalem auf dem Tempelberg ausbrechen. Ich bin davon überzeugt, dass jüdische und christliche Fanatiker dabei eine Rolle spielen. Sollte der Felsendom in die Luft fliegen, ist ein großer Krieg unvermeidbar."

Ähnlich kommentierte der britische Historiker *Richard Andrews*, der ein Buch über den Tempelberg veröffentlichte, das mögliche Endzeit-Szenarium: „Der Tempelberg ist eine Zeitbombe. Der Beginn des neuen Jahrtausends könnte der Zünder sein. Es braucht nur einen Funken, um einen Flächenbrand über die ganze Welt auszulösen. Der Anschlag eines einzigen Fanatikers kann die Katastrophe herbeiführen."

Die israelischen Sicherheitskräfte haben deshalb ihre Präsenz um und auf dem Tempelberg in letzter Zeit erheblich verstärkt und zusätzlich eine Vielzahl von Überwachungskameras installiert, um Anschläge von jüdischen, christlichen, aber auch moslemischen Extremisten zu verhindern.

Wird der Felsendom durch ein Erdbeben zerstört?

Nun muss die Beseitigung des Felsendoms und der Al-Aksa-Moschee aber durchaus nicht von Menschenhand herbeigeführt werden. Es kann auch auf ganz natürliche Weise durch ein „Zeichen Gottes" geschehen. Dies könnte nach Überzeugung vieler Juden und Christen ein großes Erdbeben sein.

Schon seit biblischer Zeit ist das kleine Land zwischen Mittelmeer und Jordan besonders erdbebengefährdet. In den vergangenen Jahrtausenden haben sich hier wiederholt starke Erderschütterungen ereignet. So u. a. zur Zeit des Königs Usia von Juda um 750 v. Chr. (Amos 1,1). Durch ein Erdbeben wurde auch im Jahre 31 n. Chr. die Essener-Siedlung von Qumran am Toten Meer zerstört. Seitdem fanden bis zur Gegenwart im Heiligen Land mindestens 90 weitere Beben statt.

Werden die islamischen Stätten auf dem Tempelberg eines Tages ebenfalls durch ein Erdbeben zerstört werden?

Die Heilige Stadt befindet sich nur etwa 20 km Luftlinie vom syrisch-afrikanischen Graben am Jordan und Toten Meer entfernt. Sie liegt folglich innerhalb einer der gefährlichsten Erdbebenzonen der Welt. In den letzten 2000 Jahren war sie wiederholt zum Teil starken Erdstößen ausgesetzt. So verwüstete 747 n. Chr. ein großes Erdbeben einen großen Teil der damaligen Stadt. Im Jahr 1016 n. Chr. wurde bei einem Beben der Felsendom auf dem Tempelberg schwer beschädigt und 6 Jahre später mit stärkeren Mauern wiederhergestellt. Genau 51 Jahre danach ereilte Jerusalem ein weiteres Beben: Der Felsen, auf dem das islamische Heiligtum errichtet ist, wurde gespalten. Aber das Bauwerk selbst erlitt keine schweren Schäden. 1929 entstanden sogar durch ein schweres Beben erhebliche Schäden an der nur 100 m weiter gelegenen christlichen Grabeskirche in der Altstadt.

Auf ein großes Erdbeben in der Zukunft weist auch der Apostel Johannes hin: „In einem Augenblick gab es ein heftiges Erdbeben. Ein Zehntel der (Alt-)Stadt von Jerusalem wurde zerstört. 7000 Menschen kamen dabei ums Leben." (Offenbarung 11,13) Wahrscheinlich handelt es sich bei den Opfern um Moslems, die sich in der Tat in solch großer Zahl und weit darüber hinaus auf dem Tempelberg zum Freitagsgebet versammeln.

Noch ist dies Zukunftsvision. Sie kann aber sehr bald Realität werden. Darum hoffen viele orthodoxe Juden und evangelikale Christen in aller Welt auf ein „Zeichen Gottes", dass durch ein erneutes großes Beben bald ohne Menschenhand der verhasste heidnische „Schandfleck Jerusalems" zerstört wird. Damit an alter biblischer Stätte auf dem Tempelberg mit dem Neubau des 3. jüdischen Tempels begonnen werden kann. Um das Kommen des Messias vorzubereiten.

Wie auch immer – eins ist jedenfalls sicher: Der heute noch über Jerusalem in Gold erstrahlende Felsendom hat keine Zukunft mehr. Für ihn wie auch für die in der Nähe stehende Al-Aksa-Moschee gilt, was der Prophet Jesaja für die Zukunft ankündigte: „Noch eine Zeit lang, dann wird von seiner Herrlichkeit nichts übrig bleiben!" (Nach Jesaja 14,14; 21,16).

Der letzte Krieg der Menschheit

Jerusalem wird zum Schicksal der Welt

Die „Jerusalem-Frage“ wird immer stärker zur Schicksals-Frage für Israel, den Nahen Osten und die gesamte Welt. Trotz aller „Friedensbemühungen“ wurde für sie bislang keine politische und friedliche Lösung gefunden. Weil es offenbar für alle Seiten keine wirklich akzeptable und praktikable Lösung gibt. Bleibt deshalb nur eine militärische? Allem Anschein nach ja. Die Zeichen dafür stehen bereits auf Sturm. Die Lunte brennt. Ein apokalyptischer Krieg um Jerusalem scheint unausweichlich. Zumal auch die biblische Prophetie ihn schon vor 2500 Jahren für die Endzeit angekündigt hat. Und diese Botschaft ist unbedingt ernst zu nehmen. Darum: Wer Ohren hat, der höre! Wer Augen hat, der sehe. Und wer dies liest, merke darauf! (Jeremia 20,4; Offenbarung 13,9; Matthäus 24,15). Wir leben in prophetischen Zeiten!

Alle reden vom „Großen Krieg“

Bereits Jesus hat in seiner bedeutenden prophetischen Rede für die Endzeit darauf aufmerksam gemacht: „Ihr werdet hören von Kriegen und Kriegsgeschrei. Seht zu und erschreckt nicht. Denn das muss so geschehen . . .“ (Matthäus 24,6).

Besonders im Blick auf den Nahostkonflikt scheint dies heute immer mehr Wirklichkeit und Wahrheit zu werden.

Es ist auffallend und unüberhörbar, wie viele Politiker und Journalisten, Militärs und Historiker, Juden und Araber, Christen und Nichtchristen und auch der „Mann auf der Straße" von einem möglichen Krieg im Nahen Osten sprechen.

Der Nahostkorrespondent *EVANGELOS ANTONARUS* schreibt: „In den letzten 20 Jahren wurde in Israel noch nie so häufig von einem neuen Krieg gesprochen wie in der letzten Zeit." Viele Israelis und Christen rechnen „mit großer Wahrscheinlichkeit in naher Zukunft" mit einem Krieg im Nahen Osten, der „apokalyptische Ausmaße" annehmen könnte. In Israel und den arabischen Nachbarländern herrscht bereits fatale Endzeitstimmung. Wegen und um Jerusalem. Das hat den wohl bekanntesten und renommiertesten Nahost-Experten und Journalisten *PETER SCHOLL-LATOUR* zu der höchst bemerkenswerten Aussage veranlasst: „Eine politische und friedliche Lösung des Jerusalem-Problems ist kaum vorstellbar. Sie wird zu einer Frage des Jüngsten Gerichts."

Bereits einige Jahre vorher warnte Jordaniens König *HUSSEIN*: „Wenn Israel Ost-Jerusalem nicht räumt, wird das *zum großen Holocaust der Welt* führen."

Und der berüchtigte geistliche Führer der militanten moslemischen Hamas-Bewegung, *JASSIN*, ist fest entschlossen: *„Wir werden um Jerusalem den großen Weltbrand entflammen."*

Das heißt im Klartext: Weltkrieg. Und zwar auf dem Territorium des Heiligen Landes gegen Israel.

Der apokalyptische Krieg der Endzeit

Die aktuellen Ereignisse und die sich anbahnenden Entwicklungen um und wegen Jerusalem liegen bereits seit langem im Blickfeld der biblischen Prophetie. Und sie mutet uns heute eine ganze Menge zu. Sie spricht davon, dass am „Ende der Endzeit", also am Vorabend des Kommens des Messias bzw.

der Wiederkunft Jesu Christi, wegen des ungelösten Status von Jerusalem ein großer Krieg ausbricht. Er wird Israel im Besonderen, darüber hinaus aber auch die gesamte übrige Welt in die apokalyptische Katastrophe stürzen.

Gott hat durch den Propheten Sacharja vor 2500 Jahren über diesen zukünftigen „Krieg aller Kriege" eindeutige Aussagen gemacht, die sich in der bisherigen Welt- und Menschheitsgeschichte so noch nicht erfüllt haben. Sie sind deshalb heute von außergewöhnlicher Aktualität und Bedeutung.

„In der letzten Zeit (= Endzeit) werde ICH Jerusalem *für alle Völker* zum Taumelbecher (= Becher berauschenden Weins) und Laststein machen, wenn sie zum Krieg gegen Jerusalem aufbrechen und es angreifen werden . . ." (12,2f.; 14,2).

Daraus hat der evangelikale Theologe und Alttestamentler, Prof. Dr. *Samuel Külling,* Rektor der Staatsunabhängigen Theologischen Hochschule in Basel, die Schlussfolgerung gezogen: „Nach der biblischen Prophetie wird es keinen umfassenden Frieden zwischen Israel und seinen arabischen Nachbarstaaten geben. Sondern einen allumfassenden Krieg der Endzeit um Jerusalem."

In den „Planspielen" der amerikanischen Harvard-Universität und des US-Verteidigungsministeriums, dem Pentagon, wird ein solcher Krieg um Jerusalem bereits „geprobt". Und laut eines Berichts einer „Panorama"-Sendung des ARD-Fernsehens, trainieren bereits in den Wüstengebieten im Südosten der USA amerikanische und deutsche (!) Soldaten für einen möglichen Einsatz „in einem Gebiet des Nahen Ostens, in dem es sehr heiß ist".

Dieser zukünftige Krieg wird ein apokalyptischer Krieg sein. Der letzte Krieg der Menschheit. Mit unvorstellbarer Zerstörungskraft und Grausamkeit.

Der frühere österreichische UN-Diplomat und Kulturphilosoph, der gläubige Christ (Katholik) Prof. Dr. *Kurt Becsi,* hat sich schon vor Jahren intensiv auf dem Hintergrund der biblisch-prophetischen Aussagen und der Entwicklung des israelisch-arabischen Konfliktes mit der Wahrscheinlichkeit eines kommenden apokalyptischen Krieges im Nahen Osten auseinander gesetzt. In seinem Buch „Aufmarsch zur Apokalypse“ (Zolnay, 1971), das seinerzeit weltweit großes Aufsehen erregte, schreibt er: „Dieser letzte Krieg der Menschheit ist nicht nur ein sich bis zum Absoluten steigernder Vernichtungskrieg, sondern er bedeutet zugleich auch die absolute Auflösung aller bisherigen Ordnungen ... Terrorgruppen, Fanatiker, Extremisten, Mörder, Psychopathen werden in diesem Krieg in den Vordergrund treten, zutiefst psychopathische, dämonisierte, entmenschte Menschen, die den apokalyptischen Menschentyp klar erkennen lassen, der den Charakter dieses Krieges bestimmen wird. Dieser totale Krieg wird die Entmenschlichung des Menschen als globales und zuinnerst als das antichristliche Phänomen enthüllen ...“

Auf dieses „Menschenbild der Endzeit“ wies bereits der Apostel Paulus in 2. Timotheus 3 hin. Es hat zum Inhalt eine Vielzahl von entarteten Menschentypen, Religionen, Ideologien und abnormen Verhaltensweisen. Sie lassen heute schon diese von Becsi in seinem Buch skizzierte Schreckensvision möglich erscheinen. Und sie werden sich zuletzt wie ein Fokus auf Israel und den Nahen Osten konzentrieren.

Sie kommen aus allen Himmelsrichtungen

Der Prophet Sacharja verkündete: „In der letzten Zeit werden alle Völker der Welt zum Kampf gegen Jerusalem aufbrechen“ (12,3; 14,2). Jahrhunderte später bekräftigte der Apostel Jesu Christi, Johannes, in einer Vision diese Ankündigung: „Könige der ganzen Welt werden sich an diesem Krieg aller Kriege beteiligen“ (Offenbarung 16,14).

Die Frage, die viele Leser interessiert, ist: Welche Völker und Staaten könnten bzw. werden dies sein?

Nach der biblischen Prophetie könnten dies aus der geographischen Perspektive des Landes Israel folgende Nationen, Machtblöcke und Militärbündnisse sein, die gegen Jerusalem aufmarschieren und kämpfen:

- *„Könige des Südens" (Daniel 11,40ff.; Hesekiel 38,5).*
  Es sind zweifellos die Palästinenser und die Staaten der Arabischen Liga mit insgesamt 900 Mio. Arabern: Ägypten, Syrien, der Libanon, Jordanien, Algerien, Marokko, Jemen und 5 weitere Golfstaaten.

- *„Könige vom Aufgang der Sonne" (Offenbarung 16,12).*
  Mit großer Wahrscheinlichkeit sind dies die ostasiatischen islamischen Republiken Irak, Iran, Pakistan, Bangladesch, Indonesien und Malaysia. Zusammen mit den arabischen Staaten sind sie mit ihren 1,1 Mrd. Moslems alle den Lehren Mohammeds und des Korans verpflichtet. Und damit dem „Dschihad" (Heiligen Krieg) gegen alle Ungläubigen. Besonders gegen die Juden und die Völker des Christlichen Abendlandes.
  Möglicherweise sind es außerdem auch die großen bevölkerungsreichsten Staaten Asiens wie Indien, China und Japan (Jeremia 5,15–18; vgl. Joel 2,1–12). Sie alle kommen vom Osten über den Euphrat, um gegen Israel zu kämpfen.

- *„Das Tier aus dem (Völker-)Meer"*
  (Offenbarung 13,1–17).
  Eine Anzahl biblischer Schriftforscher, Theologen und Historiker sind der Meinung, dass es sich um den autokratischen „Führer" eines vorher entstandenen „Vereinten Europa der Staaten" handelt, dessen Vorläufer die Europäische Union (EU) ist.
  Es ist auffallend, dass die Staaten der EU in ihrer Mehrheit betont israelfeindlich sind. Und es ist eine bekannte Tatsache: Wer gegen Israel ist, ist auch gegen Gott. Und so verwundert es auch nicht, dass in der EU-Charta, die am 14.11.2000 mit 93 gegen 41 Stimmen beschlossen wurde, „Gott völlig fehlt" – so Kardinal *JOSEPH RATZINGER*. Besonders der atheistische und ausgeprägt israelfeindliche und palästinenserfreundliche französische Staatspräsident *JAQUES CHIRAC* hatte darauf bestanden, keinen Bezug zur christlichen Religion in die Charta aufzunehmen.
  Nur Deutschland, dessen Grundgesetz einen Gottesbezug

in der Präambel enthält, schlägt wegen seiner nationalsozialistischen Vergangenheit, die 6 Mio. Juden das Leben kostete, gegenüber Israel noch einen halbwegs neutralen Kurs ein. Doch das könnte sich sehr schnell ändern.

- *„Gog und Magog" aus dem Norden (Hesekiel 38 u. 39).*
  Nach übereinstimmender Ansicht von nicht wenigen Historikern, Völkerkundlern und Theologen sind damit wahrscheinlich Russland und die GUS-Staaten gemeint. Sie sind teils atheistisch oder moslemisch eingestellt.

Insgesamt gesehen dürfte es sich bei den „Königen der ganzen Welt" wohl um die Vereinten Nationen (UNO) als Staatengemeinschaft der Welt handeln. Wegen der Mehrheit ihrer Mitglieder aus Staaten der Dritten Welt, die meist islamisch und/oder arabisch sind, war und ist die UNO schon immer israelfeindlich und antizionistisch eingestellt gewesen. „Noch nie haben der araberfreundliche und -hörige UN-Sicherheitsrat und die UN-Vollversammlung einen Beschluss gegen die Araber, sondern immer nur gegen Israel gefasst. Nur ein Veto der israelfreundlichen USA konnte gelegentlich eine Verurteilung Israels verhindern." So Israels erster Botschafter in Deutschland, *Asher Ben Nathan.*

Arafat versucht schon seit 25 Jahren, den Nahostkonflikt zu internationalisieren und ein Eingreifen der UNO durch eine internationale Truppe zu provozieren.

Es ist deshalb durchaus vorstellbar, dass die Vereinten Nationen bei ihrem Aufmarsch zum letzten Abenteuer der Menschheit eine „Armee aller Armeen" aufstellen. Eine multi-nationale Streitmacht von UN-Truppen. Zu ihr müsste man zweifellos rechnen:

- *Arabische Armeen.*
  Derzeit ca. 1,7 Mio. Soldaten.

- *Palästinensische Verbände.*
  In den palästinensischen Gebieten gegenwärtig mindestens 100.000 bewaffnete Kämpfer. Hinzu kämen Palästi-

nenser aus anderen arabischen Ländern, deren Zahl nicht einmal geschätzt werden kann.

- *„Dschihadkämpfer" aus islamischen Ländern des Mittleren und Fernen Ostens. Sowie „Volksbefreiungsarmeen" aus den volkreichsten Ländern der Dritten Welt* in Ostasien, z. B. aus China, Indien, Pakistan, Bangladesch und Indonesien, deren Zahl die biblische Prophetie auf 200 Mio. Mann beziffert (Offenbarung 9,16 – Elberfelder Übersetzung).

- *NATO-Truppen aus Westeuropa.*
  Geschätzte Zahl gegenwärtig ca. 4 Mio. Mann.

- Die neue *EU-Armee.*
  Als schnelle Eingreiftruppe in Krisenregionen soll sie nach Presseberichten 100.000 Mann umfassen. Dazu 95 Kriegsschiffe und 579 Flugzeuge. Sie sollen im Ernstfall in einem „Radius von 4000 km um Brüssel" eingesetzt werden. Also auch im Nahen Osten!

Diese Angaben und Zahlen, die verschiedenen Quellen entnommen wurden, so dem Internationalen Institut für Strategische Studien, Jane's Defense Weekly, Die Welt und andere Publikationen, lassen schon heute ein gewaltiges Endzeit-Szenarium möglich erscheinen.

Diese globale Bündnisstreitmacht könnte unter UN-Mandat im Nahen Osten gegen den unbeugsamen „Kriegstreiber und Aggressor" Israel aufmarschieren. Um die „Jerusalem-Frage", die „Israel-Frage" und die „Juden-Frage" in ihrem Sinne zu lösen.

Einen Vorgeschmack davon hat die Weltöffentlichkeit Anfang 1991 beim Golfkrieg gegen den Irak bekommen. Damals war eine von 178 Mitgliedsstaaten der UNO legitimierte Streitmacht von 28 Staaten, darunter auch arabische, gegen den irakischen Diktator *SADDAM HUSSEIN* aufmarschiert. Dafür haben sie zusammen mehr als 750.000 Soldaten aufgeboten und ein unvorstellbares Waffenarsenal mit westlichem Hightech eingesetzt.

Israel könnte im Kampf um Jerusalem der globalen Bündnisstreitmacht nur eine Armee von maximal ca. 2 Mio. Mann entgegenstellen. Allerdings hochgerüstet und bestens ausgebildet. Denn der jüdische Staat ist – so Ex-Generalstabschef *Ehud Barak* – „die stärkste Nation in einem 1500-km-Radius um Jerusalem. Stärker als jedes andere Land zwischen dem Kaukasus und den Ufern des Viktoriasees und von der Bucht von Bengali bis Teheran. Sie ist ausgerüstet, jeden ihrer Feinde in einer Woche zu Boden zu werfen." Man mag dies anzweifeln. Denn gegen die geballte Macht einer Welt-Endzeit-Armee unter Führung der Vereinten Nationen hätte sie keine Chance. Darum ist Gott diesen „großen Worten" längst entgegengetreten: „Es soll nicht durch Heer oder Kraft (protzende Worte) geschehen, sondern durch meinen Geist" (Sacharja 4,6). Eine Mahnung, die schon seit vielen Jahren auf der gusseisernen Menorah (siebenarmiger Leuchter), dem nationalen und religiösen Symbol des jüdischen Volkes, vor der Knesset in Jerusalem steht.

Sollte in baldiger Zukunft ein „Großer Krieg" der vereinigten Weltmächte gegen Israel geführt werden, woran die biblische Prophetie keinen Zweifel lässt und worauf die sich abzeichnenden Entwicklungen im Nahen Osten hinweisen, wäre dies der Auftakt zum letzten und blutigsten Abenteuer der Menschheit, das in einem unvorstellbaren Inferno enden wird.

Unter dem Oberbefehl dämonischer Mächte

Nach der Prophezeiung des Johannes in Offenbarung 16,13f. wird der Aufmarsch der vereinten antiisraelischen Streitmächte unter dem Oberbefehl dämonischer Mächte stehen. Es sind dies der *„Drache"*, das *„Tier"* und der *„Falsche Prophet"*.

Der *„Drache"* ist in der prophetischen Sprache der Bibel eine beispielhafte Bezeichnung für den Teufel bzw. Satan. Der russische Schriftsteller *Dostojewski* nannte ihn „den Geist der Vernichtung". Er verseucht das gesamte Denken,

Reden und Tun der Völker und ihrer Regierungen. Wenn sie auf Gott nicht hören, sondern aus blindem Hass gegen Israel kämpfen. Dabei werden sie sich selbst zerfleischen oder anderweitig vernichtet werden.

Das „*Tier*" befindet sich in der Gefolgschaft des Drachen. Es wird in der Offenbarung 13 und 17 beschrieben als ein menschliches Genie ersten Ranges. Es wird ein Politiker sein mit vorher nie gekannten Qualitäten. Ein Übermensch. Nach der Beschreibung des Johannes vereint es die List eines Panthers, die Kraft eines Bären und die Grausamkeit eines Löwen (13,2).

Als „starker Mann" mit unglaublichen diplomatischen Fähigkeiten wird er an der Spitze eines Bundes von Staaten stehen und außerordentliche Vollmachten besitzen, die vor ihm noch kein Staatsmann besaß (13,1; 17,12f.). Noch bevor er sich am letzten Krieg der Menschheit beteiligt, wird er lt. biblischer Prophetie das bis dahin Unmögliche möglich machen und für nur kurze Zeit im Nahen Osten einen Scheinfrieden zwischen Israelis und Palästinensern zustande bringen. Israel wird darüber sehr beglückt sein. Viele Juden werden in ihm den Messias sehen und ihm göttliche Verehrung entgegenbringen.

Da kein religiöser Jude einen Nicht-Juden als Messias akzeptieren würde, ist davon auszugehen, dass es sich bei diesem genialen „Friedensstifter" mit großer Wahrscheinlichkeit um einen assimilierten, säkularisierten Juden aus der westlichen Welt handelt (Johannes 5,43!). Doch er wird ein Pseudo-Messias sein. Der Anti-Christus. Die kurze Friedensperiode wird deshalb auch ein teuflisches Wunder sein. Ein Bündnis mit dem Tod und ein Vertrag mit der Hölle (Jesaja 28,14f.).

Religiöse Juden werden deshalb auf den falschen Messias, während er sich in Jerusalem als Gott-Mensch feiern lässt, ein Attentat verüben. Das er aber wie durch ein Wunder überlebt (Offenbarung 13,3). Nun, gepackt von einem teuflischen jüdischen Selbsthass, wird er möglicherweise die Armeen der westlichen Welt in den apokalyptischen Krieg führen. Mit dem Ziel, Israel zu entjudaisieren.

Der *„Falsche Prophet"* ist das „zweite Tier". Und der Dritte im Bunde mit dem Teufel und dem Antichristen (Offenbarung 13,11; 19,20; 20,10). Fast alle Interpreten der biblischen Prophetie sind der Auffassung, dass es sich um den religiösen Repräsentanten einer vorher entstandenen christlichen Welteinheitskirche oder Welteinheitsreligion handelt. Manche meinen, man müsse dazu neben dem Weltkirchenrat und dem Vatikan auch den Islam rechnen. Denn sie sind nach ihrer Ideologie alle antijüdisch, antijudaistisch, antiisraelisch sowie antizionistisch eingestellt und lehnen den israelischen Hoheitsanspruch auf ganz Jerusalem kategorisch ab.

Diese Überlegungen möge der unvoreingenommene Leser weder als absolut noch endgültig verstehen. Sie weisen nur auf Möglichkeiten bzw. Wahrscheinlichkeiten hin, deren endgültige Entwicklungen und Ereignisse abzuwarten sind.

Jedenfalls werden diese drei übermenschlichen und gottähnlichen Persönlichkeiten als „Teufelsgeister" die Drahtzieher des apokalyptischen Krieges sein. Als „Ausgeburten der Hölle" werden sie sich der Politiker und Militärs, der Rüstungslobbyisten und Waffenschieber, der Terroristen und Fanatiker und nicht zuletzt der Medien und Meinungsmacher bemächtigen, um sie in den letzten Krieg der Menschheit gegen das „Internationale Judentum" zu führen.

Aufmarsch zur Apokalypse bei Harmagedon

Den Aufmarsch der „Armee aller Armeen" gegen Jerusalem lokalisiert die biblische Prophetie mit einem geheimnisvollen Ort, der auf Hebräisch *„Harmagedon"* heißt (Offenbarung 16,16). Diese apokalyptische Chiffre war lange Zeit ein Rätsel. Inzwischen wurde sie allerdings von den Forschern entschlüsselt.

Das geheimnisvolle hebräische Wort „Harmagedon" heißt zunächst „Berg Megiddo". Wahrscheinlich aber ist damit die Ebene Megiddo gemeint. Sie ist geografisch mit der heutigen Ebene Jesreel im Norden Israels identisch und zieht sich von Haifa bis fast zum Jordangraben hin. Sie soll in der Zukunft der Brückenkopf und Ausgangspunkt der Armeen der Weltmächte für den letzten Krieg der Menschheit sein.

Der apokalyptische Krieg wird sich jedoch über das ganze Land Israel ausdehnen. Der Prophet Hesekiel redet von den „Bergen Israels“ (38,8). Sie sind die Berge Galiläas, die Golanhöhen, vor allem aber die Berge Samarias und Judäas im Herzen Israels (Westjordanland) mit Ost-Jerusalem.

Der Prophet Joel spezifiziert noch genauer. Er spricht vom „Tal Josaphat“. Dort soll die Entscheidungsschlacht im apokalyptischen Krieg stattfinden (4, 12.14). Das Tal Josaphat ist nach übereinstimmender Meinung von Bibelwissenschaftlern das heutige Kidrontal in Jerusalem zwischen Tempelberg und Ölberg.

Nach Offenbarung 14,20 wird die Frontlinie „1600 Feld Wegs“ lang sein. Das entspricht einem Radius von mehr als 200 Kilometern.

Man kann also davon ausgehen, dass es sich um die gesamte Region zwischen Mittelmeer und Jordan handelt. Im weitesten Sinn um den ganzen Nahen Osten, der unmittelbar zum letzten Kriegsschauplatz der Menschheit wird. Dabei steht Jerusalem im Mittelpunkt des apokalyptischen Infernos.

Nur ein weltweites Erschrecken vor den ungeahnten Folgen von Harmagedon könnte einer kurzen Friedensperiode im Nahen Osten noch eine Chance geben. Doch große Hoffnung gibt es dafür nicht.

Schlachtfeld Jerusalem

Mit dem „Großen Krieg“ gegen Jerusalem beginnt für Israel und für die ganze Welt die „Große Trübsalszeit“. Dabei werden die Leiden Israels alle Leiden der Welt übertreffen. Denn nach einem alten jüdischen Spruch aus dem Talmud sollen von zehn Maß Leiden neun über Jerusalem kommen und eins über die übrige Welt.

Während Jerusalem im Laufe seiner 3000-jährigen Geschichte mehr als 17-mal zerstört wurde, wird es in der Endzeit 42 Monate (= 3 1/2 Jahre) lang erneut „von den Heiden zertreten“ werden (Lukas 21,24; Offenbarung 11,2). „Jerusalem wird zum Schlachthaus der Völker“ *(Aldous Huxley)*. Und das jüdische Volk wiederum zum blutigen „Schlachtopfer“ für seine Feinde (Hesekiel 39,17).

Sacharja prophezeit:

- Die Hauptstadt Israels wird von starken feindlichen Verbänden angegriffen und nach erbittertem Widerstand der israelischen Verteidiger eingenommen und besetzt werden (14,2).
- Die Feinde werden raubend und plündernd durch Jerusalem ziehen. Dabei wird die Heilige Stadt wegen der heiligen Stätten von Christen und Moslems nicht zerstört werden, aber ihre Schönheit und Herrlichkeit werden dahin sein (14,2).
- Über die Bewohner Jerusalems kommt unermessliches Leid. Die jüdische Bevölkerung wird es besonders hart treffen (13,9). Jüdische Frauen werden von den Siegern geschändet (14,2). 50 Prozent aller Juden Jerusalems werden deportiert (14,2).

Das apokalyptische Inferno

Die „Mutter aller Schlachten“ gegen Jerusalem, von der einst der irakische Aggressor *Saddam Hussein* sprach, wird die ganze Welt in die größte militärische, ökologische und menschliche Katastrophe stürzen. Und in ein unvorstellbares Chaos von Blut und Tränen (Jeremia 25,15–26). Der Stein des Anstoßes und des Ärgernisses, der „Laststein Jerusalem“, den sie für immer beseitigen wollten, wird sie – bildlich gesprochen – selbst überrollen. Und den „Taumelbecher Jerusalem“ werden sie bis zur bitteren Neige leeren müssen.

Die Prophezeiungen der Propheten Israels, die Ankündigungen Jesu für die Endzeit und die schrecklichen „Bilder“ des Apostels Johannes, die viele Menschen lange Zeit für phantastisch und unglaubhaft gehalten haben, lassen heute schon das apokalyptische Inferno ahnen:

- Im letzten Krieg der Menschheit werden die verfeindeten

Nationen bzw. Weltmächte bedenkenlos *Atomwaffen* einsetzen. Ihrer nuklearen Feuerglut werden die israelfeindlichen Völker, Länder und Städte zum Opfer fallen. Nicht aber Jerusalem.

Der Prophet Hesekiel und der Apostel Johannes sehen visionär Feuer vom Himmel fallen. Das Land steht in Flammen. Die Vegetation wird versengt. Die Flüsse und Meere brennen. Die Menschen werden von der großen Hitze verbrannt. Die „Städte der Heiden" – also die Städte außerhalb Israels – sinken in Trümmern. Lesen Sie Offenbarung 8–9; 16,19; Hesekiel 38,22; 39,6!

Ähnliches beschreibt auch der Apostel Petrus: „Der Lufthimmel wird erfüllt sein von gewaltigem Krachen der Detonationen, die Elemente werden im Feuersturm vergehen, und was auf der Erde ist, wird verbrennen" (2. Petrus 3,10).

Das wird der Fluch der bösen Tat sein!

Heute sind nicht nur die USA, Russland, England, Frankreich und China im Besitz eines unvorstellbaren Arsenals von atomaren Vernichtungswaffen. Auch Indien, Pakistan und möglicherweise der Irak, der Iran und Libyen verfügen über erhebliche Mengen von A-Waffen. Über die genaue Anzahl der Sprengköpfe streiten sich die Experten. Sie gehen aber in die Tausende. Mit ihnen kann nicht nur viele Male das kleine Israel ausgelöscht werden, sondern auch unsere gesamte Erde und alles, was darauf ist.

Selbst die atombestückten Raketen der islamischen Nuklear-Länder wären in der Lage, nicht nur Israel einschließlich Jerusalem, Tel Aviv und Haifa dem Erdboden gleichzumachen, sondern auch einen Großteil der europäischen Länder und ihre Haupt- und Großstädte. Ihre Reichweite erfasst die halbe Welt. *Abdul Abbas*, einer der Führer der palästinensischen Befreiungsfront, sagte: „Eines Tages werden wir Araber Raketen haben, mit denen wir auch New York erreichen können", berichtete die „Jerusalem Post".

Der frühere israelische Staatspräsident *Chaim Herzog* warnte schon vor vielen Jahren bei einer Rede vor dem Europarat in Straßburg die westliche Welt, zu der auch Israel gehört: „Wenn der islamische Fundamentalismus mit nuklearen, biologischen und chemischen Waffen ausgerüstet sein wird, so muss uns allen klar sein, dass wir der bevorstehenden Katastrophe kaum entrinnen können. Die Zukunft der Welt bietet wahrlich ein düsteres Bild."

Ähnlich warnte der deutsch-jüdische Historiker *Michael Wolffsohn* in seinem Buch „Frieden jetzt" (edition ferenczy bei Bruckmann, 1994): „Die Nuklearisierung des Nahen Ostens könnte durchaus (auch ohne übertriebenen Pessimismus) zu einem Untergang des Morgenlandes führen – und nicht nur des Morgenlandes. Morgen der Nahe Osten und übermorgen die ganze Welt? Schreckliche Aussichten!"

Die eigentliche Kriegsgefahr kommt also aus dem Nahen und Mittleren Osten. Von den dortigen arabischen und islamischen Atommächten und ihren fanatischen und kriegslüsternen Diktatoren und Revolutionsführern.

Aber es ist längst auch kein Geheimnis mehr, dass Israel zu seiner Verteidigung derzeit über mehr als 200 atomare Sprengköpfe mit entsprechenden Trägerraketen verfügt. So die Jericho-1-Rakete mit einer Reichweite bis zu 500 km. Und Jericho-2-Raketen mit einer Reichweite bis zu 2000 km. Und vielleicht noch mehr.

Erwähnt seien auch die amerikanischen und russischen Wasserstoffbomben sowie die Neutronenbomben. Sie könnten besonders gegen Jerusalem Verwendung finden. Weil sie keine Gebäude zerstören. Oder nur sehr geringe Materialschäden anrichten. Die heiligen Stätten würden dadurch verschont bleiben. Denn die Hauptfähigkeit dieser Waffen liegt in der lautlosen Vernichtung von Menschen und anderen Lebewesen durch harte Neutronenstrahlung, die innerhalb von Minuten zum Tode führt.

Das erklärt auch, warum nach den Aussagen der biblischen Prophetie Jerusalem als „ewige Stadt" und „Kulturerbe der Menschheit" mit seinen heiligen Stätten nicht zerstört wird, wie wiederholt in der Vergangenheit geschehen, sondern für immer bestehen bleiben wird. Gott verheißt: „ICH werde Jerusalem mit einer feurigen (Schutz-)Mauer umgeben und sie beschützen. Damit will ICH mich darin herrlich erweisen" (Sacharja 2,9). Und: „Jerusalem wird für immer bestehen bleiben an seinem Ort“ (Sacharja 12,6; vgl. 14,10).

Während New York, Moskau, Peking und andere Metropolen der Welt in einem atomaren Flammenmeer untergehen werden (Offenbarung 16,19), ist und bleibt die Heilige Stadt für immer unzerstörbar. Weil Gott es so will und beschlossen hat.

Deshalb hat auch der ehemalige israelische Luftwaffenchef *Avivu Bin Nu* keine Angst wegen Jerusalem. Er sagt, dass es drei Gründe gibt, warum Israel und Jerusalem nicht mit Atomwaffen angegriffen werden wird:

1. Die Angreifer wüssten, dass auch Israel über A-Waffen verfüge.

2. Bei einem Atomangriff würden unweigerlich nicht nur die Heiligen Stätten des Judentums, sondern auch des Christentums und des Islam zerstört werden.

3. Gott aber habe versprochen, Jerusalem werde für immer bestehen bleiben.

Biologische und chemische Waffen (Giftgas) könnten jedoch die Menschen in Israel und Jerusalem lautlos dezimieren. Und nicht nur sie.

US-Wissenschaftler und Militärs des Pentagon planen bereits eine weitere „lautlose Waffe“. Es sind spezielle Energiestrahlen, die als Radiowellen mit extrem niedriger Frequenz sich in eine klammheimliche Vernichtungswaffe verwandeln. Ihr Code-Kürzel: ELF. Diese Wellen reißen keine einzige Mauer ein. Sie dringen nur ins Gehirn und zerstören jeden Menschen, auf den sie gerichtet sind. Generäle, die solche Wellen-Waffen einsetzen, treiben ihre Opfer in den Wahnsinn und machen sie sofort kampfunfähig. „Was jetzt getestet wird, kann für die Menschheit katastrophaler werden als der Bau der Atombombe“, kommentierten Rüstungsexperten.

- Unter der im Nahen Osten kämpfenden multinationalen Streitmacht wird eine *furchtbare Seuche* ausbrechen, die eine unvorstellbare Anzahl von Toten fordert. Sacharja, der „Sprecher Gottes“, prophezeit: „Die Völker, die gegen Jerusalem kämpfen, wird der HERR mit einer furchtbaren Krankheit schlagen. Ihr Fleisch wird verfaulen, während sie noch auf ihren Füßen stehen. Und ihre Augen und ihre Zunge, die sie eben noch bewegt haben, zerfallen ganz plötzlich" (14,12).

Dies könnte durch den Einsatz von *biologischen Massenvernichtungswaffen (B-Waffen)* verursacht werden. Wie beispielsweise „Anthrax". Es ist, wie die Tageszeitung „Die Welt" (20.1.1998) berichtete, imstande, die ganze Menschheit auszurotten. Nach Aussagen der früheren US-Außenministerin *MADELEINE ALBRIGHT* kann man „damit jeden Mann und jedes Kind auf der Welt töten". Deutsche und russische Wissenschaftler arbeiten schon seit langem an diesem „hochwirksamen Killer-Bakterium".

Außerdem bastelt gegenwärtig Russland an der „Pocken-Bombe". Der russische Mikrobiologe *KEN ALIBEK* (alias Kanatjau Alibekow) sagte nach seiner Flucht in die USA: „Wir haben beispielsweise das Genom des Pockenvirus so verändert, dass die Tötungsrate deutlich erhöht wurde."

Oft aber ist gar nicht beabsichtigt, Erreger einzusetzen, die den Feind schnell töten. Viel wirkungsvoller können Mikroorganismen sein, die den Gegner lediglich schwer verwunden. Denn das senkt die Kampfmoral der Truppe viel nachhaltiger. Auf diese neue Superwaffe „Panik" wies bereits 1998 der US-Navy-Chef *RICHARD DANZIG* hin. Die Erreger könnten mit Flugzeugen, Raketen und Panzergeschossen, aber auch über Klimaanlagen, Wasser und Nahrungsmittel problemlos verbreitet werden mit einer hocheffizienten Wirkung. Es gibt auch darüber schon „Planspiele": 50 Kilogramm Bio-Kampfmittel werden mithilfe eines Flugzeugs auf die Windseite einer Stadt mit einer halben Mio. Einwohner – wie etwa Jerusalem – „verteilt". Dabei würde die Aerosolwolke durch einen Einsatz von Typhus-Erregern 19.000 Tote fordern und weitere 85.000 Menschen kampfunfähig machen. Bei Anthrax wären sogar 95.000 Opfer zu beklagen und 125.000 „sehr kranke Menschen".

Bio-Waffen sind leicht herzustellen. Und relativ billig. Man muss nur ein grundlegendes Verständnis von Infektionskrankheiten und Biotechnik haben. Deshalb steigt die Zahl der Länder, die über biologische Kampfstoffe verfügen, ständig. Zu ihnen sind heute vor allem der Irak, der Iran und Libyen zu rechnen. Sie können bereits – dank russischer und deutscher Biologen – Bio-Waffen mit 70 verschiedenen Erregern einsetzen. So hat nach dem Golfkrieg der Irak damit begonnen, „Milzbrandsporen und Gifte aus Schimmelpilzen zu munitionieren", wie „Die Welt" (9. 5. 2000) berichtete.

Im Zusammenhang mit der Prophezeiung Sacharjas muss man aber auch mit dem Einsatz *chemischer Massenvernichtungswaffen* rechen. Sie können ganze Armeen und Völker zu wandelnden Leichnamen machen, an deren Ende ein qualvoller Tod steht.

Mit brutaler Sachlichkeit beschreibt ein Handbuch der US-Armee die Wirkung der Nervengase GB und VX so: „Laufnase, Atemnot, verschwommene Sicht, Verdrehen der Augen, Sabbern, starkes Schwitzen, Übelkeit, Erbrechen, Krämpfe, unkontrollierter Stuhlgang und Urin, Zuckungen, Taumeln, Kopfschmerzen, Schlaflosigkeit, Koma, konvulsivische Zuckungen, Ende der Atmung, Tod."

Grausamer Vorreiter dieses qualvollen Sterbens ist der Irak von *Saddam Hussein*. Er ist schon seit vielen Jahren im Besitz chemischer Kampfstoffe. Aber auch von biologischen und atomaren Waffen. Bereits im achtjährigen Krieg gegen den Iran setzte er völkerrechtlich streng verbotenes Giftgas ein. Dabei starben Zehntausende von iranischen Soldaten einen qualvollen Tod. Mit Giftgas ließ der „Hitler von Bagdad" auch 13.000 Kurden und 2000 Christen in seinem Land umbringen. Bei der „Operation Wüstensturm" wollte der Diktator mit Giftgas nicht nur die vereinigten UN-Truppen ersticken lassen, sondern auch „halb Israel" auslöschen. Was er, Gott sei Dank!, dann doch nicht verwirklichte. Aber von seinem Ziel, mit Giftgas die „Endlösung" für Israel herbeizuführen, ist der Erzfeind der Juden bis heute nicht abgerückt.

Neben dem Irak verfügt auch Syrien über Nervengas. Nach Meldungen aus dem Zentrum für strategische Studien der israelischen Bar-Ilan Universität befindet sich der Nachbarstaat bei einer massiven Aufrüstung mit chemischen Waffen. In aller Stille haben die Syrer sich das umfangreichste chemische Waffenarsenal der arabischen Welt angeeignet.

Schließlich ist auch der libysche Revolutionsführer *Gaddafi* dabei, sich mit deutscher Hilfe ein Chemiewaffen-Arsenal zuzulegen. Wofür? Um es eines Tages gegen Israel einzusetzen.

Auch die Verwendung von uranangereicherter Munition kann ganz ähnliche Wirkungen hervorrufen wie biologische und chemische Kampfstoffe. So erkrankten Tausende von amerikanischen und Hunderte von britischen und französischen Soldaten, die während des Golfkrieges mit dem Staub und den Resten verschossener Uran-Munition in Berührung gekommen waren, an „Übelkeit, Haarausfall, Schwächeanfällen, schmerzenden Gelenken, Immunschwäche, Hautgeschwüren und Leukämie". Die US-Militärärzte umschrieben dies verharmlosend mit dem Begriff „Golf-Syndrom". Viele der Erkrankten sind daran inzwischen gestorben.

Auch im Balkan-Krieg wurde von der NATO Uran-Munition mit hochgiftigem Plutonium verschossen, das sich in Knochen, Leber, Nieren und Muskeln festsetzt. Eine wachsende Anzahl von KFOR-Soldaten im Kosovo klagt über schwere Gesundheitsschäden. Einige sind bereits dem Krebstod erlegen.

- Auf dem Höhepunkt der „Schlachtorgie" um Jerusalem wird die *internationale Allianz* der im Nahen Osten kämpfenden Armeen plötzlich *auseinander brechen.* Die UN-Truppen aus den einzelnen Nationalstaaten bzw. Militärblöcken werden einander zu Gegnern und Feinden. Gemeinsam waren sie gegen den Erzfeind Israel aufmarschiert, um die Hauptstadt Israels von den Zionisten zu befreien. Nun werden sie auf einmal gegeneinander kämpfen und sich gegenseitig zerfleischen. Das unmöglich Erscheinende wird Realität: „. . . sie werden völlig verwirrt sein und einer wird über den anderen herfallen" (Sacharja 14,13; vgl. Hesekiel 38,11).

Ein dramatisches Vorereignis davon lieferten die unter der UN-Flagge vereinten Streitkräfte während des Golfkrieges, als die Anti-Saddam-Front anfing, sich aufzulösen. Und aus verschiedenen Kriegspartnern sehr schnell Kriegsgegner wurden.

Auf diesen „Kampf aller gegen alle" haben auch die Propheten Israels im Zusammenhang mit dem letzten Krieg der Menschheit hingewiesen.

- Schließlich wird eine furchtbare *Öko-Katastrophe* den Nahen Osten und darüber hinaus weitere Teile der Welt heimsuchen.

Johannes, der „Seher von Patmos", erhält von Gott die Möglichkeit, diese Schreckensvision zu schauen und beschreibt sie so: Ein Drittel der Meere und Flüsse sind (atomar, biologisch und chemisch) verseucht. Menschen, die von dem Wasser trinken, sterben einen qualvollen Tod. Sogar ein Drittel aller Seevögel und Fische verendet in den verseuchten Gewässern (Offenbarung 8,8–12; 16,3f.).

Das wäre realistisch möglich durch radioaktiven Niederschlag und durch biologische und chemische Kampfmittel, die ins Wasser eingeleitet werden. Aber auch durch große Mengen an Erdöl, die von den arabischen Erdölfeldern ins Meer auslaufen. Bereits ein Liter Erdöl verseucht eine Mio. Liter Wasser.

Einen dramatischen Vorgeschmack dieser Schreckensvision erlebte 1991 die Golfregion durch den bis dahin beispiellosen Öko-Terror des irakischen Diktators. Er nahm während des Golfkrieges, der zeitweilig apokalyptische Ausmaße annahm, seine Umwelt wissentlich und vorsätzlich als Geisel und ließ 7 Mio. Tonnen Erdöl in den Persischen Golf fließen. Dadurch löste er die größte Ölpest aller Zeiten aus. Der riesige Ölteppich bedrohte den größten Teil der Wasserversorgung der Golfstaaten und der multinationalen Streitmacht. Teile des Persischen Golfes wurden infolge dieser Öko-Katastrophe zum „toten" Meer. Riesige Mengen an Meerestieren verendeten qualvoll. Die Umweltschäden dieser Ölpest sind auch nach mehr als einem Jahrzehnt nicht behoben.

Johannes beschreibt sodann, dass „aus dem Brunnen des Abgrunds Rauch wie aus einem großen Ofen aufsteigt", der „ein Drittel der Erdoberfläche in Dunkelheit hüllt" (Offenbarung 8,12; 9,1f.).

Wer denkt hierbei nicht an die brennenden Erdölfelder im Nahen Osten während des Golfkriegs. Sollten dort in einem neuen Krieg in einem Flammenmeer täglich 500.000 Liter Öl verbrennen, so sagen Umweltexperten, würden in kurzer Zeit 12 Mio. Tonnen Ruß in die Atmosphäre geschleudert. Ruß und Rauchschwaden würden mindestens zwei Jahre von West nach Ost um die Erde kreisen und ein Drittel ihrer Oberfläche weitgehend in Dunkelheit hüllen. Sonne, Mond und Sterne würden dort nicht mehr scheinen. Die Temperatur könnte weltweit um 10 Grad absinken. Dies wiederum könnte die Vegetation und Nahrungsmittelkette sowie die schützende Ozonschicht der Erde weiter zerstören. Und vor allem das menschliche Immunsystem auf Dauer schädigen. Wir würden nicht nur verstärkt anfällig für Infektionskrankheiten, sondern auch für Krebserkrankungen. Die Todesfälle würden weltweit erheblich zunehmen. Nicht auszudenken!

- Die „Mutter aller Schlachten" um Jerusalem wird *unvorstellbar viele Todesopfer* fordern. In Israel, im Nahen Osten und weltweit.

Während sich der Prophet Sacharja über die genaue Zahl der Toten in Jerusalem ausschweigt, prophezeite er aber, dass in Israel zwei Drittel aller Einwohner ums Leben kommen werden.

Bei einer derzeitigen Bevölkerung von 6,5 Mio. Israelis (Juden und Arabern) wären dies über 4,3 Mio. Todesopfer. Nur ein Drittel der israelischen Bevölkerung würde den Krieg überleben (13,8f.).

Der Apostel Johannes „sieht" in einer Vision sogar ein Drittel der gesamten Weltbevölkerung in dem apokalyptischen Inferno umkommen (Offenbarung 9,15.18).

Der „Krieg aller Kriege" wird so schrecklich sein, dass selbst Jesus in seiner dramatischen Endzeitrede gegenüber seinen jüdischen Jüngern auf dem Ölberg bei Jerusalem sagte: „Was dann geschieht, wird schrecklicher sein als alles, was jemals seit Beginn der Welt geschehen ist und was danach auch nicht mehr geschehen wird . . ." (Matthäus 24,21.22).

Wahrlich: Für Israel und den Nahen Osten sowie für die ganze Welt keine schönen Aussichten! Aber das sage nicht ich. Das sagte Jesus Christus. Das hat Gott gesagt. Durch die Propheten Israels. Und durch die Apostel Jesu Christi.

Foto: dpa

Der UN-Weltsicherheitsrat erweist sich durch die ständige Verurteilung Israels immer öfter als israelfeindlich. Die „Jerusalem-Frage“ wird für ihn und die UN-Vollversammlung immer mehr zum „Weltärgernis“. Werden bald UN-Truppen in Israel stationiert, um als „Welt-Endzeit-Armee“ den Aufmarsch zur Apokalypse vorzubereiten?

Foto: Isranet

Ägyptens Präsident *Hosni Mubarak* gilt als einer der gemäßigten arabischen Führer, der sich weithin antiisraelischer Hasstiraden enthält. Sein Amtsvorgänger *Anwar El-Sadat* schloss 1979 mit Israel „Frieden“.

Jitzhak Rabin

Shimon Peres

Bill Clinton

Ehud Barak

Ariel Scharon

Foto: Isranet

Der Weltfriede kommt nicht aus Oslo
oder aus Washington, sondern aus Jerusalem.
Und nicht von Menschen,
sondern vom Messias Jesus Christus.

Die Friedensnobelpreisträger *Jitzhak Rabin* (l.), *Schimon Peres* (4.v.l.) und *Jassir Arafat* (2.v.r.) bei der Unterzeichnung des Nahost-Abkommens am 13. September 1993 in Washington in Gegenwart von US-Präsident Bill Clinton (3.v.l.).

Foto: dpa

Der israelische Ministerpräsident *Ehud Barak* (l.), US-Präsident *Bill Clinton* (m.) und Palästinenserpräsident *Jassir Arafat* (r.) reichen sich am 2.11.1999 in der US-Botschaft in Oslo die Hände.

Foto: dpa

Ein israelisches und jordanisches (palästinensisches) Mädchen schließen Freundschaft – ein Zeichen der Hoffnung auf eine Zukunft des Friedens im Nahen Osten (Jeremia 29,11).

Foto: Fritz May

Für immer mehr Menschen aus aller Welt wird Jerusalem als zukünftige messianische Metropole zum internationalen Traumziel und Treffpunkt.

Top-Adresse Nr. 1 für Prominente: Jerusalem, die ewige Stadt.

Arap Moi, Präsident von Kenia, an der „Klagemauer".

UN-Generalsekretär *Kofi Annan* in Jerusalem.

Südafrikas Ex-Präsident *Nelson Mandela* mit Israels Ex-Präsident *Ezer Weizmann*.

Prinz *Philip* von Großbritannien und Prinzessin *Sophie* mit Ehepaar *Weizmann*.

Die holländische Königin *Beatrix* überreicht Jerusalems Bürgermeister *Ehud Olmert* ein Geschenk.

Ex-Staats- und Parteichef *Michail Gorbatschow* bei Israels ehemaligem Präsidenten *Chaim Herzog*.

Ex-Bundespräsident *Roman Herzog* und *Ezer Weizmann* in Jad Vashem.

Internationale Flaggenparade in Jerusalem – angeführt von Israels blauem Davidstern.

Foto: Fritz May

Israelische Soldaten blicken auf den Tempelberg und Ölberg von Jerusalem und hoffen auf den baldigen Frieden: „Keiner von ihnen wird mehr lernen, Krieg zu führen“ (Jesaja 2,4).

Foto: Fieger

Foto: Isranet

Der Glaube Israels als Vorbild für die Völker: Der schwarze Bürgermeister von Abidjan (Elfenbeinküste) *Treichville* schaut einem orthodoxen Juden im Tallit beim Gebet an der Klagemauer zu und ist davon zutiefst beeindruckt (Sacharja 8,20-23).

Die Heilige Stadt im Morgenrot der Welterlösung: Jerusalem, du Königsstadt, du einzige, die Dauer hat, wenn alle Städte sinken …

Foto: Fritz May

Demo mit Menorah von 5000 Christen aus rund 100 Ländern in Jerusalem: Warten auf den Messias!

Foto: Fritz May

Hat Gott Schuld am letzten Krieg der Menschheit?

Die Welt braucht für alles Unheil einen Sündenbock. So auch für den letzten aller Kriege. Wie schon so oft bei anderen Kriegen und Katastrophen wird man auch jetzt unter allen Umständen wieder Israel und dem „Internationalen Judentum“ die Schuld geben. Dann wird nach mehr als 2000 Jahren von den Feinden Israels eine neue „Kreuzigungslegende“ in die Welt gesetzt werden.

Zugleich wird man Gott die Schuld an dem großen Krieg geben. Der alles schon vorher gewusst und doch nicht verhindert hat. So lesen wir in Psalm 46,9–11: „Kommt her und schaut, wie mächtig der HERR ist, der auf Erden ein solches Zerstören anrichtet, der den Kriegen steuert in aller Welt und der Waffen zerstört.“ Und den Zweiflern und Fragenden unserer Zeit wird empfohlen: „Seid still und erkennt, dass ICH Gott bin. ICH bin der Höchste auf Erden und habe allein die Macht über alle Völker.“

Aber warum richtet Gott ein „solches Zerstören“ an? Seine Antwort: „ICH erweise mich als der heilige Gott unter meinem Volk Israel. Nie mehr sollen die Völker verächtlich über mich reden. Sie alle sollen erkennen, dass ICH der HERR bin, der Israel als sein Heiliges Volk erwählt hat. Schon lange habe ICH das angekündigt. Und so wird es auch geschehen. ICH, der HERR, sage es.“ (Hesekiel 39,7f.).

Das macht deutlich, dass der letzte Krieg der Menschheit nicht auf menschlichen Fantasien und Spekulationen beruht. Er hat vielmehr mit Gott und seinem Willen zu tun: „Der HERR Zebaoth hat es beschlossen. Wenn ER sich etwas vorgenommen hat, wer kann es dann verhindern? Wenn ER seine Hand ausstreckt, wer kann sie dann wieder abwenden? Was ER sich vornimmt, das führt ER auch aus. Sein Plan steht für alle Zeiten fest“ (Jesaja 14,27, Psalm 33,11).

Die Messias-Schlacht im Kidrontal

Wie Gott dem Volk Israel zu Hilfe kommt

Die Propheten Israels haben es verkündet, dass auf dem Höhepunkt des apokalyptischen Krieges um Jerusalem Gott auf übernatürliche Weise auf der Seite Israels eingreifen wird. Er wird den Messias senden. Jesus Christus. Er wird aus der unsichtbaren Welt Gottes kommen und auf dem Ölberg bei Jerusalem erscheinen. „Alle Menschen werden es sehen, wenn der HERR nach Zion zurückkehrt" (Jesaja 52,8). Dann wird er seinem Volk Israel, das aus allen Wunden blutet, seine ganze Hilfe zuwenden und seine Feinde vernichten. Es wird geschehen an „jenem großen Tag des Allmächtigen" (Offenbarung 16,14).

Der große Tag Jahwes

In vielen Prophezeiungen des Alten und Neuen Testaments wird dieser „Tag Jahwes" angekündigt als „ein Tag voller Angst und Not, voll Sturm und Verwüstung, voll drohender schwarzer Wolken, ein finsterer Tag, ein Tag, an dem sich Kampfgeschrei erhebt, ein Tag des Zorns des HERRN, ein Tag der Abrechnung" (Zephanja 1,15; 2,2; Jesaja 27,1).

An diesem Tag wird Gott durch den Messias über die Armeen dieser Welt, die gegen Jerusalem kämpfen, ein furchtbares Gericht halten. Denn Krieg gegen Israel ist zugleich Krieg gegen den Heiligen Israels. Er hat sich mit seinem auserwählten Volk auf Gedeih und Verderb für immer und ewig verbunden und es zu seinem „Augapfel" erklärt (Sacharja 2,12). Wer Israel angreift, greift deshalb immer auch Gott an. Und das lässt er sich nicht gefallen. „Alles, was den Juden in und außerhalb des Landes Israel zugefügt wird, ist eine frevelhafte Lästerung des Namens Gottes", betont der ehemalige Militär-Oberrabbiner *Mordechai Piron*. Darum hat Gott beschlossen: „ICH habe mir einen Tag der Vergeltung vorgenommen, mein Volk zu retten und alle seine Feinde zu vernichten . . . ICH trete die Völker nieder und lasse ihr Blut zur Erde fließen. ICH gebe ihnen meinen ganzen Zorn zu spüren" (Jesaja 63,4.6). Zugleich versichert er dem Volk Israel: „Alle Feinde, die gegen dich wüten, werden in Schimpf und Schande dastehen. Alle, die dir dein Lebensrecht streitig machen, werden zugrunde gehen. Alle deine Feinde werden vernichtet. Du wirst dich nach ihnen umsehen. Aber sie nicht mehr finden. Denn ICH bin der HERR, dein Gott. ICH fasse dich bei der Hand und sage zu dir: Fürchte dich nicht! ICH selbst, ICH helfe dir. Darauf gebe ICH dir mein Wort. ICH, der heilige Gott Israels, bin dein Retter" (Jesaja 41,11–14).

Der große Tag Jahwes beginnt mit der Messiasschlacht

Aus der Mutter aller Schlachten um Jerusalem wird nun die Messiasschlacht bei Jerusalem. Im Kidrontal am Ölberg.

Durch den Propheten Sacharja lässt Gott ankündigen: „Der HERR lässt einen Tag kommen, an dem er alle Völker zum Kampf gegen Jerusalem versammeln wird. Dann wird ER auf dem *Ölberg* bei Jerusalem erscheinen und mit ihm ein großes (himmlisches) Heer von Heiligen. Dann wird ER gegen die Völker kämpfen, wie ER in früheren Zeiten für sein

Volk gekämpft hat ... Der HERR wird dann alle Feinde, die gegen Jerusalem kämpfen, vernichten" (14,1–5; 12,9).

Mit ähnlichen Worten hat Gott auch durch den Propheten Joel dieses außergewöhnliche Ereignis der Zukunft mitteilen lassen: „In der letzten Zeit werde ICH im *Tal Josaphat* mit allen Nationen ins Gericht gehen. Dort werde ICH sie zur Rechenschaft ziehen für alles, was sie meinem Volk angetan haben, das mein Eigentum und mein Erbe ist. Denn sie haben es in alle Welt zerstreut und mein Land aufgeteilt ... Es werden riesige Heere im Tal des Gerichts sein. Der Tag des HERRN ist nahe, an dem ER dort mit den Völkern abrechnet. Dann wird der HERR mit Donnerhall und Löwengebrüll von Zion seine Stimme erheben und Himmel und Erde erzittern lassen. Fortan wird Jerusalem unantastbar sein. Nie mehr werden Fremde gewaltsam eindringen" (4,1f. u. 14–16).

Das biblische „Tal Josaphat" ist das heutige Kidrontal. Es liegt zwischen dem Ölberg und dem Tempelberg. Es wird für die Feinde Israels, die auch Gottes Feinde sind, zum Tal des Gerichts. Und zum Massengrab. Das Blut der Getöteten wird weit darüber hinaus auf einer großen Fläche „bis an die Zügel der Pferde" gehen. (Offenbarung 14,20). „Aber für den Überrest seines Volkes wird der HERR eine sichere Zuflucht und eine schützende Burg sein" (Joel 4,16). Die Überlebenden Israels werden nun 7 Monate brauchen, um die vielen Leichen der Feinde im „Tal der Wanderer" östlich vom Toten Meer zu begraben (Hesekiel 39,11–16). Dann wird das Schlachtfeld Jerusalem von den Waffen der Feinde gesäubert (Hesekiel 39,9f.).

Auch im Neuen Testament bezeugt

Das Szenarium des letzten Krieges der Menschheit, das mit der Messiasschlacht endet, entspricht genau den neutestamentlichen Berichten von der Wiederkunft Jesu Christi, des Messias, und seines Gerichts über die Nationen der Welt. Johannes schreibt:

„Ich sah den Himmel weit geöffnet. Da stand ein weißes

Pferd. Auf ihm saß einer, der heißt ‚der Treue und Wahrhaftige'. Er urteilt und kämpft gerecht ... Die Heere des Himmels folgten ihm auf weißen Pferden ... Aus seinem Mund kam ein scharfes Schwert, mit dem er die Völker besiegen wird. Er wird sie zertreten ... So vollstreckt er den heftigen Zorn Gottes, des HERRN, an der gesamten Welt. Auf seinem Mantel steht sein Name: ‚König der Könige und HERR der Herren.'

Dann sah ich das Tier (= Antichristus) und die Könige der Erde. Ihre Heere waren aufmarschiert, um Krieg zu führen mit dem, der auf dem weißen Pferd saß (= Christus) und mit seinem Heer. Und das Tier und der falsche Prophet wurden gefangen genommen und bei lebendigem Leibe verbrannt. Die Heere wurden durch das Schwert vernichtet, das aus dem Munde dessen kam, der auf dem weißen Pferd reitet. Alle Vögel (= Aasgeier) der Erde wurden satt von ihrem Fleisch" (Offenbarung 19,11–21).

Dasselbe Schicksal ereilt auch den Drachen (= Satan) als Anstifter des apokalyptischen Krieges gegen Israel (Offenbarung 20,10).

Katastrophale Auswirkungen auf alle Völker und Länder

Gott hat auch den feindlichen Nachbarstaaten Israels das Gericht angekündigt. So dem Irak: „Babylon, die schönste und prächtigste Stadt im ganzen Land, wird von Gott zerstört werden wie Sodom und Gomorrha. Nie wieder wird sich dort jemand ansiedeln. Die Wüstentiere werden sich dort lagern. Die Häuser werden voller Eulen sein und in den zerstörten Ruinen der Lustschlösser Babylons werden die Schakale hausen. Babylons Tage sind gezählt, bald schlägt ihre letzte Stunde" (Jesaja 13,19–22). Was dem alten Babylon passierte, steht auch dem heutigen Bagdad bevor.

Der Hauptstadt Syriens droht das gleiche Desaster: „Bald wird Damaskus keine Stadt mehr sein, sondern ein zerfallener Steinhaufen. Auch die anderen Städte (Syriens) werden für immer verlassen sein. Und mit dem Königtum von Damaskus wird es aus sein" (Jesaja 17,1f.). Schließlich wird auch der Libanon aufhören zu existieren (Jesaja 10,34).

Ein ähnliches Schicksal könnte Jordaniens Hauptstadt Amman und Ägyptens Hauptstadt Kairo ereilen. Vor allem dann, wenn ihre Führer den vor Jahren geschlossenen Friedensvertrag mit Israel brechen und zusammen mit ihren arabischen Brudervölkern gegen den jüdischen Staat und seine Hauptstadt Jerusalem Krieg führen werden.

Zugleich wird das Gericht Gottes am Tag seines Zorns auch die übrigen Völker und Länder treffen, deren Armeen gegen Jerusalem kämpften. Der Apostel Paulus schreibt: „Gott hat einen Tag festgelegt, an dem ER die ganze Menschheit gerecht richten wird. Und zwar durch Jesus Christus, den ER dazu bestimmt hat. Ihn hat ER vor aller Welt dadurch ausgewiesen, dass ER ihn von den Toten auferweckt hat" (Apostelgeschichte 17,31). In einer weiteren Schrift des Neuen Testaments lesen wir: „Der HERR kommt, um über die ganze Menschheit Gericht zu halten und die Gottlosen zu betrafen für ihre Taten, mit denen sie sich gegen Gott aufgelehnt haben" (Judas 14f.). Und der Apostel Johannes weist darauf hin: „Dein Zorn, o Gott, ist gekommen, die zu verderben, die die Erde verdorben haben" (Offenbarung 11,18). Dabei werden lt. biblischer Prophetie ca. 4 Mrd. Menschen umkommen (Offenbarung 9,15.18).

Im Blick auf das zukünftige Gericht Gottes über alle Völker und Länder, wird die Frage des Propheten Jesaja zur Schicksalsfrage für alle Menschen weltweit: „Der Tag des Gerichts kommt gewiss. Was wollt ihr dann tun? Zu wem wollt ihr zum Schutz fliehen? Wo wollt ihr eure Reichtümer (Immobilien, Aktien, Geld- und Goldreserven) lassen? Ihr habt nur die Wahl, ob ihr tot oder gefangen sein wollt. Trotzdem legt Gottes Zorn sich nicht. Noch ist seine Hand drohend erhoben" (10,3f.).

Naturkatastrophen, die die Welt erschüttern

Am Tag des Zorns des Allmächtigen werden die Kräfte des Kosmos und der Natur in Wut über die gerichtsreife Welt geraten:

- Sonne und Mond halten ihren Schein zurück, sodass ein Drittel der Erdoberfläche in Dunkelheit gehüllt sein wird (Joel 4,15; Matthäus 24,29, Offenbarung 8,12).
- Ein schweres globales Erdbeben erschüttert die Welt. Dabei werden in Jerusalem vermutlich die islamischen Heiligtümer auf dem Tempelberg in Schutt und Asche fallen und 7000 Menschen (moslemische Beter?) ums Leben kommen (Offenbarung 6,12-17; 11,13.19; 16,18).
- Kräftige Gewitter und Hagelwetter gehen über weite Gebiete der Erde nieder und verursachen riesige Überschwemmungen und schwere Schäden. Die Menschen werden deswegen Gott verfluchen (Offenbarung 16,18.21).
- Die Elemente verglühen in einem riesigen Feuersturm. Die unerträgliche Hitze kostet viele Menschen das Leben (2. Petrus 3,10–12; Offenbarung 16,8f.).
- Spätestens jetzt werden alle Menschen und Mächte dieser Welt erleben und erkennen, dass Feindschaft gegen Israel, den „Augapfel Gottes", Feindschaft gegen den Gott Abrahams, Isaaks und Jakobs ist, der sich auch als der „Heilige Israels" bezeichnet (2. Mose 3,6; Jesaja 41,14).

Das Volk Israel wird überleben

Während Gott auf Erden Gericht halten wird durch den Messias, wird er sein auserwähltes Volk vor dem Untergang retten. Es wird im apokalyptischen Inferno zwar auch stark in seinem Bestand dezimiert. Aber alle Versuche, es auszulöschen und die Welt endlich „judenrein" zu machen, werden fehlschlagen. Wie bislang. Viele seiner Feinde sind längst untergegangen. Aber das Volk Israel lebt.

Das alte Römische Imperium, das 70. n. Chr. den jüdischen

Staat und seine Hauptstadt Jerusalem mit dem Tempel zerstörte und die Juden aus ihrem Land vertrieb, existiert schon seit 480 n. Chr. nicht mehr. Aber das Volk Israel lebt auch im Jahr 2000 noch.

Die christlichen Kreuzfahrer, die im Abendland und im Heiligen Land die Juden massenweise abschlachteten und Jerusalem eroberten, gibt es schon fast ein ganzes Jahrtausend nicht mehr. Aber das Volk Israel lebt noch heute zu Beginn des 3. Jahrtausends.

Hitler und die Nazis wollten die Juden und das gesamte Judentum in ihrem Machtbereich vernichten. Es gelang ihnen nicht. Längst sind ihre Knochen vermodert und ihr „Tausendjähriges Reich" in Schutt und Asche versunken. Aber das Volk Israel lebt! Am chai Jisrael!

Und es wird weiterleben. Weil Gott lebt. Und weil seine Verheißungen ewig gültig und verbindlich sind. Denn Gott kann nicht lügen. Auf ihn ist Verlass. Das hat den großen Israelfreund und Zeitungsverleger *Axel Cäsar Springer* (1912–85) veranlasst zu bekennen: „Für mich ist das Überleben des jüdischen Volkes der Beweis, dass sich Gottes Zusagen in der Bibel erfüllen." Darum kann den Juden letztlich auch nichts passieren. Mag man sie auch diffamieren und dezimieren – ihre ewige Erwählung ist sowohl im Alten wie auch im Neuen Testament belegt. Deshalb erkannten viele von ihnen wiederholt zu allen Zeiten, wer ihr eigentlicher Nothelfer und Lebensretter ist und bekannten: „Hätte der HERR uns nicht beigestanden, immer wenn Menschen über uns herfielen und ihre Wut an uns auslassen wollten, so wären wir schon längst von der Erde verschwunden . . . Der HERR sei gepriesen. ER hat uns nicht den Feinden überlassen. Wir sind ihnen entkommen. Unsere Hilfe kommt von dem HERRN, der Himmel und Erde geschaffen hat. ER ist für uns da!" (Nach Psalm 124).

Darüber freuen sich sogar die Naturgewalten: „Dann wird der Mond so hell sein wie die Sonne. Und die Sonne wird siebenmal so hell scheinen, wie das Licht einer ganzen Woche an einem einzigen Tag. An diesem Tag wird der HERR die Wunden, die seinem Volk zugefügt wurden, verbinden und heilen" (Jesaja 30,26). Das wird das Ende aller Leiden Israels sein.

Die Kinder Israels werden nun keine Angst mehr vor ihren arabischen Nachbarvölkern haben und auch nicht mehr um ihr Leben fürchten müssen. Über sie wird sich Gottes Verheißung erfüllen: „Weil euch eure Feinde doppelte Schande und Schmach zugefügt haben, werdet ihr von deren Land einen doppelten Anteil bekommen. Und eure Freude wird kein Ende haben. Denn ICH, der HERR, werde euch die Treue halten und einen ewigen Bund mit euch schließen und euch für alle Zeiten meinen Schutz gewähren. Ihr werdet bei allen Völkern bekannt und geachtet sein. Jeder, der euch sieht, wird erkennen: ‚Ihr seid das Volk, das ICH gesegnet habe'" (Jesaja 61,7–9; Hesekiel 28,24).

Und was wird aus Jerusalem?

Die Hauptstadt Israels wird nicht zu einem erneuten Massada, wo vor fast 2000 Jahren auf der Wüstenfestung am Toten Meer die letzten jüdischen Verteidiger vor der geballten Invasionsarmee der Römer kapitulationslos gemeinsam freiwillig in den selbst gewählten Tod gingen. Es wird kein zweites Massada geben. Jerusalem wird das apokalyptische Inferno überleben. Gott verheißt: „ICH will Jerusalem retten, um meiner Ehre willen und meinem Diener David zuliebe" (2. Könige 19,34).

Der letzte Krieg der Menschheit mit der Messiasschlacht im Kidrontal wird zu einem großen und notwendigen Reinigungs- und Läuterungsprozess für Israel und die ganze Welt. Zugleich wird er eine Wende in der bisherigen Weltordnung bringen. Der langjährige UN-Diplomat und österreichische Kulturphilosoph *Kurt Becsi* schreibt in seinem Buch „Aufmarsch zur Apokalypse" (a. a. O.): „Diese Zivilisation wird in einem einzigen Inferno vernichtet und ein neuer, ein babylonfreier Äon (Zeitalter), der Äon eines neuen Jerusalem beginnt."

Diese radikale Wende wird nicht ein Weltdiktator mit genialen Fähigkeiten zuwege bringen, sondern der kommende Messias Jesus Christus.

Mag uns auch manches aus Gottes Welt- und Heilsgeschichte für Israel und Jerusalem sowie für die Völker und deren Länder unverständlich sein und möglicherweise in Angst und Schrecken versetzen. Gott ist und bleibt doch allein der souverän Handelnde. Wollten wir ihn und sein Tun verstehen, dann wäre er eben nicht Gott. In seinem Schlusswort zur „Theologie über Israel" (Römer 9–11) schreibt der Apostel Paulus: „Wie unerforschlich ist alles, was Gott tut. Ob er verurteilt oder Gnade erweist – in beidem ist ER gleich unbegreiflich. Denn wer kennt schon die Gedanken des HERRN. Brauchte ER etwa einen Ratgeber? Alles besteht durch ihn und hat in ihm sein Ziel. Gepriesen sei ER für immer und ewig. Amen."

TEIL III

Die große Zukunft Jerusalems

Die Heilige Stadt ist un-endlich.
Sie hat eine große Zukunft.
Gott hat sie nicht nur erwählt
zum geografischen Mittelpunkt der Welt.
Sie ist von ihm auch dazu bestimmt,
in Zukunft das Zentrum der Menschheit zu sein.
Die Völker und Nationen werden dann nicht mehr
von New York oder Brüssel aus regiert.
Sondern von Jerusalem.
Die „Stadt aller Städte“,
die einst zum Schicksal der Welt wurde,
wird als Welthauptstadt des Messianischen Reiches
zum Segen für alle Menschen und Länder werden.

Die Residenzstadt des Messias

Der Messias und sein Weltreich

Juden und Christen glauben, dass Gott am Ende der Endzeit den Messias sendet. Einen König aus der Dynastie Davids, der Wahrheit, Gerechtigkeit und Frieden verkörpert. Er wird in einer total aus den Fugen geratenen Welt die ursprüngliche Gottesordnung wiederherstellen. Sein Volk von seinen Feinden befreien. Und die ganze Welt von ihrem Unheil erlösen. Schließlich wird er ein weltumspannendes Friedensreich errichten mit Jerusalem als messianischer Hauptstadt.

Diese Glaubenshoffnung und Erwartung beruht auf einer Vielzahl biblisch-prophetischer Texte des Alten und Neuen Testaments (Jesaja 2,1–4; Sacharja 9,9f.; Römer 11,25–27; Offenbarung 11,15 und Kapitel 20 u. a.).

Wer ist der Messias?

Das Judentum kennt verschiedene Messiaserwartungen. Orthodoxe Juden glauben vor allem an das Kommen eines personenhaften Messias (Ha'maschiach). Konservative und Reformjuden glauben eher an das Kommen des messianischen Reiches und national-religiöse Juden legen mehr die Bedeutung auf das Kommen messianischer Zeiten.

Christen hingegen glauben an die Wiederkunft Jesu Christi und an die Errichtung des Tausendjährigen Friedensreiches Jesu Christi.

Der Messias, an den die Juden glauben, und der Christus, an den die Christen glauben, sind nicht nur in ihrer sprachlichen Bezeichnung identisch (Hebr.: Ha'maschiach, Griech.: Christos). Nach der Verheißung der Bibel sind sie auch personal ein- und derselbe. Auch von jüdischer Seite wird dies immer stärker so gesehen und geglaubt. So sagte der jüdische Religionswissenschaftler Prof. *Pinchas E. Lapide:* „Da weder die Heilslehre der Kirche noch die rabbinische Endzeiterwartung zwei Messiasse kennt, sondern nur einen einzigen gottgesandten Erlöser, so muss der von Juden und Christen heiß ersehnte Messias ein- und dieselbe Person sein."

Der Messias in Jerusalem

Nachdem Jesus Christus in der Messiasschlacht alle gott- und israelfeindlichen Armeen, Militärblöcke und politischen Mächte zerschlagen hat, wird er in der „Stadt Davids", des großen Königs Israels, seine Residenz errichten.

Es ist die Stadt, über die er vor 2000 Jahren Tränen des Schmerzes und der Trauer vergossen hat. Es ist die Stadt, in der er gekreuzigt wurde, starb und von den Toten auferstand, um bis zu seinem erneuten Erscheinen in der unsichtbaren Welt Gottes zu sein. Es ist die Stadt, die zum Schicksal der Welt wurde und die die Apokalypse doch unzerstört überlebt haben wird.

In dieser einst so heiß umkämpften Stadt wird sein Thron der Tempel sein. Fromme Juden und Christen werden ihn auf dem Tempelberg entweder vorher wieder aufgebaut haben oder ihn nun errichten (Sacharja 6,12.15). Den islamischen Felsendom und die Al-Aksa-Moschee wird es an Gottes heiliger Stätte dann nicht mehr geben. Sie werden wahrscheinlich durch ein Erdbeben zerstört worden sein (Jesaja 16,14; 21,16). Damit wird sich die Verheißung Gottes erfüllen: „ICH habe meinen König eingesetzt auf meinem heiligen Berg Zion" (Psalm 2,6; Jesaja 24,23; Sacharja 8,7f.).

Das Weltreich des Messias

Von Zion aus, diesem nun „babylonfreien" Jerusalem, wird der Messias als König aller Könige und als HERR aller Herren seine ganze, ihm von Gott gegebene Macht einsetzen (Offenbarung 19,16). Allein ihm wird buchstäblich und real „alle Gewalt im Himmel und auf Erden" gegeben (Matthäus 28,18). Als göttlicher Weltherrscher wird er ein großes Reich errichten. Nicht ein Großreich Israel vom Nil bis zum Euphrat, sondern das Messianische Reich. Es wird aus der Nacht der palästinensischen Intifada und des internationalen Anti-Israelismus und Anti-Zionismus hervorgehen durch seine göttliche Initiative. Und es wird räumlich nicht nur auf das heutige Staatsgebiet Israels und eines möglicherweise vorher entstandenen palästinensischen Staates beschränkt bleiben. Es wird vielmehr den ganzen Nahen Osten umfassen und alle Länder, Völker und Nationen einschließen. Es wird ein globales Weltreich sein, das mit keinem der vielen Weltreiche der Vergangenheit auch nur annähernd vergleichbar ist. Denn es wird einzigartig und einmalig sein.

Dann wird es keine anderen Weltreiche mehr geben. Keine politischen und militärischen Machtblöcke. Keine Vereinten Nationen. Keine NATO. Keine EU. Keine Arabische Liga oder etwas Ähnliches. Auch keine einzelnen Nationalstaaten. Keinen Staat Israel auf biblischem Boden. Keinen arabisch-islamischen Staat Palästina im Herrschaftsbereich des Messias. Alle Reiche und Staaten der Welt werden dem Messianischen Reich weichen müssen. Und Christus wird allein als Messias regieren. „Alle Reiche der Welt werden Jahwe und seinem Christus gehören. Und er wird für immer und ewig herrschen" (Offenbarung 11,15). Zu der Zeit wird der HERR über alle Völker König sein. Es wird keinen anderen Herrn neben ihm geben. Und niemand wird einen anderen Gott verehren als nur ihn. „Vom Aufgang der Sonne bis zu ihrem

Niedergang wird allein sein Name unter den Menschen groß sein“ (Maleachi 1,11).

Das Messianische Reich wird im wahrsten Sinn des Wortes ein Gottesstaat sein. Und seine Regierungsform eine Gottesherrschaft (Theokratie).

Folglich wird Jerusalem nicht mehr die „ewige und unteilbare Hauptstadt Israels“ sein. Auch nicht die Hauptstadt eines arabisch-palästinensischen Staates. Jerusalem wird auch nicht mehr in ein jüdisches und arabisches Jerusalem geteilt sein. Es wird vielmehr für immer die ungeteilte und vereinte Hauptstadt des messianischen Gottesstaates sein.

Die Völker und Nationen werden nun nicht mehr von den derzeitigen nationalen Hauptstädten oder Machtzentren der heutigen Weltmächte aus regiert. Sondern von Jerusalem, der Welthauptstadt des Messianischen Reiches. Das ist die Botschaft der biblischen Prophetie!

Das „Tausendjährige Friedensreich Jesu Christi“

Viele Christen, die der Bibel und ihren göttlichen Verheißungen Glauben und Vertrauen schenken, bezeichnen das zukünftige Messianische Reich auch als „Tausendjähriges Friedensreich Jesu Christi“. Es hat jedoch nichts mit einem kalendarischen Millennium zu tun. Denn das Jahr 2000 bezeichnet nur einen Zeitpunkt in der Zeit. Das biblische Millennium kommt dann, wenn der Messias Jesus Christus (wieder-)kommt. Und das ist kein Tag der Berechnung, sondern der Vorbereitung für jeden Christen.

Gewisse Theologen und manche Christen lehnen das „Tausendjährige Friedensreich Jesu Christi“ als Phantasieprodukt eines naiven jenseitsgewandten christlichen Glaubens ab. Zumindest belächeln es viele. Aber es ist im Neuen Testament als zukünftige Realität erwähnt. So in Offenbarung 20,1ff., ohne dass es dort detailliert beschrieben wird. Allein die Tatsache, dass die biblische Prophetie darauf Bezug nimmt, ist für jeden Christen Verpflichtung, es niemals als blasse und unkonkrete Jenseitshoffnung verkommen zu lassen. Es muss allzeitig eine lebendige christliche Hoffnung bleiben. Denn sie bewahrt uns davor, die Erde als verloren anzusehen und als dem Untergang preisgegeben abzuschreiben.

Das Messianische Reich als „Tausendjähriges Friedensreich Jesu Christi“ wird kommen. Es ist kein Fantasialand. Sondern das Reich Gottes in sichtbarer Gestalt und Größe. Es wird von Christus auf dieser vor dem Untergang bewahrten Erde verwirklicht werden und eine großartige Zukunft haben.

Daran müssen Juden und Christen denken, wenn sie das Vaterunser beten, das Jesus ihnen in gleicher Weise lehrte. Und in dem eine der zentralen Bitten an Gott lautet: „Dein Reich komme!“ Die sie schließlich zum Schluss mit den Worten bekräftigen: „Denn dein ist das Reich und die Kraft und die Herrlichkeit in Ewigkeit. Amen.“

Dieses Reich Gottes, um das Juden und Christen beten, ist kein innerlich vergeistigtes, das bereits in uns ist. Oder unter uns ist, wo wir im Glauben an Jesus Christus leben und wirken. Es ist vielmehr das kommende endzeitliche Messianische Reich Gottes auf Erden, auf das Juden und Christen warten. Und um dieses Reich hieß Jesus seine Jünger beten (Matthäus 6,9ff.). Darum beten auch heute viele Christen im Vaterunser. Und auch Juden in ihrem täglichen „Kaddisch“-Gebet. Dabei denken sie an Zion und schauen auf Jerusalem.

Der Weltfriede kommt aus Jerusalem

Warum nur der Messias Frieden schaffen kann

Der Friede auf Erden kommt nicht aus Oslo. Nicht vom Petersplatz in Rom. Nicht vom Platz des Himmlischen Friedens in Peking. Er kommt aus Jerusalem. Sie ist die einzige Stadt, die in ihrem Namen das Wort für Frieden trägt: „Salem". Es ist mit dem hebräischen Wort „Schalom" verwandt und meint den Frieden Gottes.

3000 Jahre ist Jerusalem aber alles andere als eine Stadt des Friedens gewesen. Als ewiger Zankapfel der Welt ist sie noch immer eine Stadt des Unfriedens. Hass und Streit, Terror und Tod, Kampf und Krieg haben sie dazu gemacht. Aber das wird sich ändern. Denn in Zukunft wird sie zur Welthauptstadt des Friedens. Von ihr wird der SCHALOM Gottes sich über die ganze Welt ausbreiten. Zum Heil und Segen für alle Menschen und Völker.

Alle „Friedensstifter" scheitern

Nach dem verheerenden Golfkrieg 1991, von dem auch Israel wider Willen betroffen war, propagierte der damalige US-Präsident *George Bush sen.* vom Weißen Haus in Washington aus eine „Neue Weltordnung". Der Krieg sollte für immer beendet sein und „Friede auf Erden" herrschen.

Was ist daraus geworden? Wurde der schöne Traum vom Frieden, den so viele vorher träumten, nicht längst zu Grabe getragen? Denn geblieben sind Hass, Terror und Krieg. Nicht nur im Nahen Osten. Auch in Europa, Asien, Afrika und Südamerika. Geblieben ist der Antisemitismus. Der Hass auf die Juden und ihren Staat. Geblieben ist der Nahostkonflikt. Der Krieg der Steine, der Molotow-Cocktails und der brennenden Autoreifen. Die Bombenanschläge und Lynchmorde. Und geblieben sind die Bilder von erschossenen Palästinensern, gelynchten israelischen Soldaten und von Bomben zerfetzten Leibern.

Ist es nicht ein Hohn auf den Frieden, einem Top-Terroristen und Massenmörder wie *Jassir Arafat* den Friedensnobelpreis zu verleihen? Oder den israelischen Politiker *Schimon Peres* in den Medien als „Architekt des Nahostfriedens" zu feiern? Oder den ehemaligen israelischen Premier *Jitzhak Rabin* und PLO-Führer Jassir Arafat vom „Time-Magazin" als „Männer des Jahres 1994" zu wählen und als „Friedensmacher" zu bezeichnen? Oder wenn Rabin nach der Paragrafierung des „Friedensvertrages" mit Jordanien dem damaligen König *Hussein* sichtlich voller Stolz sagte: „Wir haben es allein geschafft!" Oder der erfolgshungrige und inzwischen abgetretene US-Präsident *Bill Clinton* sich bei allen Friedenszeremonien als strahlender Sieger den Kameras der Weltmedien präsentierte? Ihnen allen ist der vermeintliche Triumph als „Friedensmacher" nicht geblieben!

Wer denkt nicht bei all dieser Selbstdarstellung und Selbstverwirklichung von Präsidenten, Premiers und anderen Politikern, die den Frieden auf ihre Fahne schreiben wollten, an die warnende und ernüchternde Aussage Jesu: „Wenn ihr doch erkennen würdet, was zu eurem Frieden verhilft. Aber ihr seht und erkennt nichts. Weil ihr blind seid" (Lukas 19,42).

Der „Friedensprozess von Oslo“ ist tot . . .

Was ist aus dem 1993 in Oslo so hoffnungsvoll begonnenen „Friedensprozess“ geworden? Als damals *Rabin* die Prinzipienerklärung unterzeichnete, prophezeite er ein Ende von Blut und Tränen in Israel und Nahost. Und er sagte noch mehr: „Nun bricht die Zeit des Friedens an!“ Er irrte sich! Wir (alle?) haben uns geirrt!

Der „Friedensprozess“ ist tot! Tot ist der Traum von *Rabin, Peres, Barak, Clinton* und vielen anderen „Friedensaposteln“. Nahezu alle Weltpolitiker und auch weithin die Weltmedien geben das offen zu. Die klügsten Köpfe der Welt haben daran nichts ändern können. Keine Pendeldiplomatie, keines der unzähligen Gipfeltreffen und keine Polit-Gespräche unter vier Augen konnten den Frieden herbeischaffen. Weder in Madrid noch in Camp David noch in Scharm-el-Scheich, in Kairo oder Jerusalem.

Denn der so genannte „Friedensprozess“ war von Anfang an eine Fata Morgana. Er war in Wahrheit und Wirklichkeit nichts anderes als eine lange Kriegslist. Eine Taktik des ewigen Krieges gegen die Juden, der nicht erst vor 40 Jahren, sondern bereits vor 4000 Jahren beim Erbstreit im Hause Abrahams begann. Deshalb versagte stets auch alles politische Feilschen.

Der wohl beste Nahost-Kenner unserer Zeit, der Fernsehjournalist und Publizist *Peter Scholl-Latour* sagte deshalb in einer Fernsehsendung des ZDF: „Der Slogan ‚Land für Frieden‘ ist eine Illusion. Meine Zweifel am Friedensprozess datieren nicht etwa von heute auf morgen. Ich habe meine Bedenken bereits geäußert beim ersten Händedruck zwischen Rabin und Arafat. Und damals stand ich ganz allein. Natürlich bin ich auch für Frieden im Heiligen Land. Aber man kann ihn nicht auf Utopien aufbauen. Oslo ist eben nur eine Absichtserklärung. Sie steckte von Anfang an voller Tücken, Widersprüche und offizieller Lügen. Die wirklichen Zielsetzungen beider Seiten klaffen weit auseinander. Man hatte es sich angewöhnt, *Netanjahu* für alle Fehlentwicklungen verantwortlich zu machen. Aber im Grunde hatte er mit seinen Brachialmethoden vielleicht nur jene Stunde der Wahrheit beschleunigt, die auch unter Rabin geschlagen hätte. *Denn der Streit um das Heilige Land wird in Jerusalem entschieden werden.*“

Der „Friedensprozess“ von Oslo hatte deshalb auch aus *biblisch-prophetischer* Sicht nie eine echte Chance auf Verwirklichung. Auch in Zukunft nicht. Denn Frieden kann man nicht befehlen. Er wird nicht zwischen zwei verfeindeten politischen Führern durch einen von dritter Seite aufgezwungenen Friedensvertrag am Verhandlungstisch, den Austausch von Dokumenten und einem anschließenden Händedruck sowie einem verkrampften Lächeln geschlossen. Käme er dennoch zustande, wäre er nicht einmal das Papier wert, auf dem er stehen würde. Ein solcher geschlossener Friede bliebe eine reine Illusion.

Ein wirklicher Friede kommt auch nicht zustande, wenn die Waffen schweigen und der blutige Terror aufhört. Friede ist mehr als Waffenstillstand und Verzicht auf Gewalt. Friede fängt stets im Hirn und Herzen eines jeden einzelnen Menschen an durch die Bereitschaft, sich mit dem Anderen und Andersartigen zu versöhnen, ihm zu vertrauen und ihn so zu lieben wie sich selbst.

Zu diesem echten und wirklichen Frieden ist jedoch nur der Mensch fähig, der *Frieden mit Gott* hat. Der Prophet Jesaja sagt jedoch: „Die Gottlosen haben keinen Frieden mit Gott. Immerzu planen sie Böses und führen es aus. Sie haben keine Skrupel, das Blut unschuldiger Menschen zu vergießen. Wo sie hingehen, hinterlassen sie Zerstörung und Verwüstung. Um Glück und Frieden für andere kümmern sie sich nicht. Alle ihre Taten sind Unrecht. Wer krumme Wege beschreitet, hat keinen Anteil an dem Frieden, den der HERR schenkt“ (Jesaja 48,22; 59,8).

Wer also nicht nach Gott und seinem Willen fragt und danach handelt, sondern allein sein ICH zum einzigen Maßstab im Zusammenleben der Menschen macht, ist nach den Worten der Bibel selbst ohne Frieden. Und deshalb friedens-unfähig.

Die einzige Hoffnung für einen wirklichen Frieden zwischen den Menschen und Völkern wäre „eine geistliche Neugeburt unserer Zivilisation", wie sie einst der UN-Generalsekretär *DAG HAMMARSKJÖLD* (1905–61) forderte. Sie könnte zustande kommen durch eine bewusste Hinwendung des Menschen zu Gott. Und durch die Anerkennung der Prinzipien der Bergpredigt Jesu (Matthäus 5–7). Vor allem durch die Befolgung der Zehn Gebote vom Sinai, die das Verhältnis zu Gott und das Zusammenleben mit dem Nächsten regeln. Wo sie aber durch Ichsucht und Hass, Terror und Töten ersetzt werden, ist ein wirklicher und dauerhafter Frieden nicht möglich. Weder im individuellen noch im kollektiven Bereich. Darum ist auch eine geistliche Wiedergeburt der Menschheit vor dem Kommen des Messias unwahrscheinlich, ja unmöglich. Das ist nicht die persönliche Ansicht eines Pessimisten, sondern entspricht der täglichen Realität und den eindeutigen Aussagen der Heiligen Schrift.

Deshalb ist es geboten, äußerst skeptisch und vorsichtig zu sein gegenüber allen „Friedenspropheten" von heute und ihren „Friedensparolen" wie „Es ist Friede und keine Gefahr!"

Frieden über Jerusalem – Frieden für die Welt!

Der Friede für Israel, den Nahen Osten und die gesamte Welt kommt nicht von Politikern. Nicht durch diplomatische Verhandlungen. Auch nicht durch Demonstrationen militärischer Stärke. Er kommt einzig und allein von dem Messias Jesus Christus. ER ist der personifizierte Friede (Epheser 2,14). Der Friedenskönig. Der SCHALOM Gottes. Und niemand anderes.

Wenn er in Jerusalem erscheint und die Erde dem Herrschaftsbereich satanischer und dämonischer Mächte entreißt, wird die Residenzstadt des Messias die Friedenshauptstadt der Welt.

Der gottgesalbte Friedensfürst wird zunächst sein Volk Israel mit besonders viel Frieden segnen (Psalm 29,11). Endlich wird wahr, was die Propheten vielfach verkündigten: „ICH will deinen Söhnen Frieden geben" (Jesaja 54,13). „Uns, HERR, wirst du Frieden schaffen" (Jesaja 26,12). „ICH will Frieden geben in eurem Lande" (3. Mose 26,6). „ER schafft Frieden in deinen Toren Jerusalem und in deinen Grenzen" (Sacharja 8,16; Psalm 147,14).

Alle diese Friedensverheißungen gipfeln in dem Zuruf: „Freue dich, du Zionsstadt! Jubelt laut, ihr Bewohner Jerusalems! Siehe, euer König kommt zu euch . . ." (Sacharja 9,9). Es sind Prophetenworte, die an das bekannte Adventslied erinnern:

„Tochter Zion, freue dich,
jauchze laut, Jerusalem.
Sieh, dein König kommt zu dir,
ja, er kommt, der Friedefürst."

Nun werden die Menschen in der Friedenshauptstadt ohne Angst und Schrecken und in absoluter Sicherheit leben. Keine Terroranschläge, keine Straßenkämpfe, kein Blutvergießen und keine Vernichtung werden sie mehr bedrohen (Sacharja 14,11). Auch die Touristen und Pilger, die die Heilige Stadt besuchen werden, brauchen kein Unglück mehr zu fürchten. Denn es wird Frieden sein. Absolut und total.

Diese neue Wirklichkeit hat der „Sprecher Gottes" für die Zukunft angekündigt: „In diesem Land wird es keine Verbrechen mehr geben und an deinen Grenzen keine Übergriffe. Deine Mauern werden dir Schutz geben. Denn sie werden ‚Heil' heißen. Und deine Tore werden dir Ruhm bringen. Denn sie werden ‚Lob und Preis' heißen" (Jesaja 60,18). Nun wird Jerusalem paradiesische Zeiten erleben.

Gleichzeitig wird sich der SCHALOM Gottes über die ganze Welt ausbreiten. Vom Zionsberg (=Tempelberg) wird der Messias den Völkern und Nationen Anweisung geben, endlich untereinander Frieden zu halten: „ER weist die Völker zurecht und schlichtet ihren Streit" (Jesaja 2,1ff.). „ER wird den Völkern Frieden gebieten . . . und sie auf den Weg des Friedens führen" (Sacharja 9,10; Lukas 1,79). Nun wird ein tausendjähriges Zeitalter des Friedens beginnen. Im Nahen Osten. Und überall auf der Welt.

Bis dahin gibt es nur den persönlich erfahrbaren SCHALOM Gottes für alle, die an Jesus Christus glauben, aus einem Leben mit ihm handeln und ihren Mitmenschen als Boten des Friedens begegnen. Als die, die den Frieden Gottes in sich tragen, können und sollen sie sich für den Frieden in ihrem unmittelbaren Lebens- und Wirkungskreis einsetzen. Um Zeichen zu setzen für die kommende Friedensherrschaft Jesu Christi auf dieser Erde (Jesaja 9,5f.).

Das ist die Gute Nachricht und die Frohe Botschaft der biblischen Prophetie für die Zukunft der Menschheit.

Die große Zukunft des jüdischen Volkes

Wie die göttliche „Endlösung der Judenfrage" aussieht

Nach dem Willen und den Plänen der Araber und Moslems soll Israel keine Zukunft haben. Weder als Volk noch als Staat noch als Land. Und weder in Jerusalem noch in Tel Aviv noch in Haifa. Die Vernichtung Israels ist und bleibt ihr angestrebtes Ziel. Und die Weltgemeinschaft würde dies nicht (unbedingt) verhindern. Aber einen solchen arabischen „Holocaust" wird es nicht geben. Niemals. Weil das jüdische Volk nicht ausgerottet werden kann. Davon war schon vor 250 Jahren JOHANN WOLFGANG VON GOETHE, der große deutsche Dichter und Denker, überzeugt: „Die Juden sind, sie waren, sie werden sein. Um den Namen Gottes zu verherrlichen."

Die „Garantie-Erklärung Gottes"

Gott selbst hat sich für die bleibende Existenz Israels verbürgt. Er sicherte den Kindern Israels zu: „ICH gebe euch Zukunft und Hoffnung" (Jeremia 29,11). Diese „Garantie-Erklärung" für sein Volk hat er sogar mit den Naturgesetzen verknüpft und bekräftigt: „So wahr ICH dafür sorge, dass die

Naturabläufe nie mehr umgestürzt werden, so wahr sorge ICH dafür, dass Israel für alle Zukunft mein Volk bleiben wird" (Jeremia 31,35f.).

Jesus hat später diese Zusage Gottes in seiner „Endzeitrede" vor seinen jüdischen Jüngern auf dem Ölberg bekräftigt und sie mit der Ewigkeit seiner Worte in Verbindung gebracht: „Es ist wahr: ICH sage euch: Dies jüdische Geschlecht wird nicht vergehen . . . Eher werden Himmel und Erde vergehen, aber meine Worte nicht" (Matthäus 24,34f.).

Das Volk Israel hat also eine große Zukunft. Und sie ist aufs engste und für immer mit dem Messias und Jerusalem verbunden. Der Gründer des neuen Staates Israel, *David Ben Gurion*, sagte: „Ich glaube an das baldige Kommen des Messias. Israel wird dann die messianischen Aufgaben erfüllen, für die es von Gott bestimmt ist."

In Zukunft wird Israel einen großen Namen haben

Die Juden sind das einzige Volk und die einzige Nation, die in ihrem Namen einen der Namen Gottes trägt: EL (Isra-EL). Sie sind aufs engste mit Gott verbunden. Sie tragen seinen Namen. Weil Gott groß ist. Und sich nicht scheute, ein kleines, unscheinbares Volk zu erwählen. Dabei verfolgte er eine ganz bestimmte Absicht: Isra-EL heißt „Gottesstreiter". Gott hat dieses Volk dazu berufen, für den Glauben an ihn, den einzig wahren und lebendigen Gott, vor der Welt einzutreten und ihn den Menschen bekannt zu machen. Damit er verherrlicht wird: „Das Volk, das ICH mir erwählt habe, soll meinen Ruhm verkündigen und weitersagen, was ICH getan habe" (Jesaja 43,21). Darum heißt auch Judesein: „Ich will Gott preisen!"

Aber der Name „Israel" war und ist auch heute noch für viele Menschen ein Ärgernis. Auch die Bezeichnung „Jude". Wenn sie „Israel" oder „Jude" hören, fühlen sie sich sogleich beunruhigt. Oft auch provoziert. Darum gab und gibt es nach wie vor manche Versuche, die Bezeichnung „Israel“ nicht nur von der Landkarte, sondern auch aus dem allgemeinen Wortschatz zu entfernen. Aber sie sind stets erfolglos geblieben. Denn Gott selbst hat seinen Erwählten diesen Namen gegeben: „Israel sollst du heißen!“ (1. Mose 35,10). Zugleich hat er den Kindern Israels für alle Zeiten versichert: „ICH gebe euch diesen Namen, der nie vergehen wird“ (Jesaja 56,5).

Deshalb wird der Name „Israel“ auch in Zukunft überall auf der Welt hörbar und lesbar sein. Er wird ein Ehrenname sein. Ein wohlklingender und angenehmer Name, voller Sympathie und Ehrerbietung. Das wird auch auf die Bezeichnung „Jude“ zutreffen. Niemand wird dann mehr darüber die Nase rümpfen. Niemand wird sich mehr scheuen, sie in den Mund zu nehmen. Alle Menschen werden nämlich erkennen, dass die Juden von Gott geliebt und Israel zurecht „das Volk des HERRN genannt wird“ (Maleachi 1,2; 5. Mose 28,10). Gott hat den Kindern Israels versprochen: „ICH will euch zu Lob und Ehren bringen in allen Ländern, wo man euch (noch) verachtet“ (Zephanja 3,19).

In Zukunft wird Israel zu einem Volk von Gottesdienern

Gott hat seinem Volk nicht nur die *physische Auferstehung* verheißen, wie sie sich im Zionismus, der von ihm gewollten Heimkehr der Juden nach Zion in ihre alte biblische Heimat, bereits weitgehend erfüllt. Er hat ihnen auch für die Zukunft die *geistliche Auferstehung* zugesagt: „ICH gebe euch ein neues Herz und einen neuen Geist. ICH nehme das versteinerte Herz aus eurer Brust und schenke euch ein Herz, das fühlt. ICH erfülle euch mit meinem Geist und mache aus euch Menschen, die nach meinem Willen leben. Die auf meine Gebote achten und sie befolgen. Dann werdet ihr nie mehr aus dem Land vertrieben werden, das ICH euren Vätern gegeben habe. Ihr werdet mein Volk sein, und ICH werde euer Gott sein“ (Hesekiel 36,26–28; vgl. auch Jeremia 31,31–33).

Wenn Israel in Zukunft die geistliche Neugeburt erlebt, wird es nach dem Willen Gottes im Messianischen Reich ein Volk von Gottesdienern und Priestern sein. Es wird für alle Völker ein geistliches und moralisches Licht sein. Ein Vorbild für Leben und Glauben aller Menschen. Und zugleich ein unübersehbares und unüberhörbares Beispiel für die Wahrheit göttlicher Verheißungen. Dabei werden auch die Juden den Nichtjuden „Gehilfen zum Heil" sein: „In jener Zeit werden zehn Menschen aus verschiedenen Nationen sich an einen Juden hängen und zu ihm sagen: Lass uns mit dir nach Jerusalem ziehen. Denn wir haben gehört, dass Gott mit dir ist" (Sacharja 8,23).

Nichtjuden werden demnach die unmittelbare Nähe, ja die Freundschaft mit jüdischen Menschen geradezu ernsthaft suchen. Sie werden an ihnen die Eigenschaften von Heiligkeit, Glauben, Gerechtigkeit, Liebe, Frieden, Freude und Glück sehen. Um von ihnen zu lernen, was es heißt, Gott in rechter Weise anzubeten und ihm zu dienen, Liebe und Gerechtigkeit zu üben und wie wirklich gottgefällige Menschen zu leben. Wenn auch heute noch nicht diese geistliche Vorbildfunktion auf das jüdische Volk zutrifft, so wird es aber in Zukunft ein nachahmenswertes Vorbild sein für alle Menschen.

Kein Mensch wird dann mehr den Juden ihre gottgewollte Erwählung absprechen und eine „Ent-Theologisierung Israels" fordern. Sondern sie werden weltweit als Diener Gottes anerkannt, beliebt und gefragt sein. Hosea verheißt: „Anstatt dass man zu ihnen sagen wird: ‚Ihr seid nicht mein Volk', wird man sagen: ‚Ihr seid Kinder des lebendigen Gottes'" (2,1). Dann wird für immer die „Judenfrage" in positiver Weise gelöst sein. Ebenso der Antijudaismus und Antiisraelismus.

In Zukunft wird Israel auch in einzigartiger Weise zum Segen für die ganze Menschheit

Die Statistik für Weltbevölkerung belegt es: Israel ist ein kleines Volk. Verglichen mit 1,4 Mrd. Chinesen, 1 Mrd. Indern,

275 Mio. US-Amerikanern und 82 Mio. Deutschen gibt es weltweit nur ca. 15 Mio. Juden. Davon leben z. Z. „nur“ 5 Mio. in Israel. Insgesamt beträgt der Anteil der Juden an der Weltbevölkerung etwa 0,3 Prozent.

Dieses kleine jüdische Volk ist aber in geistiger Hinsicht recht groß. Es ist größer als die meisten anderen Völker. Der katholische Theologe *Hans Küng* bezeichnet es als „eine geistige Weltmacht“.

Vielleicht hat Gott daran gedacht, als er Abraham, dem ersten Juden, in Aussicht stellte: „ICH will dich zu einem großen Volk machen und ICH will dich segnen und du sollst ein Segen sein“ (1. Mose 12,1f.). Also nicht Quantität, sondern Qualität. Nicht Masse, sondern Klasse. Dass Gott seinem Volk geistige Größe verheißt, geht auch aus weiteren Zusagen hervor: „Der HERR, dein Gott, wird dich zum Höchsten über alle Völker erheben und dich zum Ersten unter den Völkern machen. Du wirst unaufhaltsam immer weiter aufsteigen. Die ganze Fülle meines Segens wird dir zuteil. Du wirst so viel haben, dass du davon noch an andere Völker abgeben kannst. Du selbst aber brauchst nicht auszuleihen“ (5. Mose 28,1.12f.). „Du wirst sichere Zeiten haben: Reichtum an Heil, Weisheit und Klugheit“ (Jesaja 33,6).

Das jüdische Volk wird also in Zukunft kein Schlusslicht unter den Nationen sein. Es wird vielmehr eine Spitzenstellung in der Welt einnehmen. Es wird in geistiger Hinsicht die Nr. 1 sein.

Bereits seine bisherigen Erfolge sind phänomenal. So haben eine Vielzahl von jüdischen Ärzten, Juristen, Wissenschaftlern, Philosophen, Schriftstellern, Komponisten, Musikern und andere die Menschheit durch außergewöhnliche Leistungen und Beiträge auf allen Wissensgebieten und in allen Lebensbereichen qualitativ und quantitativ bereichert. Dieses zahlenmäßig kleine Volk hat proportional zu anderen Völkern die meisten Wissenschaftler und die größte Anzahl von Nobelpreisträgern hervorgebracht. Von 1901–2000 wurden allein mit dem Nobelpreis für Medizin 38 jüdische Wissenschaftler ausgezeichnet. Ein Großteil aller einschlägigen Erfindungen auf der Welt stammt von jüdischen Forschern und Technikern.

> *„Schon vor 5000 Jahren hätten Juden einen Nobelpreis bekommen müssen: Adam für Medizin, Joseph für Finanzen, Josua für Physik, David für Literatur, Salomo für den Frieden, Hesekiel für Chemie, Jesaja und Sacharja für eine nicht existente Kategorie – Prophetie."*
>
> *SCHIMON PERES, Israels Außenminister und seit 1994 Friedensnobelpreisträger*

Das kleine Israel ist heute ein Land der Wissenschaftler. Gemessen an seiner Gesamtbevölkerung hat es mehr Wissenschaftler als jedes andere Land. Auf eine Mio. jüdische Israelis kommen fast 5000 Experten, die alle in der Forschung tätig sind. Die USA und Frankreich rangieren weit dahinter mit 3300 bzw. 1900 Wissenschaftlern pro 1 Mio. Einwohner. „In Israel leben einige der fähigsten und talentiertesten Leute." So der frühere US-Präsident *RICHARD NIXON*.

Prozentual gesehen veröffentlicht der kleine Judenstaat mehr technische und wissenschaftliche Bücher und Magazine als jede andere Nation – 10-mal mehr als die USA, die den zweiten Platz belegt. Israel ist die am meisten belesene und mathematisch begabteste Nation der Welt.

Der Kleinstaat Israel hat sich seit seiner Gründung 1948 vom Agrarland zum Forschungsriesen auf vielen Gebieten entwickelt. Er steht in der Weltrangliste bereits an 1. Stelle vor den USA, Japan und Westeuropa. Sein Know-how (geistiges und praktisches Wissen) und sein Hightech (Spitzentechnologie) sind weltweit gefragt, seine „Entwicklungshilfe" in vielen Ländern der Dritten Welt heiß begehrt. In Israel entwickelte Chips befinden sich in den Produkten bedeutender internationaler Elektronik- und Computerfirmen. Von Israel hergestellte Teile werden sogar in der Weltraumfahrt verwendet. Israels Bewässerungsmethoden bringen Wüstengebiete in Afrika und Asien zum Blühen. Nuklearmedizinische Untersuchungsgeräte „Made in Israel" finden in großen Krankenhäusern auf der ganzen Welt Verwendung. Über 125 Nationen erhalten heute wissenschaftliche, technologische und medizinische (ärztliche) Hilfe aus Israel.

Worauf ist diese geballte geistige Macht Israels zurückzuführen? Die Bibel sagt: „Gott gibt den Weisen Weisheit und den Verständigen ihren Verstand" (Daniel 2,21). Und im Talmud heißt es: „Die Luft des Landes Israel macht weise." Davon war auch der jüdische Nobelpreisträger *SAUL BELLOW* überzeugt: „Das Licht in Jerusalem besitzt reinigende Kraft und filtert Blut und Gedanken."

Zum anderen waren die Juden schon immer ein kluges und begabtes Volk, äußerst lernbegierig und überdurchschnittlich intelligent (1. Könige 5,9.26; Daniel 1,20). Denn Ausgangspunkt ihres Lernens war und ist auch heute die Bibel (= Thora). Sie ist nicht nur Prüfungsfach beim Abitur. Sie ist auch Voraussetzung und Grundlage für ein Hochschulstudium an verschiedenen israelischen Universitäten. So bei der Bar-Ilan Universität in Ramat Gan, der größten des Landes mit der höchsten Anzahl von Studenten (2001: 26.000).

Ist nicht die ungebrochene geistige Vitalität des Volkes Israel und sein weiterer unaufhaltsamer Aufstieg die Erfüllung der Zusage Gottes: „Ihr werdet als weise und verständig gelten bei allen Völkern. Sie werden sagen: Was für weise und verständige Leute sind sie" (5. Mose 4,6). Und muss man nicht voller Staunen zu Gott sagen: „Wo ist ein Volk auf Erden wie dein Volk Israel!" (2. Samuel 7,23).

Israel übernimmt die geistige Führung der Welt

Nach dem Willen Gottes soll Israel einmal in besonderer Weise zum Hoffnungs- und Segensträger für die Welt werden. Im kommenden Reich des Messias wird es nicht nur auf geistigem, sondern auch auf geistlichem Gebiet eine führende Rolle spielen. Die Menschen werden sich Gott zuwenden und sich gleichzeitig die wissenschaftlichen und technischen Erkenntnisse und Errungenschaften der Juden zunutze machen.

Für viele Menschen, ob Christen oder Nichtchristen, mag der Gedanke an diesen Aufstieg Israels zur geistigen Weltmacht Unbehagen auslösen. Oder sogar unheimlich sein. Aber das ist der Wille Gottes mit seinem auserwählten Volk. Und dies wird kein Unglück, sondern ein Segen für die Menschheit sein, wenn es eines Tages erneut heißen wird: „Die Juden brachten der Welt reichen Gewinn und wurden für alle Völker zu einer Quelle des Segens" (Römer 11,12).

Darum hat Gott auch alle Christen und Nichtjuden aufgerufen: „Singt und jubelt! Freut euch über Israel, das Haupt unter den Völkern . . . denn das Volk, das ICH mir erschaffen habe, wird mich rühmen und wird weitersagen, was ICH getan habe" (Jeremia 31,7; Jesaja 43,21).

Die „Neue Weltordnung“ Gottes

Wie Jerusalem in Zukunft zum Segen für die Welt wird

Was die Menschheit dringend braucht, ist eine „Neue Weltordnung“. Nicht von Präsidenten oder Diktatoren. Nicht von den Vereinten Nationen oder von der EU. Auch nicht von einer Welteinheitskirche oder von den großen Weltreligionen. Sondern von GOTT. ER hat sie schon vor langer Zeit beschlossen. Und durch Israels Propheten verkünden lassen:

„In der letzten Zeit wird der Berg, auf dem der Tempel des HERRN steht, alle anderen Berge überragen. Alle Völker werden hinströmen. Und überall wird man sagen:

Kommt, lasst uns auf den Berg des HERRN gehen, zum Haus, in dem der GOTT Israels wohnt. ER soll uns lehren, was recht ist. Was ER sagt, wollen wir tun. Denn vom Zionsberg in Jerusalem wird der HERR sein Wort verbreiten lassen.

ER weist die Völker zurecht und schlichtet ihren Streit. Dann schmieden sie aus ihren Waffen Maschinen und aus ihren Gewehren Handwerkszeug. Kein Volk wird dann mehr ein anderes angreifen und keiner lernt mehr, Krieg zu führen“ (Jesaja 2,2-4; vgl. Micha 4,3).

Diese „Neue Weltordnung“ Gottes wird zu gewaltigen globalen Veränderungen führen und einen wirklichen und dauerhaften Frieden herbeiführen. Im Nahen Osten. Und weltweit.

Es wird Friede sein, wirklicher Friede

Rainer Zelewske fragt in seinem Büchlein „Mehr als Aussichten“, wann dies sein wird, und gibt darauf zugleich einige sehr konkrete Antworten:

„Wann wird endlich Friede sein?
Wenn die letzte Rakete verschrottet ist,
wird dann endlich Friede sein?

Wann wird endlich Friede sein?
Wenn die Armeen der Welt aufgelöst sind,
wird dann endlich Friede sein?

Wann wird endlich Friede sein?
Wenn man den Krieg nur noch aus dem
Geschichtsbuch kennt,
wird dann endlich Friede sein?

Dann wird endlich Friede sein:
Wenn Menschen verstehen,
dass es doch gar nicht die Waffen sind,
sondern sie selbst, die der Unfriede sind.

Dann wird endlich Friede sein:
Wenn Jesus, der Friedefürst,
in unseren Herzen den Frieden schaffen kann.

Dann wird endlich Friede sein:
Wenn der Böse gebunden ist
und Gottes Friedensreich anbrechen kann.

Dann wird endlich Friede sein.“

Wenn endlich der Friede weltweit einkehrt, wird Jerusalem auch kein „Laststein“, kein „Taumelbecher“ und kein „Weltärgernis“ mehr sein. Um die Heilige Stadt werden weder Juden noch Araber noch andere Völker und Religionen mehr streiten und kämpfen. Denn sie wird im wahrsten Sinn des Wortes nun eine Stadt des Friedens sein und ihrem Namen endlich Ehre bereiten.

Von Jerusalem wird sich der SCHALOM Gottes, der himmlische Friede, über die ganze Welt ausbreiten. Araber und Juden werden sich dann nicht mehr gegenüberstehen als Feinde, sondern als Brüder und Freunde in Christus. Beide werden sie gemeinsam den einzig wahren und lebendigen Gott, Jahwe, anrufen und zu ihm beten. Alle Menschen und Völker werden sich in Christus, dem Messias, versöhnen. Vertrauen und Freundschaft und Liebe wird alle Menschen verbinden. Niemand wird mehr Böses tun und Unheil anstiften (Jesaja 11,9). Der SCHALOM Gottes wird fortan ihr ganzes Denken und Handeln bestimmen. Hass und Gewalt, Terror und Tränen werden für immer vorbei sein.

> *„Der Friede in Israel wird erst kommen, wenn die Herzen der Juden und Araber in Jesus Christus zusammenfinden."*
>
> *SALIM J. MUNAYER, palästinensischer Christ und Leiter des jüdisch-arabischen Versöhnungswerkes „Musalaha"*

Es wird auch keinen Krieg mehr geben. Kein Kriegsgeschrei. Keinen Streit um das Heilige Land und die Heilige Stadt. Denn der Nahostkonflikt und die „Jerusalem- Frage" werden gelöst sein. Die „Juden-Frage" und das „Palästinenser-Problem". Es wird Frieden herrschen. Zwischen Juden und Arabern. Wirklich und dauerhaft.

Infolgedessen werden auch keine Soldaten mehr gebraucht werden. Keine Offiziere und Verteidigungsminister. Die Völker und Nationen werden total abrüsten. Die Waffen werden verschrottet und zu „Werkzeugen des Friedens" umgestaltet („Schwerter zu Pflugscharen"). Schon heute weisen in Israel eindrucksvolle Mahnmale verheißungsvoll darauf hin. In einem modernen Stil ist altes Kriegsgerät zu Ackergeräten und Maschinen zusammengeschweißt. Militärische Aufrüstung, Waffenhandel, Manöver und Kriege werden der Vergangenheit angehören.

Eine der bedeutendsten Persönlichkeiten, die sich wiederholt auf diese „Neue Weltordnung" Gottes im Buch des Propheten Jesaja berief, war Israels Staatsgründer *DAVID BEN GURION*. Noch kurz vor seinem Tode interpretierte er sie in einem Gespräch mir gegenüber in seinem Heimatkibbuz Sede Boker im Negev mit den Worten: „Statt Krieg wird es wirtschaftliche Zusammenarbeit geben, statt Hass – Handel, statt Kanonen – Maschinen, statt Blut und Tränen – ein besseres Leben für Millionen Araber und Israelis. Wenn es auch noch etwas dauern wird, eines Tages wird sich diese Verheißung erfüllen, auch zwischen Israel und den Arabern. Ich glaube der Bibel, dass eines Tages Frieden sein wird. Vielleicht sogar mehr als nur Frieden, nämlich Freundschaft. Für mich ist dies verbunden und eng verknüpft mit der Erlösung des jüdischen Volkes durch das Kommen des Messias."

Auch Israels späterer Premierminister *MENACHEM BEGIN* war von dieser neuen Weltordnung zutiefst gepackt: „In unseren Herzen tragen wir stets die Vision der Propheten mit uns: den ewigen Frieden in vollständiger Rüstungslosigkeit.

Auch wenn sich die ganze Welt bis auf die Zähne bewaffnet und jede Abrüstungskonferenz noch mehr Aufrüstung bringt, bleibt unser Glaube unerschütterlich.

Eines Tages wird sich die Vision der Propheten als Realität erweisen ... Aus dem Bösen wird wirklicher Friede entstehen. Und Waffenlosigkeit und menschlicher Geist werden zueinander ein gut nachbarschaftliches Verhältnis finden.

Ich glauben von ganzem Herzen an die göttliche Fügung."

Highway für den Frieden

Viele fragen sich, wie sich denn die neue Welt- und Friedensordnung praktisch und faktisch für den Nahen Osten auswirken könnte. Jesaja, der Prophet Israels, gibt darauf eine grundlegende Antwort mit einem Beispiel: „Zu der Zeit wird eine Bahn Ägypten mit Syrien verbinden. Damit die Ägypter nach Syrien und die Syrer nach Ägypten reisen können . . .“ (19,23). Dies könnte eine Autobahn und eine Eisenbahnlinie sein, die durch Israel führen. Erstaunlich: Beide sind heute faktisch schon fast vollständig vorhanden!

Offensichtlich ist damit ein freier grenzüberschreitender Verkehr gemeint zwischen Israel und den arabischen Nachbarländern. Also: Auto- und Bahnreisen zwischen Beirut, Damaskus, Amman via Jerusalem und von Jerusalem nach Gaza und Kairo. „Durchfahrtskorridore“ von Gaza nach dem West-Jordanland o. a. werden keine Bedeutung mehr haben. Sie werden völlig überflüssig sein.

Aber auch der Luft- und Schifffahrtsverkehr werden dabei profitieren. Israelische Flugzeuge fliegen vom Ben-Gurion-Flughafen oder vom (neuen) Jerusalem Airport problemlos nach Kairo, Amman, Akaba und Riad. Arabische Flugzeuge überfliegen den israelischen Luftraum des Heiligen Landes oder landen auf dem Ben-Gurion-Flughafen bei Tel Aviv oder auf dem neuen Flughafen im Norden von Jerusalem, der nur noch darauf wartet, auf internationalem Standard ausgebaut zu werden. Arabische Schiffe laufen Haifa an und israelische Schiffe arabische Länder.

Darüber hinaus freier Handel und enge wirtschaftliche Kooperation zwischen Israel und den arabischen Ländern. Und ein grenzüberschreitender Tourismus ohne Terror und lästige Kontrollen.

Diese und viele andere umwälzende Neuerungen auf den verschiedensten Gebieten infolge eines von Gott durch den Messias geschaffenen wirklichen und totalen Friedens werden das Leben und Handeln der Menschen im Nahen Osten grundlegend und durchgreifend verändern und verbessern. Gott wird die Juden und Araber mit Freiheit, Frieden und Wohlstand segnen. Und sie zugleich einander zum Segen werden lassen: „Zu der Zeit wird Israel der Dritte im Bunde sein mit Ägypten und Syrien – ein Segen für die ganze Welt. Der HERR der Welt wird sie segnen mit den Worten:

Gesegnet ist Ägypten, mein Volk!
Gesegnet ist Syrien, das ICH geschaffen habe!
Gesegnet ist Israel, mein Eigentum!"
(Jesaja 19,24f.)

Niemand wird dann noch Israels Existenz bedrohen. Weder durch Hass und Propaganda noch durch Waffengewalt. Es wird keinen arabischen Terror in Israel und keine israelischen Vergeltungsaktionen gegen Araber mehr geben. Israelis und Palästinenser werden einträchtig im Frieden miteinander leben und friedliche Beziehungen zu allen Völkern unterhalten.

„Gottes Erlösungsplan gemäß seiner feierlichen Zusagen an Israel wird letzten Endes dem Nahen Osten und der ganzen Menschheit Frieden und Segen bringen."

Aus einer Erklärung der Internationalen Christlichen Botschaft, Jerusalem

Juden und arabische (!) Christen teilen deshalb mit uns Christen schon heute die Hoffnung:

„Wo Brüder sich entzweit,
wo Völker sich geschlagen,
wo einsam Herz um Herz
unendlich Leid getragen –
diese wunde Welt
mit ihrem Todesgrauen
wird Leben, Wahrheit, Recht
und Friede, Friede schauen."
Kurt Müller-Osten

Zeichen der Wiedergutmachung

Schließlich werden die Überlebenden der Völker, die Israel auszulöschen versuchten und gegen Jerusalem kämpften, erkennen, was zu ihrem Frieden dient. Sie werden die gegen Israel und seine Hauptstadt begangene Schuld durch „Sühneaktionen" wieder gutzumachen versuchen: „Die Söhne deiner Feinde werden zu dir kommen, vor dir niederfallen und sich tief beugen. Und sie werden zu dir sagen: ‚Stadt des HERRN' und ‚Zion des Heiligen Israels'" (Jesaja 60,14). Außerdem werden sie die zerstörten Städte und Dörfer in Israel wieder aufbauen und das durch die Kriegsführung verwüstete Land neu bepflanzen (Jesaja 60,10; 61,5).

Nun wird endlich Frieden sein. Ein vollkommener Friede. Ein himmlischer Friede, wie ihn die Welt noch nicht erlebt hat. Er ist kein frommer Wunschtraum, sondern er wird Wirklichkeit werden:

> „Eines Tages wird es wieder wunderschön,
> wenn in der Welt wird Frieden sein . . .
> Wenn die Waffen endlich schweigen
> und die Menschen sich als Menschen zeigen."
> *(Reiner René)*

Das wird die schöne neue Welt von morgen sein unter der Führung des Messias Jesus Christus.

Die Heilige Stadt – Traumziel und Treffpunkt der Menschheit

Nicht internationalisiert, aber international

Zweifellos ist Jerusalem die „Stadt aller Städte“. Als Heilige Stadt hat sie nicht nur eine geschichtsträchtige Vergangenheit hinter sich. Sie hat auch welt- und heilsgeschichtlich eine große Zukunft vor sich. Sie soll nach dem Willen Gottes und des Messias Jesus Christus das internationale Zentrum der neuen Weltherrschaftsordnung werden. Nach den Worten Jesajas wird von Jerusalem in Zukunft Gottes Wort und Weisung, göttliche Weisheit und menschliches Wissen verbreitet werden (2,2f.).

Schon heute übt die zukünftige messianische Metropole auf unzählige Menschen weltweit eine unvorstellbare Anziehungskraft aus. Für Millionen ist sie ein traumhaftes Reiseziel. Und das Ziel messianischer Zukunftserwartungen. Zugleich wird sie zum Treffpunkt für immer mehr Menschen aus allen Völkern und Nationen.

Jerusalem liegt international ganz vorn

Obwohl Israel heute politisch keinen guten Ruf in der Welt hat, haben es doch immerhin 162 von 233 Staaten anerkannt. Nicht aber seine Hauptstadt Jerusalem. Bislang haben sich nur 2 Staaten gleichsam demonstrativ dazu durchgerungen, Costa Rica und El Salvador, zwei mittelamerikanische Ministaaten. Die Botschaften von Bolivien und Paraguay befinden sich allerdings in Mevasseret, einem neuen Vorort von Jerusalem. Alle anderen Staaten haben ihre diplomatischen Vertretungen in Tel Aviv.

Dennoch liegt Jerusalem schon heute international ganz vorn. Immer mehr Menschen treffen sich hier aus aller Herren Länder. Es sind Juden und Christen, Moslems und Atheisten. Unter ihnen sind Politiker und Militärs, Wirtschaftler und Wissenschaftler, Funktionäre und Ingenieure. Jedes Jahr kommen sie zu Hunderttausenden. Aus mehr als 200 Ländern. Fast alle besuchen sie die Heilige Stadt. Viele von ihnen nehmen an internationalen Kongressen teil. Allein im Jahr 2000 fand in Israel alle drei Tage ein internationales Forum statt. Die meisten davon in Jerusalem. Mit Tausenden von Teilnehmern.

Außerdem kommen jedes Jahr Hunderttausende als Pilger und Touristen. Um an heiliger Stätte ihren Glauben zu vertiefen. Oder um sich einfach Land und Leute anzuschauen. Für fast alle ist der Höhepunkt ihrer Israel-Reise der Besuch dieser einzigartigen und unvergleichlichen Stadt. Sie wird gegenwärtig immer größer und schöner, „goldener" und faszinierender und übt auf immer mehr Menschen eine außergewöhnliche Ausstrahlung und Anziehungskraft aus.

Top-Adresse Nr. 1 für Prominente

Unter den Besuchern aus aller Welt befindet sich auch viel Prominenz. So Papst *Johannes Paul II.*, der englische Popstar *Cliff Richard*, der indische Stardirigent Maestro *Zubin*

Mehta, Hitlers Patenkind *Martin Bormann (jun.)*, *Manfred Rommel*, der Sohn von Hitlers Feldmarschall Erwin Rommel, der auch in Palästina einmarschieren wollte, der argentinische Fußballstar *Diego Maradona*. Sowie unzählige weitere Sportler, Sänger und Künstler. Und ihre Zahl wächst.

Aber auch die Polit-Prominenz hat Jerusalem als Top-Adresse Nr. 1 entdeckt. Darunter befinden sich Könige und Königinnen, Staats- und Ministerpräsidenten sowie Politiker verschiedener Couleur. Sie alle geben sich hier schon seit langem ein Stelldichein. Auch wenn ihre Regierungen Jerusalem immer noch nicht als Hauptstadt Israels anerkannt haben. Welch eine geistige Schizophrenie!

Unter der Polit-Prominenz aus aller Herren Länder befanden sich u. a. der ägyptische Präsident *Anwar El Sadat*, Polens Ex-Präsident *Lech Walesa*, der tschechische Präsident *Vaclav Havel*, die deutschen Bundespräsidenten *Richard von Weizsäcker*, *Roman Herzog* und *Johannes Rau*, Bundeskanzler *Helmut Kohl* und *Gerhard Schröder*, der britische Premier *Tony Blair*, der ehemalige sowjetische Partei- und Staatschef *Michail Gorbatschow* und der russische Ex-Präsident *Boris Jelzin*, die holländische Königin *Beatrix*, der Gemahl der britischen Königin, Prinz *Philip*, Spaniens König *Juan Carlos*, Erzherzog *Otto von Habsburg*, die US-Präsidenten *Carter*, *Bush (sen.)* und *Clinton*, UN-Generalsekretär *Kofi Annan* und eine Vielzahl weiterer deutscher und internationaler Politiker. Außerdem treffen sich hier von Jahr zu Jahr eine immer größere Anzahl von Bürgermeistern aus aller Welt mit ihrem Amtskollegen aus Jerusalem.

Sie alle wurden von führenden israelischen Politikern als Staatsgäste in Jerusalem herzlich empfangen. Die meisten von ihnen besuchten die Klagemauer, den heiligsten Überrest des jüdischen Tempels, und Jad Vashem, die Holocaust-Gedenkstätte für die 6 Mio. ermordeten Juden während der Naziherrschaft. Zudem bekundeten die ausländischen Staatsgäste Israel ihre Solidarität und überreichten ihren israelischen Gastgebern wertvolle Geschenke.

Sie alle tragen damit schon heute bewusst oder unbewusst

zur Erfüllung biblisch-prophetischer Verheißungen bei. So ließ Gott schon vor langer Zeit durch den Propheten Jesaja über Jerusalem sagen: „Völker strömen zu deinem Licht und Könige zu dem Glanz, der über dir aufstrahlt. Blick auf und schau umher: Sie alle sind versammelt und kommen zu dir. Die Könige der Völker werden dir dienen. Du sollst nicht länger die verhasste und ungeliebte Stadt sein, die von ihnen gemieden wird, sondern ICH mache dich zur Freude für alle Nationen. Die Völker und Könige werden für dich sorgen" (60,3–15).

Auch der Apostel Johannes hat darauf Bezug genommen: „Die Völker werden sich bewegen im Licht der Stadt Gottes (= Jerusalem). Und die Könige der Erde werden ihren Reichtum (= Geschenke) in die Stadt tragen" (Offenbarung 21,24).

Sogar die jüdischen Weisen des nachbiblischen Judentums haben in ihren Schriften darauf hingewiesen, dass „alle Nationen und Königreiche sich am Ende der Zeit in der Mitte Jerusalems versammeln werden" (ARN 35,106).

Jerusalem wird also einst doch noch international als Hauptstadt anerkannt werden. Es ist nur eine Frage der Zeit. Freilich wird es dann die Hauptstadt des Messianischen Weltreiches sein.

Die Heilige Stadt im Mittelpunkt des Weltinteresses

Wie sehr Jerusalem am „Nabel der Erde" im Mittelpunkt des Weltinteresses steht, geht auch aus der Tatsache hervor, dass hier ständig mehr als 500, zeitweilig sogar bis zu 1300 ausländische Medienleute von Rundfunk, Fernsehen und Presse präsent sind und laufend über und aus Israel berichten. Es ist das größte ständige Fernseh- und Pressekorps, das sich in irgendeinem Land der Welt überhaupt aufhält. Der Grund? Sie haben, wenn auch weitgehend unbewusst, unterschwellig eine Ahnung davon, dass Jerusalem heute und in Zukunft von besonderer weltweiter Bedeutung ist.

Zwar haben 1996 die Medien und Politiker den 3000-jährigen Geburtstag der „Stadt Davids“ aus politischen Gründen weitgehend ignoriert bzw. totgeschwiegen. Aber durch den von den Palästinensern entfesselten „Heiligen Krieg“ sowie durch die unzähligen und endlosen politischen Verhandlungen ist Jerusalem ständig auf den TV-Schirmen zu sehen und durch entsprechende Presseberichte in aller Munde. Wenn auch noch weithin in negativer Weise. Aber auch das wird sich in Zukunft ändern. Wenn im Messianischen Reich Jerusalem die Hauptstadt der Welt sein wird. Wovon schon in einem alten Spruch aus dem Midrasch, einer jüdischen Bibelauslegung aus der Antike, die Rede ist: „Einst wird Jerusalem die Hauptstadt aller Länder sein.“

Wiederholt hat davon *David Ben Gurion* gesprochen: „Jerusalem ist nicht nur die Hauptstadt Israels und des Judentums. Es soll nach den Worten der Propheten auch das geistige und geistliche Zentrum für die ganze Welt werden. Jerusalem wird in der ganzen Welt als Stadt der Wahrheit und der Berg Zion als Berg der Heiligkeit bekannt sein.“

Kein Araber und Moslem wird sie dann mehr „Al Kuds“ nennen. Denn sie wird weiterhin „Yerushalayim“ (hebr.) heißen und von allen Menschen als „Stadt der Gerechtigkeit, der Wahrheit und der Treue“ bezeichnet werden“ (Jeremia 3,17; Jesaja 1,26; Sacharja 8,3). Selbst die Nachkommen der heutigen Feinde Israels werden sie „Stadt des Herrn“ und „Zion des Heiligen Israels“ nennen (Jesaja 60,14).

Jerusalem wird dann nicht nur geografisch, sondern auch geistig und geistlich der Mittelpunkt der Welt sein. Die ungeteilte und vereinte Hauptstadt aller in Jesus Christus versöhnten und vereinten Nationen. Fortan werden die Geschicke der Welt von Jerusalem, dem Sitz und Zentrum der Herrschaftsordnung Gottes, aus gelenkt und geleitet werden. In jenen Tagen wird die Welt nur noch von Zion aus regiert.

In Jerusalem finden die Menschen das Heil

Die neue Hauptstadt des Messianischen Reiches wird schließlich zum Fokus der Welt. Unzählige Menschen aus allen Ländern und Nationen werden ins Heilige Land reisen und in die Heilige Stadt. Sie werden Gott anbeten und dem Messias ihre Huldigung erweisen sowie die biblischen Feste feiern: „Die Überlebenden der Völker, die gegen Jerusalem kämpften, werden jedes Jahr nach Jerusalem kommen, um das Laubhüttenfest (Sukkot) zu feiern und den HERRN der ganzen Welt als ihren König zu verehren" (Sacharja 14,16). „Die Menschen werden von überall her kommen und sich vor dem HERRN niederwerfen und ihn anbeten" (Psalm 22,28).

Gleichzeitig werden sie in Jerusalem die „Neue Weltordnung" Gottes studieren, göttliche Weisheit empfangen und ihr Wissen vermehren und vertiefen. Denn das Land Israel und die Heilige Stadt werden erfüllt sein von der Erkenntnis des HERRN (Jesaja 11,9). Deshalb lautet auch ein altes jüdisches Sprichwort: „Wer weise werden will, gehe nach Jerusalem."

Zugleich ergeht die prophetische Warnung: „Wenn ein Volk sich weigert, zu kommen und dem HERRN Ehre zu erweisen, wird auf sein Land kein Regen fallen . . . Alle wird ER bestrafen, die nicht nach Jerusalem zum Laubhüttenfest ziehen!" (Sacharja 14,17).

Für alle aber, die dem Ruf Gottes und ihres Herzens folgen und nach Jerusalem kommen werden, wird die Stadt Gottes Glück, Heil und Segen bringen. Darum lautet auch ein jüdischer Spruch: „Jeder Mensch hat zwei Heimatstädte: die Stadt, in der er wohnt – und Jerusalem!"

Die ganze Welt freut sich über Jerusalem

Eines Tages wird die Nachricht in alle Welt verbreitet: „Aus Zion bricht an der schöne Glanz Gottes" (Psalm 50,2). Menschen aus allen Ländern werden sich aufmachen nach Jerusalem. Sie werden geradezu süchtig sein, diese Stadt zu besuchen, zu sehen und zu bestaunen. Denn in dieser Stadt werden sie nicht nur den Atem Gottes spüren, sondern auch sehen und erleben, wie Gott seine Bewohner und Besucher und nicht zuletzt auch sie mit großer Freude und großem Glück erfüllen wird. Er selbst hat verheißen: „ICH mache Jerusalem zur Stadt der Freude. Und seine Bewohner erfülle ich mit Glück. Und auch ICH will an Jerusalem wieder Freude haben und über mein Volk glücklich sein“ (Jesaja 65,18). Durch einen anderen Propheten Israels ließ er sagen: „Jerusalem wird für mich wieder ein Grund zur Freude sein, eine Stadt, die mir bei allen Völkern der Welt Ruhm und Ehre einbringt. Die Völker werden sprachlos sein vor Staunen, wenn sie hören (und sehen) von dem Heil und dem Guten, das ich der Stadt geben will“ (Jeremia 33,9).

„Happy“ über Jerusalem

Schon heute bereitet es vielen Menschen eine große Freude, Jerusalem zu besuchen. Jedes Jahr kommen mehr als zwei Mio. Besucher in die Heilige Stadt. Um ihren Glauben zu vertiefen und Israel und seiner Hauptstadt ihre Solidarität und Freundschaft zu bezeugen.

Allein an den „Jerusalem-Märschen“ während des „Yom Yerushalayim“, dem Jahrestag seiner Wiedervereinigung 1967, und am „Sukkot-Fest“, dem Laubhüttenfest, nehmen jedes Jahr Zehntausende von Besuchern aus aller Welt teil. Viele der ausländischen Gäste tragen ihre nationalen Trachten. Schwenken Fahnen und führen Transparente mit sich. Auf vielen Bannern sind Bibelworte zu lesen, die von der Treue Gottes zu seinem Volk und seiner Hauptstadt handeln, die Hunderttausende von israelischen und ausländischen Zuschauern zutiefst beeindrucken. Dann ist Jerusalem zur Freude aller total „happy“.

In der Welt von morgen unter der Herrschaft des Messias Jesus Christus wird der Reiseboom nach Jerusalem alle Dimensionen sprengen. Wer immer kann, wird die Heilige Stadt besuchen. Jeder wird wie ein Staatsgast empfangen. Und Freude und Glück werden jeden erfassen, wenn er Jerusalem sieht und erlebt.

Deshalb ergeht schon heute der Aufruf: „Freut euch mit Jerusalem, alle, die ihr sie liebhabt“ (Jesaja 66,10).

Weil Juden und Christen diese Stadt lieben, gedenken sie ihrer mit herzlichen Segenswünschen und rufen einander zu: „Wünscht Jerusalem Heil und Frieden. Es möge Friede sein in deinen Mauern. Und Glück in deinen Palästen. Um meiner Brüder und Freunde willen will ich dir Frieden wünschen. Um des Hauses des HERRN willen, unseres Gottes, will ich dein Bestes suchen“ (Psalm 122,6–9).

Der Endstatus von Jerusalem

Was Gott beschlossen hat

Es gibt seit eh und je viele Pläne über den zukünftigen Status von Jerusalem. Vielleicht wird der eine oder andere davon verwirklicht. Aber nur auf Zeit. Denn Gott hat einen Welt-, Heils- und Endgeschichtsplan für „seine" Stadt. Und der ist endgültig.

Die „Jerusalem-Frage" ist entschieden

Weil das Volk Israel als Nation Gottes unvergänglich ist und eine große Zukunft hat, so ist auch die Stadt seiner Liebe und Freude unvergänglich und hat eine große Zukunft. Auf Erden – und im Himmel!

Man kann das irdische Jerusalem zwar zerstören, wie es schon viele Male in der Geschichte geschah. Aber es wird doch für immer bestehen bleiben (Sacharja 12,6; 14,10). Es ist und bleibt die „ewige Stadt". Die Einzige.

Israels populärer Politiker und Friedensnobelpreisträger *SHIMON PERES* erinnerte daran und sagte: „Im Gegensatz zu Israels Regierung ist Jerusalem ewig."

Und der bekannte englische Schriftsteller *GRAHAM*

Greene schrieb: „Jerusalem ist die große Überlebende der Welt."

Darum lautet auch die Botschaft der Bibel an alle Menschen:

„Schaut auf Jerusalem, die Stadt Gottes. Der HERR erhält sie ewig" (Psalm 48,9).

Auf den Punkt gebracht:

Was am Ende bleibt, ist Jerusalem!

Anhang

Das himmlische Jerusalem

Die einzige zweidimensionale Stadt als Synonym und Symbol für die Ewigkeit

Es gibt ein irdisches Jerusalem von heute. Und ein irdisches Jerusalem im Messianischen Reich von morgen. Und darüber hinaus ein himmlisches Jerusalem im eschatologischen Reich Gottes.

Während das irdische Jerusalem ein Abbild des himmlischen Jerusalem ist, ist das himmlische das Urbild (Original) der ewigen Stadt Gottes.

Keine andere Stadt weist diese Zweidimensionalität auf. Nicht einmal Rom, das von vielen als „ewige Stadt" bezeichnet und gepriesen wird.

Das himmlische Jerusalem ist gleichzeitig ein Synonym und Symbol für die Ewigkeit und die unsichtbare Welt Gottes. Es gehört nicht unseren Dimensionen von Zeit und Raum an. Aber für gläubige Juden und Christen ist es ebenso von großer Bedeutung für die Zukunft.

Ziel christlicher und jüdischer Hoffnung

Das himmlische Jerusalem ist das eschatologische Ziel allen göttlichen Heilshandelns. Deshalb ist es seit alters her die eigentliche Hoffnung von vielen Juden, die über das Jerusalem im Messianischen Reich hinausgeht.

Das rabbinische Judentum spricht schon seit zwei Jahrtausenden von Jerusalem als der „oberen Himmelsstadt" (Jerushalajim schel ma'álá). Im Midrasch heißt es: „Es gibt auch ein oberes Jerusalem, das dem Jerusalem hier unten entspricht. Aus Liebe zu dem Jerusalem auf Erden hat sich Gott ein Gleiches oben geschaffen." Manche fromme Juden erinnern sich auch an ein Wort aus dem Talmud: „Es sprach der Heilige, gelobt sei ER: ‚ICH komme nicht ins Jerusalem von oben, ehe ICH nicht ins Jerusalem von unten gekommen bin'" (b Ta'anith 5a).

Vor allem ist vom „himmlischen Jerusalem" wiederholt im Neuen Testament die Rede. Vielfach wird es darin als Synonym für den Himmel und das Himmelreich verwendet. Gemeint ist damit das eschatologische Reich, die Welt Gottes. Dorthin ist Jesus einst bei seiner Himmelfahrt auf dem Ölberg zurückgekehrt (Apostelgeschichte 1,9–12).

Diese Welt Gottes ist weder abstrakt noch vergeistigt zu verstehen. Denn sie ist eine reale gegenständliche Welt. Sie gehört allerdings nicht unserer sichtbaren Schöpfung an und ist auch nicht mit unseren irdisch-menschlichen Vorstellungen von Raum und Zeit zu vergleichen.

Diese Welt Gottes, heute noch unsichtbar, ist ein Symbol für die Ewigkeit und das ewige Leben bei Gott.

In dieser Welt Gottes ist das himmlische Jerusalem die Heimat aller Christen. Und damit ihr eigentliches und letztes Ziel. Der Apostel Paulus schreibt: „Unsere Heimat ist der Himmel" (Philipper 3,20). „Das Jerusalem, das oben ist im Himmel, das ist unsere Mutter" (Galater 4,26). Und im Hebräerbrief lesen wir: „Ihr seid gekommen zu der Stadt des lebendigen Gottes: Es ist das himmlische Jerusalem. Und zu der Versammlung der Gemeinde von Gottes erstgeborenen

Söhnen, deren Namen im Himmel aufgeschrieben sind. Und zu Gott, dem Richter über alle Menschen und zu den Glaubenden, die ihr irdisches Leben vollendet haben. Und zu Jesus, der einen neuen Bund mit den Menschen geschaffen hat ..." (12,22–24).

Es ist deshalb völlig legitim und richtig, wenn Christen ihre Zukunftshoffnung auf diese himmlische Stadt ausrichten. Und den Wunsch und die Sehnsucht haben, in den Himmel, Gottes eschatologisches Reich, zu kommen.

Dieses himmlische Jerusalem ist längst eine Realität. Allerdings nicht irgendwo im Weltraum hinter den Sternen. Sondern sie durchdringt und umgibt bereits unsere irdische Welt und Zeit. Wenn auch für uns noch unsichtbar, unfassbar und unbegreiflich.

Mittelpunkt einer neuen Welt Gottes

Das himmlische Jerusalem wird das irdische Jerusalem im Messianischen Reich nach 1000 Jahren paradiesischen Zustandes ablösen. Die Frage ist, warum?

Die biblische Prophetie des Apostels Johannes begründet dies damit, dass es dem Teufel als Urheber allen Unheils nach tausendjähriger Friedensherrschaft Jesu Christi auf Erden noch einmal gelingen wird, die ganze Menschheit gegen Gott und seinen Gesalbten aufzuwiegeln. Gott wird dann erneut Gericht über die Menschen halten und dabei unsere Erde vernichten. Allein die an Christus Glaubenden, deren Namen im Himmel im Buch des Lebens eingeschrieben sind, werden in einer von Gott total neu geschaffenen Welt leben (Offenbarung 20,7–15).

Gott hat diese neue Welt bereits im Alten Testament durch den Propheten Jesaja ankündigen lassen: „ICH will einen neuen Himmel und eine neue Erde schaffen. Dann sehnt sich niemand nach dem zurück, was früher einmal gewesen ist. Keiner wird mehr daran denken" (65,17).

In dieser neuen Welt Gottes wird es auch ein völlig neues Jerusalem geben. Mit dem heutigen Jerusalem und dem des

Messianischen Reiches wird es nur noch den Namen gemeinsam haben. Sonst aber wird es völlig „ent-weltlicht" und nur noch „himmlisch" sein.

Johannes, der als erster lebender Mensch in einer großartigen Vision das himmlische Jerusalem „sehen" durfte, berichtet darüber: „Ich sah einen neuen Himmel und eine neue Erde. Den ersten (Luft-)Himmel und die erste Erde gab es nicht mehr. Und auch das Meer war nicht mehr da. Und ich sah, wie die Heilige Stadt, das neue Jerusalem, von Gott aus dem Himmel herabkam. Sie war festlich geschmückt wie eine Braut, die auf den Bräutigam wartet. Vom Thron her hörte ich eine starke und laute Stimme: Seht, jetzt wohnt Gott bei den Menschen. Sie werden sein Volk sein. Und Gott selbst wird als ihr Gott bei ihnen sein" (Offenbarung 21,1–3).

Johannes beschreibt sodann das neue Jerusalem vom Himmel, das er sieht und dessen Architekt und Erbauer allein Gott, der HERR, ist (21,4–27):

- Die geografischen Maße der Stadt sprengen alle menschliche Vorstellungskraft: Die Länge, Breite und Tiefe dieser göttlichen Megapolis betragen umgerechnet 2400 km. Welch ein überdimensionaler Würfel!
- 12 Grundsteine und 12 Tore, allesamt aus Diamanten und Perlen, erinnern an die 12 Stämme Israels. Die Stadt ist ständig geöffnet und für jedermann zugänglich. Die Straßenzüge sind offen, hell und menschenfreundlich. Es gibt weder Slums noch Diplomatenviertel.
- Der Schönheit und Pracht der neuen Stadt Gottes aus dem Himmel hält kein irdischer Vergleich stand. Ihre Häuser, Mauern, Türme, Parks und Gärten spiegeln die Herrlichkeit Gottes wider. Ihre vielen Highlights (besondere Sehenswürdigkeiten) sind nicht zu zählen. Die heutige Schönheit Jerusalems, die laut Talmud „neun von zehn Maß" aller Schönheit auf Erden beträgt, ist dann nur noch ein matter Abglanz von der einmaligen und einzigartigen Schönheit des neuen Jerusalems.
- Und obwohl weder Sonne noch Mond die Stadt bescheinen werden, wird es in ihr keine Dunkelheit und Nacht geben. Weil die Herrlichkeit Gottes alles erleuchtet und hell

macht. Denn das Licht, das allezeit allen scheint, ist Jesus Christus. Dann wird in gottgewollter Weise die Nacht zum Tag.

- Im neuen himmlischen Jerusalem wird es auch keinen Tempel mehr geben. Keine Kirche und auch keine Moschee. Denn die absolute Mitte allen Seins ist Gott. Und Jesus Christus wird das personifizierte Heiligtum Gottes sein. Der „Tempel“ für alle, die ihn anbeten und verehren werden.
- Es wird „paradiesisch“ sein, in dieser Stadt zu leben. Denn sie wird eine vollkommene Stadt sein. Eine Stadt ohne Flucht und Heimweh. Ohne Tränen der Angst oder des Abschieds. Ein Zuhause und eine wirkliche Heimat für alle Himmelsbürger. Eine Stadt der unvergänglichen Freude.

Ist dieses neue Jerusalem zu schön, um wahr zu sein? Keinesfalls. Denn es hat nichts mit Sciencefiction-Geschichten zu tun. Es entspringt nicht einem fantasiebegabten Gehirn. Es ist keine Utopie und kein Trugbild. Für Christen und für Juden nicht, die auf die Zukunft Gottes hinleben. Denn dieses Jerusalem, das aus dem Himmel auf die Erde kommen wird, hat mit Gott und seinen untrüglichen Verheißungen zu tun. Und es hat mit Jesus Christus zu tun. Er sagte zu Johannes: „Siehe, ICH mache alles neu!“ Zugleich beauftragte er ihn: „Schreibe diese Worte auf. Denn sie sind wahr und zuverlässig!“ (Offenbarung 21,5).

Das irdische Jerusalem ist deshalb eine Einladung und Mahnung an uns, das himmlische Jerusalem nicht aus den Augen zu verlieren, in dem Gottes Volk ewig in Gemeinschaft mit ihm und Christus leben und zu seiner Ehre das „Große Halleluja“ anstimmen wird (Offenbarung 21,3; 15,1–4).

Darum können und dürfen wir uns als Christen auch über das heutige Jerusalem freuen, es im Namen seines Messias Jesus Christus segnen und ihm von ganzem Herzen Gottes Heil wünschen. Denn von dieser einzigartigen Stadt heißt es:

„Jerusalem, du Königsstadt,
du einzige, die Dauer hat,
wenn alle Städte sinken.
Wenn diese Erde wird vergehn,
wenn Sonn und Mond wie Spreu verwehn,
dann wird dein Licht uns blinken!“

Das ist die Botschaft der biblischen Prophetie über die Einzigartigkeit Jerusalems und ihre zukünftige Bestimmung. Sie hat nichts mit menschlichen Spekulationen und Deutungen zu tun. Sondern mit dem ewig wahren und lebendigen Gott. Und mit seinem in der Bibel dokumentierten Willen.

„ER, der HERR, hat es so beschlossen und wird es tun!“ (Jesaja 9,6).

Quellen und Lese-Empfehlungen

Als Quellen für dieses Buch dienten neben persönlichen Recherchen, zahllosen Gesprächen und Interviews des Autors u. a.:

BÜCHER

- Die Bibel (Altes und Neues Testament)
  Die Bibelzitate wurden entweder der Luther-Übersetzung in der revidierten Fassung von 1984 entnommen oder zum besseren Verständnis vom Autor aus dem Grundtext in die Sprache von heute übertragen, vielfach auch aus „Die Bibel im heutigen Deutsch“ (Die Gute Nachricht) 1982 übernommen.

- Rabbinische Literatur wie Talmud, Midrasch u. a.

- Der Koran

- Peter Scholl-Latour, Das Schwert des Islam (Heyne, 1990), und: Lügen im Heiligen Land (Siedler, 1998)

- Michael Wolffsohn, Wem gehört das Heilige Land? (Bertelsmann, 1992)

- Gerhard Konzelmann, Jerusalem (Hoffmann u. Campe, 1984)
- Richard Andrews, Tempel der Verheißung (Lübbe, 1999)
- Kurt Becsi, Aufmarsch zur Apokalypse (Zsnolny, 1971)

Nachrichtendienste, Zeitschriften u. a.

- *CHRISTEN FÜR ISRAEL,* Zeitschrift der gleichnamigen Arbeitsgemeinschaft (CFI)
- Nachrichtendienst des CFI, Jerusalem
- Pressedienst der israelischen Botschaft, Berlin
- Die Tageszeitung „Die Welt". (Sehr gute und meist objektive Informationen!)
- TV-Dokumentar- u. Nachrichtensendungen und diverse Dokumente

Personenverzeichnis

DER NAHE OSTEN
Armenien
Türkei
Zypern
Syrien
Libanon
Beirut
Damaskus
ISRAEL
Jerusalem
Amman
Kairo
Jordanien
Saudi-
Ägypten